LA BIBLE DES TERMES MÉDICAUX

Médecine conventionnelle
Médecines naturelles
Abréviations

Dr Luc Bodin

LA BIBLE DES TERMES MÉDICAUX

Médecine conventionnelle
Médecines naturelles
Abréviations

Éditions JLyon
19, rue Saint-Séverin
75005 Paris

À PROPOS DE L'AUTEUR

Présentation de l'auteur
Luc Bodin est médecin, diplômé en cancérologie clinique et spécialisé en médecines naturelles. Il est conseiller scientifique auprès de revues de santé, et auteur de livres sur le cancer, la maladie d'Alzheimer, la fibromyalgie, la fatigue chronique, Ho'oponopono et la médecine énergétique… Le Dr Luc Bodin organise également des stages de soins énergétiques ouverts à tous.

Site de Luc Bodin
www.luc-bodin.com

Les derniers livres du Dr Luc Bodin
Manuel de soins énergétiques (livre + DVD), Éditions Trédaniel (2013)
Bien dans mes jambes, Éditions Jlyon, 2013
La méthode Aora, Éditions Trédaniel (2013)
Soigner avec l'énergie (livre + DVD), Éditions Trédaniel (2012)
Préparez-vous au changement, Éditions Humanis (2012)
Conseils naturels de mon médecin de famille, Éditions Jouvence (2012)
Le Grand livre de Ho'oponopono, Sagesse Hawaïenne de guérison, Éditions Jouvence (2012)
Mes petits automassages bien-être, Éditions Jouvence (2012)
Ho'oponopono, le secret des guérisseurs hawaïens, Éditions Jouvence (2011)
EFT : emotional freedom technic – mode d'emploi, Éditions Jouvence (2011)
Mieux lire et comprendre les analyses biologiques, Éditions du Dauphin 2e édition (2010)
Le guide de la médecine globale et intégrative, Éditions Albin Michel (2009)
Bien nourrir son cerveau, Éditions du Dauphin (2009)
La fibromyalgie et le syndrome de fatigue chronique, Éditions du Dauphin (2009)
Quand le cancer disparaît, Éditions Trédaniel (2009)
Réussir à guérir, Éditions du Dauphin (2008)
10 solutions naturelles pour aider à guérir du cancer, Éditions le Temps Présent (2008)
L'alimentation, un renfort indispensable contre le cancer, Éditions du Dauphin (2008)
Mieux vivre la thérapie du cancer, Éditions du Dauphin (2007)
La maladie d'Alzheimer : la comprendre, la prévenir, Éditions du Dauphin (2007)

Livrets téléchargeables gratuitement sur le site
Le cancer du sein (2011)
Tests de mémoire (2011)
Plantes et cancer (2011)
Traitements naturels dans le cancer (2009)
Se protéger des champs électromagnétiques (2009)
Aliments, vitamines et calories (2009)
Cancer, mode d'emploi (2008)
Une bonne alimentation (2008)

Enfin, plus de 1 000 articles sur la santé sont disponibles gratuitement sur le site : www.luc-bodin.com

ISBN 978-2-84319-307-1

A

aa : selon les situations, abréviation signifiant « acide arachidonique » ou « acide aminé ».

aâ : abréviation utilisée pour les préparations pharmaceutiques signifiant « en parties égales », c'est-à-dire que toutes les substances, plantes ou autres… se trouveront en quantité égale dans le produit final.

abbé Chaupitre : voir « Chaupitre ».

abcès : foyer infectieux localisé et circonscrit.

abderhalden : test urinaire dosant les protéines ce qui permet de déterminer l'activité des principaux organes du corps.

abdomen : partie du corps située entre le thorax et les membres inférieurs. Il contient les organes du tube digestif, les organes de l'appareil urinaires et les organes sexuels.

abdomino-pelvien : partie du tronc situé entre le thorax et les membres inférieurs.

ablation : synonyme d'exérèse, action d'enlever totalement ou partiellement un organe ou une tumeur lors d'une intervention chirurgicale.

abortif : se dit d'une substance ou d'un traitement qui provoque un avortement.

abouchement : lieu de sortie d'une dérivation artificielle (généralement chirugicale) ou d'un canal naturel à la peau.

aboulie : absence ou baisse de la volonté.

aboulimie : absence de boulimie.

Ac : abréviation d'« anticorps ».

acarien : parasite responsable d'allergie à la poussière.

accès : survenue brutale et généralement transitoire d'un trouble. Ce phénomène peut se répéter de manière régulière ou non.

accès veineux central : dispositif placé sous la peau et relié à une grosse veine du thorax. Il permet les perfusions lorsque celles-ci doivent être répétées comme c'est le cas pour les chimiothérapies.

accident ischémique coronarien : problème dû à une baisse brutale de la circulation du sang et donc de l'oxygénation au niveau du muscle cardiaque ce qui est cause d'angine de poitrine (angor) et d'infarctus du myocarde.

accident ischémique transitoire (AIT) : trouble généré par un défaut ou une absence de vascularisation, aiguë mais passagère au niveau d'une région du corps, généralement le cerveau.

accident vasculaire cérébral (AVC) : trouble vasculaire aigu atteignant une artère du cerveau, se caractérisant soit par un ramollissement (ischémie), soit par une hémorragie cérébrale ou cérébro-méningée.

accouchement : acte au cours duquel une femme met au monde un enfant.

accoucheur : médecin spécialisé dans les accouchements. On parle plutôt d'obstétricien, aujourd'hui.

ACE : abréviation d'un marqueur tumoral appelé « Antigène Carcino-Embryonnaire ».

acérola : fruit ressemblant à une cerise particulièrement riche en vitamine C.

acétone : substance provenant de la dégradation anormale de certaines graisses ou acides aminés, chez les diabétiques et lors de jeûne glucidique. Son odeur fruitée caractéristique se retrouve dans l'haleine de ces personnes.

acétonémie : taux d'acétone dans le sang.

acétylcholine : substance du cerveau (neurotransmetteur) permettant les transferts d'informations (influx nerveux) d'un neurone à un autre. Dans la maladie d'Alzheimer, le niveau d'acétylcholine dans le cerveau est abaissé.

achlorhydrie : absence ou baisse importante de l'acide chlorhydrique dans les sécrétions gastriques.

acholie : absence ou baisse importante des sécrétions biliaires.

acide : substance de saveur âcre comme le citron, qui s'unit à une base pour former un sel. Il est défini par son pH qui est inférieur à 7 (de 0 à 7). L'acide chlorhydrique est un des plus forts acides.

acide alpha linolénique : correspond à l'acide gras essentiel oméga 3 fournit par les huiles de colza, de soja, de noix et de germe de blé.

acide alpha lipoïque : puissant antioxydant.

acide aminé *:* molécule qui est le constituant principal des protéines.

acide arachidonique (aa) : acide gras saturé fourni par les graisses animales (viandes, œufs et abats).

acide ascorbique : synonyme de « Vitamine C ».

acide désoxyribonucléique (ADN) : sorte d'acide nucléique, située dans le noyau des cellules dont le sucre le constituant est le désoxyribose. L'ADN est formé de l'ensemble des gènes d'un être humain.

acide docosahexaénoïque (DHA) : acide gras de la lignée des oméga 3. Les graisses de poissons en sont particulièrement riches.

acide eicosapentaénoïque (EPA) : acide gras de la lignée des oméga 3. Les graisses de poissons en sont particulièrement riches.

acide folinique : substance précurseur de l'acide folique.

acide folique : synonyme de « Vitamine B9 ».

acide gamma linolénique (GLA) : acide gras de la lignée des oméga 6. Les huiles d'onagre, de bourrache et de pépins de raisin en sont particulièrement riches.

acide gras : principal constituant des lipides encore appelés « graisses ».

acide gras essentiel (AGE) : graisse non fabriquée par l'organisme et donc devant obligatoirement être fournie par alimentation.

acide gras monoinsaturé : catégorie d'acides gras, ne présentant qu'une seule double liaison. Cette double liaison peut se lier à un autre atome et en particulier à un atome d'oxygène. On parle alors d'oxydation. Cette monoinsaturation donne une petite souplesse à cette catégorie de graisses.

acide gras polyinsaturé : catégorie d'acide gras présentant plusieurs doubles liaisons, c'est-à-dire de places libres pouvant recevoir d'autres atomes comme l'oxygène. Dans ce cas on parle d'oxydation. La place de la première double liaison sur la molécule déterminera le numéro de l'acide gras. Si elle est sur le troisième atome de carbone, on parle d'acide gras polyinsaturé de type oméga 3 ; sur le sixième carbone, on parle d'oméga 6, etc. Ces nombreuses doubles liaisons confèrent une grande souplesse à ce type de graisses.

acide gras saturé : catégorie d'acides gras ne présentant aucune double liaison. Ils ne sont donc pas sensibles à l'oxydation, par contre cette saturation de leur molécule les rend particulièrement rigides.

acide hyaluronique : substance présente dans différents tissus comme la peau, le tissu conjonctif et le tissu nerveux. Il est présent en particulier dans l'humeur vitrée de l'œil et le liquide synovial où il contribue à la protection du cartilage articulaire. En médecine esthétique, l'acide hyaluronique est employé pour le comblement des rides.

acide linoléique : acide gras essentiel de la lignée des oméga 6. Il se trouve en grande quantité dans les huiles de tournesol, d'olive et de maïs.

acide nicotinique : synonyme de « nicotinamide » ou de vitamine B3 ou encore de vitamine PP.

acide nucléique : macromolécule formée de gènes et située dans les cellules. Un acide nucléique est formé de sous-unités appelées nucléotides constituées d'une base, d'un sucre et d'acide phosphorique. Il existe deux grands types d'acide nucléique : les acides désoxyribonucléiques (ADN) et les acides ribonucléiques (ARN). Les premiers sont essentiellement localisés dans le noyau des cellules et les seconds dans le cytoplasme cellulaire.

acide panthoténique : synonyme de « vitamine B5 ».

acide ribonucléique (ARN) : acide nucléique dont le sucre qui le constitue est le ribose.

acide salicylique : synonyme d'« aspirine ». Son origine vient de l'écorce de Saule (*salix* : saule).

acide urique : substance produite par la dégradation des purines du sang et éliminée par les urines. Lorsque sa concentration sanguine augmente, l'acide urique peut être responsable de crise de goutte ou de calcul urinaire.

acidité : voir « acide ».

acidité gastrique : sensation de brûlure et d'irritation au niveau de l'estomac, à la suite d'une sécrétion trop acide de l'estomac.

acidose : trouble de l'équilibre acido-basique de l'organisme caractérisée par une dominance acide.

acné : affection de la peau localisée sur le visage et les épaules, formée de comédons, qui se surinfectent et forment des pustules.

acnéiforme : se dit d'une lésion qui ressemble à de l'acné.

acouphène : impression auditive inhabituelle comme un sifflement ou un bourdonnement, qui ne provient pas d'un son extérieur.

acoustique : se dit de ce qui est en rapport avec les sons.

acrocyanose : troubles de la circulation sanguine produisant une couleur violacée des extrémités : pieds, mains…

acromégalie : maladie due à un excès d'hormones de l'hypophyse, qui provoque un développement exubérant de la taille des os des mains, des pieds et de la tête.

acromio-claviculaire (articulation) : articulation entre l'omoplate (acromion) et la clavicule.

acromion : extrémité de l'épine de l'omoplate qui s'articule avec la clavicule.

ACTH : abréviation d'« Adreno Cortico Tropic Hormone », qui est une hormone sécrétée par l'hypophyse et stimulant la glande surrénale.

actinomycine : substance issue de champignons microscopiques, qui est utilisée comme chimiothérapie dans les cancers.

activation : stimulation ou augmentation d'activité.

acuité : précision, finesse de perception d'un sens : vue (acuité visuelle), son (acuité auditive), toucher (acuité tactile), goût (acuité gustative).

acupression : technique constituant en des massages, en des pressions douces avec les doigts sur des points précis du corps afin de déclencher des réactions à distance sur des organes, des articulations ou des fonctions.

acupuncture : technique médicale d'origine chinoise basée sur la circulation des énergies (énergie vitale Tchi ou Qi) au travers des méridiens. Le traitement consiste à poser des aiguilles ou à chauffer à l'aide de moxas, sur des points particuliers du corps (points d'acupuncture) dans le but de rééquilibrer l'énergie du corps.

acupressure : voir « acupression ».

acu-yoga : ensemble de postures de yoga qui permettent d'exercer des pressions sur des points précis du corps afin de rééquilibrer les énergies du corps.

Adamo (Peter d') : médecin auteur d'une théorie sur le choix de l'alimentation selon le groupe sanguin.

adaptation : transformation d'un organisme afin de modifier ses caractéristiques fonctionnelles en fonction du milieu dans lequel il vit.

adaptogène : se dit de ce qui favorise l'adaptation en particulier par rapport au stress.

addiction : dépendance nécessitant la répétition d'une action.

Addison : voir « maladie d'Addisson ».

additif alimentaire : ingrédient chimique (colorant, conservateur…) ajouté à la fabrication des produits alimentaires et des boissons.

adénine : substance azotée faisant partie de la constitution des acides nucléiques.

adénite : inflammation aiguë ou chronique d'un ganglion lymphatique.

adénocarcinome (synonyme de « carcinome glandulaire ») : tumeur maligne développée à partir d'une glande : sein, thyroïde, prostate.

adénome : tumeur bénigne d'une glande (thyroïde, sein, prostate…).

adénofibrome : tumeur solide bénigne constituée à la fois de tissu glandulaire (adénome) et de tissu conjonctif (fibrome).

adénomyome : tumeur solide bénigne constituée à la fois de tissu glandulaire (adénome) et de tissu musculaire (myome).

adénopathie : ganglion anormal par sa taille et son caractère inflammatoire.

adénosine tri-phosphate : signifie « ATP ».

adénovirus : virus à ADN qui doit son nom au fait qu'à l'origine, il a été découvert dans des cultures de tissu adénoïde.

adhésion : accolement.

adipocyte : cellule graisseuse.

adjacent : se dit de ce qui est proche.

adjuvant : se dit d'une substance qui module les réactions immunitaires ; mais aussi d'un traitement (traitement adjuvant) instauré en vue d'obtenir l'éradication complète d'un cancer généralement en complément d'une chirurgie.

ADN : abréviation d'« Acide Désoxyribo Nucléique ». L'ADN est le constituant des chromosomes situés dans le noyau cellulaire. C'est le support de l'information génétique d'un être vivant.

adrénaline : hormone sécrétée par la médullosurrénale qui stimule le système sympathique. Elle fait partie des hormones de stress.

adrénergique : se dit de ce qui se réfère à l'adrénaline.

adriamycine : substance provenant d'un champignon microscopique qui est utilisée comme chimiothérapie dans les cancers.

adsorbant : se dit lorsque des molécules de gaz se fixent sur des surfaces solides comme par exemple, lorsque le charbon actif adsorbe les gaz intestinaux.

aérocolie : accumulation anormale de gaz dans l'intestin.

aérogastrie : accumulation anormale de gaz dans l'estomac.

aérophagie : déglutition excessive d'air avec sensation de gonflement au niveau de l'estomac, soulagée par le renvoi d'air par la bouche et de gaz par le gros intestin.

aérosol ou aérosol-doseur : appareil délivrant une quantité définie de poudre ou de fines particules liquides, afin d'être inhalées et qui sont destinées à produire une action sur les voies respiratoires.

affection : terme général employé en médecine pour désigner un processus pathologique ou une maladie.

affectivité : ensemble des émotions et des sentiments face à une situation.

afférent : se dit de ce qui va de la périphérie vers le centre ou l'organe.

aflatoxine : toxine produite par une moisissure (champignon) lors d'un stockage à l'humidité et qui est cancérogène pour le foie.

AFP : abréviation d'« Alpha Foéto-Protéine » qui est un marqueur tumoral important.

AFSSA : abréviation d'« Agence française de sécurité sanitaire des aliments ».

AFSSAPS : abréviation d'« Agence française de sécurité sanitaire appliquée aux produits de santé ».

AFSSE : abréviation d'« Agence française de sécurité sanitaire environnementale ».

AFSSET : abréviation d'« Agence française de sécurité sanitaire de l'environnement et du travail ».

Ag : abréviation d'« antigène » mais aussi de la molécule chimique d'« argent ».

AG : abréviation d'« anesthésie générale » mais aussi selon le contexte, d'« acide gras »

AGE : abréviation d'« acide gras essentiel ».

âge gestationnel : âge de la grossesse calculée par rapport à la date des dernières règles (menstruations).

âge mûr : âge qui correspond à la maturité.

âge osseux : âge anatomique d'un enfant, déterminé sur une radiographie du poignet en fonction de l'apparition de points d'ossification pendant la croissance. Il est à comparer à son âge civil.

agence européenne pour l'évaluation des médicaments (EMEA) : organisme européen chargé de l'évaluation et de la surveillance des médicaments.

agence française de sécurité sanitaire des produits de santé (AFSSAPS) : établissement public qui contrôle la mise sur le marché des médicaments.

agénésie : absence complète d'un organe liée à son non-développement lors de la vie embryonnaire (synonyme de « aplasie »).

agent alcalinisant : substance luttant contre l'acidité et qui a donc tendance à élever le pH, le rendant ainsi plus alcalin.

agent alkylant : catégorie de chimiothérapie qui fixe un radical alkyl sur l'ADN d'une cellule l'empêchant de se diviser ce qui entraîne sa destruction.

agent anticancéreux : substance, généralement un médicament arrêtant la prolifération des cellules cancéreuses ou les détruisant.

agent infectieux ou agent microbien : se dit de microbes : virus, bactéries, et parasites.

agent platinant : catégorie de chimiothérapie qui fixe un sel de platine sur l'ADN d'une cellule l'empêchant de se diviser ce qui entraîne sa destruction.

agent mutagène : agent susceptible de produire des mutations de l'ADN d'une cellule.

AGI : abréviation d'« acide gras insaturé ».

agnosie : incapacité à reconnaître les visages ou les objets familiers.

agonie : période précédent la mort.

agoraphobie : peur anormale et excessive des grands espaces dégagés.

AGPI : abréviation d'« acide gras polysinsaturé ».

agressif : en cancérologie, se dit d'une cellule cancéreuse qui a un fort potentiel de développement, de multiplication et qui est peu différenciée.

agueusie : absence ou baisse importante du goût.

aigu : se dit d'une maladie ou d'un symptôme qui est apparu brutalement et qui est d'évolution rapide, par opposition à une maladie chronique.

ail : plante contenant un composé soufré, l'allicine possédant de nombreuses actions thérapeutiques notamment sur l'hypercholestérolémie, sur la fluidification du sang, sur la détoxication de l'organisme et même sur le cancer.

ail d'ours : (allium ursinum), plante connue pour son pouvoir bactéricide et détoxiquant de l'organisme.

aimant : objet fabriqué à base de matériau magnétique.

aine : région située sur la face antérieure du corps à l'union de la cuisse et de l'abdomen.

AINS : abréviation d'« Anti-Inflammatoire Non Stéroïdien », par opposition aux anti-inflammatoires stéroïdiens qui sont de la famille de la cortisone qui est un stéroïde.

AIT : abréviation d'« accident ischémique transitoire ».

AKG : abréviation d'« alkylglycerol ».

akinésie : difficulté de réaliser certains mouvements.

Al : symbole chimique de l'« aluminium ».

albinisme : affection héréditaire caractérisée par une absence totale de pigment coloré au niveau de la peau, des poils, des cheveux et des yeux.

albinos : personne atteinte d'albinisme.

albumine : protéine servant au transport de plusieurs substances dans le sang.

albuminurie : présence d'albumine dans les urines.

alcalin – alcalinité (synonyme de « basique ») : substance organique capable de tamponner (neutraliser) un acide, ou de capter ses ions H+ pour former un sel. L'alcalinité est caractérisée par son pH qui est supérieur à 7 (entre 7 et 14).

alcalinisant : voir « agent alcalinisant ».

alcaloïde : substance toxique qui possède des effets thérapeutiques reconnus comme la morphine, la caféine, la quinine, le curare, etc.

alcalose : état d'alcalinité de l'organisme (par opposition à l'acidose).

alcool : substance renfermant un groupement OH. L'alcool le plus connu est l'alcool éthylique.

alcoolémie : taux d'alcool présent dans le sang.

alcoolique : personne atteinte d'alcoolisme.

alcoolisme : absorption exagérée d'alcool qui est souvent plus importante que la quantité alimentaire.

alcootest : instrument permettant de détecter la présence d'alcool dans l'air expiré.

ALD : abréviation d'« affection de longue durée », qui sont prises en charge à 100 % par la Sécurité sociale.

aldéhyde : substance provenant d'une oxydation partielle d'une molécule d'alcool.

aldostérone : hormone sécrétée par la cortico-surrénale.

alfalfa : plante riche en protéines et en nutriments, possédant des qualités nutritives et reminéralisantes.

algie : douleur.

algie faciale : douleur de la face.

algie pelvienne : douleur du petit bassin.

algo- : préfixe qui se réfère à la douleur.

algodystrophie : ensemble de douleurs, de troubles vasomoteurs et cutanés ainsi que de décalcification localisée survenant quelquefois à la suite d'un traumatisme ou une fracture…

a-LH-RH : abréviation d'« antagoniste LH-RH ».

alicament : contraction de deux noms : « aliment » et « médicament » pour signfier qu'un aliment peut être utilisé comme médicament.

alimentation : synonyme de « nutrition » voire de « diététique ». Elle peut être orale, entérale ou parentérale.

alimentation entérale : alimentation directement introduite dans le tube digestif par l'intermédiaire d'un tube ou autre.

alimentation orale : alimentation consommée par la bouche.

alimentation parentérale : alimentation fournie par voie intraveineuse (perfusion), employée lorsqu'une personne ne peut plus s'alimenter par la bouche.

alitement : action de mettre au lit une personne malade pendant la durée de sa maladie.

alité : personne devant rester au lit durant sa maladie.

alkylant : voir « agent alkylant ».

allaitement maternel : alimentation du nouveau-né par le lait produit par les seins de sa mère ou d'une nourrice.

allèle : nom donné à deux gènes formant une paire, situés chacun sur un chromosome différents.

allergène : substance déterminant une allergie.

allergie : sensibilité anormale d'une personne à une substance banale qui normalement est inoffensive.

allergie alimentaire : réaction exagérée de l'organisme face à certains aliments comme les laitages, le gluten, les additifs alimentaires...

allergique : se dit d'une personne souffrant d'allergie.

allergologie : spécialité qui s'intéresse à l'allergie.

allo : préfixe signifiant « autre » comme allogreffe pour une greffe provenant d'un donneur c'est-à-dire d'une autre personne que le receveur.

allogreffe : greffe dont le donneur est un membre de la famille (souvent un frère ou une sœur) ou un étranger volontaire, et non la personne elle-même (par opposition à une auto-greffe).

allopathie : (synonyme de « médecine conventionnelle ») constitue la « médecine conventionnelle », encore appelée « médecine occidentale moderne » ou « médecine classique ». Ce terme est donné à la médecine moderne parce qu'elle utilise le contraire du symptôme pour le soigner. Par exemple, elle donne un anti-douleur pour lutter contre la douleur.

aloès véra : plante agissant efficacement sur la peau et sur les brûlures, mais elle est utilisée aussi comme anti-inflammatoire et détoxiquant de l'organisme.

alopécie : chute générale ou partielle des cheveux.

alpha foetoprotéine (AFP) : protéine présente normalement dans le sang des fœtus humains, mais aussi à l'état pathologique dans celui de patients atteints de cancer du foie (hépato-carcinome) et de certains cancers du testicule (Tumeur Germinale Non Séminomateuse du testicule – TGNS).

alpha bloquant : catégorie de médicament utilisé dans le traitement de l'adénome de la prostate. Ce type de remède agit en bloquant les récepteurs alpha au niveau de la prostate ce qui diminue le tonus des cellules musculaires.

aluminium (al) : métal léger potentiellement nocif pour le cerveau.

alvéole dentaire : cavité creusée dans un maxillaire pour l'implantation d'une dent.

alvéole pulmonaire : partie du poumon qui permet les échanges entre l'air et le sang.

alvéolite : inflammation d'une alvéole dentaire souvent accompagnée d'une nécrose.

alvéolo-dentaire : qui est en rapport avec une dent et son alvéole.

Alzheimer (maladie d') : maladie qui se caractérise par des pertes de mémoire et qui évolue vers une destruction des neurones en commençant par l'hippocampe, la zone de la mémoire.

amalgame dentaire : synonyme de « plombage », composé formé de mercure (souvent à raison de 50 % de sa composition) et d'argent permettant d'obturer les orifices produits par les caries dentaires. Il existe maintenant des alternatives aux amalgames. Les amalgames ont été interdits dans certains pays.

amaroli : synonyme d'« urinothérapie ». Pratique venant d'Inde consistant à boire ses premières urines de la journée dans le but de se soigner ou pour maintenir sa santé.

ambulatoire : se dit d'un traitement qui peut être réalisé en ville ou à domicile, par opposition à une hospitalisation.

aménorrhée : absence de règles.

amétycine : voir « mitomycine ».

amiante : métal cancérigène responsable en particulier du cancer de la plèvre.

amibe : sorte de parasite appartenant à la famille des amibiens.

amibiase : maladie causée par une amibe.

amicrobien : se dit de ce qui ne contient pas de microbe.

amine : base azotée dérivant de l'ammoniaque entrant dans la constitution des acides aminés, de protéines, d'alcaloïdes…

aminoside : famille d'antibiotique.

AMM : abréviation de « Autorisation de Mise sur le Marché ».

amnésie : perte plus ou moins importante de la mémoire.

amniocentèse : ponction réalisée dans le ventre d'une femme enceinte pour prélever un peu de liquide amniotique en vue d'une analyse.

amnios : membrane entourant la cavité où le développe le fœtus pendant une grossesse.

amnioscopie : examen pratiqué à l'aide d'un fibroscope introduit par voie vaginale et destiné à observer le liquide amniotique.

amniotique : qui se réfère à l'amnios.

amphétamine : psychotrope qui stimule le système nerveux central.

amputation : ablation chirurgicale d'une partie plus ou moins importante d'un membre ou d'un organe.

amygdale : glande en forme d'amande, riche en tissu immunitaire, qui sont au nombre de deux, situées dans le fond de la bouche, de chaque côté du palais.

amygdalectomie : ablation chirurgicale des amygdales.

amygdalite : inflammation des amygdales.

amylase : enzyme présente dans la salive et dans les sucs pancréatiques. Elle favorise la digestion des aliments dans le tube digestif.

amylasémie : taux d'amylase dans le sang.

amyloïde (substance) : substance semblable à de l'amidon. Celle-ci est retrouvée de manière anormale dans le cerveau des personnes atteintes de la maladie d'Alzheimer. Elle constitue des plaques entre les neurones qui favorisent leur destruction.

amyloïdose ou amylose : terme général regroupant des états pathologiques où des substances amyloïdes se déposent dans les tissus.

amyotrophie : diminution du volume de la fonction d'un muscle ou d'un groupe musculaire.

an- : préfixe qui signifie « négatif » ou « absent »

ANA : abréviation d'« Anticorps Anti-Nucléaire ».

anabolique : qui se réfère à l'anabolisme.

anabolisant : se dit de ce qui peut favoriser le développement de tissus organiques à partir d'éléments nutritifs.

anabolisme : ensemble des actions de construction effectuées dans le corps ; ou encore transformation des matériaux nutritifs en tissu vivant. L'anabolisme est la phase de construction du métabolisme, par opposition au catabolisme qui est la phase de destruction.

anaérobie : se dit d'un organisme vivant en l'absence d'oxygène (par opposition à « aérobie ») comme c'est le cas pour certaines cellules et pour le cancer.

ANAES : abréviation d'« agence nationale d'accréditation et d'évaluation de la santé » (devenue HAS).

analgésie : suppression de la sensibilité à la douleur.

analgésique : substance qui supprime ou qui calme la douleur.

analogue : médicament qui a la même structure qu'une molécule naturelle et qui prend la place de la molécule naturelle habituelle.

analyse biologique: examen de laboratoire destiné à dépister une maladie, ou à réaliser un diagnostic ou encore à suivre l'évolution d'une maladie.

analyse médicale: voir « analyse biologique »

anamnèse: renseignements fournis par le malade à son médecin concernant l'histoire de sa maladie et ses antécédents médicaux, obstétricaux et chirurgicaux.

ananas: la tige d'ananas contient une enzyme protéolytique, la bromélaïne qui présente des vertus thérapeutiques intéressantes.

anaphase: troisième phase de la mitose.

anaphylaxie – anaphylactique: se dit d'un phénomène provoquant un choc causé par la libération brutale et importante d'histamine, à la suite de l'entrée dans l'organisme d'un antigène.

anaplasie – anaplasique: cancer très indifférencié et donc généralement virulent. (synonyme: cancer indifférencié).

anasarque: œdème généralisé à tout l'organisme produisant une infiltration des tissus interstitiels et du liquide dans les cavités.

anastomose: acte chirurgical qui remet en continuité, c'est-à-dire qui suture deux parties d'organe ou deux extrémités de canaux, de vaisseaux sanguins, d'intestin ou autre.

anatomie: science portant sur l'étude de la morphologie et des structures du corps.

anatomie pathologique: discipline médicale portant sur l'étude des tissus et des cellules.

anatoxine diphtérique: toxine diphtérique modifiée qui est utilisée pour le vaccin anti-diphtérique.

ANC: abréviation d'« apport nutritionnel conseillé » pour un aliment ou un nutriment.

androgène: hormone mâle comme la testostérone.

androgénique: se dit de ce qui a trait aux caractères sexuels masculins.

androgyne : personne présentant des caractéristiques sexuelles du sexe opposé.

andropause : baisse ou arrêt de l'activité sexuelle chez l'homme dû à son vieillissement.

anéjaculation : absence d'éjaculation.

anémie : baisse de la quantité d'hémoglobine dans le sang associée éventuellement à une baisse du nombre des globules rouges. L'hémoglobine se trouve dans les globules rouges et permet le transport de l'oxygène. La baisse de l'hémoglobine entraîne une diminution du transport de l'oxygène vers les tissus et les organes.

anémie de Biermer : voir « maladie de Biermer ».

anémie hémolytique : anémie par destruction anormale (lyse) des globules rouges.

anémique : se dit de ce qui se réfère à une anémie.

anergie – anergique : se dit lorsque les capacités de réactions sont faibles.

anesthésiant : produit qui permet de réaliser une anesthésie.

anesthésie : geste qui consiste à endormir et à rendre insensible le patient (**anesthésie générale** ou AG) ou une partie du corps (**anesthésie locale**) en vue d'une intervention chirurgicale.

anesthésie péridurale : anesthésie régionale obtenue en injectant un anesthésique au niveau de la colonne vertébrale lombaire.

anesthésiologie : spécialité médicale qui s'intéresse à l'anesthésie et la réanimation.

anesthésique : se dit de ce qui produit une anesthésie.

anesthésiste : personne qui réalise une anesthésie.

aneth : plante aromatique utilisée pour la cuisine et aussi pour ses vertus antispasmodique et digestive.

anévrisme : voir anévrysme.

anévrysme : dilatation d'une artère qui fragilise sa paroi.

angélique : plante utilisée pour ses vertus digestives. Elle stimule l'estomac et favorise l'écoulement de la bile ce qui aide à la digestion.

angine : inflammation de l'arrière gorge.

angine de poitrine : (synonyme d'« angor ») : crise douloureuse thoracique pouvant irradier dans les mâchoires et le bras gauche et s'accompagnant d'angoisse, déclenchée par un manque d'apport en oxygène du cœur au moment d'un effort.

angineux : se dit de ce qui se rapporte à une angine.

angio- : préfixe qui signifie : « cœur » ou « vaisseaux sanguins ».

angiogenèse ou néo-angiogenèse : fabrication de vaisseaux sanguins.

angiographie : radiographie de vaisseaux sanguins après injection d'un produit de contraste opaque aux rayons X.

angiomatose : maladie généralement héréditaire caractérisée par la présence de multiples angiomes.

angiome : formation caractérisée par une prolifération de vaisseaux sanguins.

angionécrose : nécrose de la paroi d'un vaisseau sanguin.

angiosarcome : tumeur cancéreuse formée de tissu vasculaire.

angoisse : sentiment d'inquiétude accompagné de peur, d'anxiété, voire de panique.

angor : synonyme d'« angine de poitrine ».

angström : unité de mesure équivalent à 10^{-10} mètre soit un dix millième de micron.

anictérique : se produit sans ictère.

animal totem : guide venant aider une personne dans la vie ou lors d'un voyage chamanique.

animisme : le mot vient du latin « anima » qui signifie « souffle » ou « âme ». L'animisme est une croyance qui considère que tous les lieux et tous les objets possèdent un esprit, un souffle vital voire une âme.

anion : ion chargé positivement.

anis : plante aromatique qui combat l'aérophagie et favorise la digestion.

anis étoilé : synonyme de « badiane ».

anis vert : plante qui présente des vertus antispasmodiques et digestives. Elle calme les troubles du système nerveux et améliore la fatigue.

anisocaryose : inégalité de la taille des noyaux entre différentes cellules.

anisocytose : inégalité de la taille des cellules.

anneau contraceptif : anneau placé au fond du vagin et qui libère des hormones oestro-progestatives dans un but de contraception.

anomalie chromosomique : présence d'un ou plusieurs gènes anormaux sur un chromosome pouvant être responsable d'un mauvais développement de l'enfant ou de l'apparition d'une maladie.

anorexie : (synonyme d'« inappétence ») perte ou diminution de l'appétit.

anorexie mentale : baisse importante de l'appétit d'origine psychologique atteignant essentiellement les jeunes filles.

anorganique : voir « inorganique ».

anosmie : perte de l'odorat.

anovulatoire : absence d'ovulation.

anoxie : diminution de l'apport d'oxygène au niveau d'une cellule ou d'un tissu.

ANR : abréviation d'« agence nationale de la recherche ».

antagoniste : qui a une action opposée.

antagoniste LH-RH (aLH-RH) : substance bloquant l'hormone LH-RH, ce qui bloque à son tour les hormones masculines ou féminines (selon les cas), privant ainsi le cancer des hormones qui le stimulaient.

antalgique : médicament anti-douleur.

anté- : préfixe signifiant « avant ».

antécédent : ensemble des maladies, des allergies, des grossesses, des interventions chirurgicales subies par une personne et qui constitue son histoire médicale.

antéversion : inclinaison vers l'avant d'un organe.

anthocyane : substance qui à dose faible donnera des effets antiseptiques, et à dose forte serait un poison apparenté au cyanure.

anthocyanique : voir « anthocyane ».

anthracose : maladie professionnelle des poumons due à l'inhalation de la poussière de charbon.

anthrax : présence de plusieurs furoncles.

anthropologie : science qui étudie l'homme dans une société particulière.

anthropologique : qui relève de l'anthropologie.

anthroposophie : signifie étymologiquement « connaissance de l'être humain » (*anthropos* : être humain et *sophia* : sagesse, savoir). Il s'agit d'une méthode scientifique fondée par Rudolf Steiner qui explore le monde « suprasensible ». L'anthroposophie considère l'homme comme un être composé à la fois d'un corps physique, d'un esprit et d'une âme.

anti HT3-R : synonyme de « setron », un remède utilisé contre les nausées et les vomissements lors de chimiothérapie.

anti- : préfixe qui signifie « contre » ou « opposé ».

anti-acide : médicament donné pour s'opposer à l'acidité d'estomac.

anti-aging : se dit de ce qui s'oppose ou qui retarde le vieillissement des individus.

anti-agrégant : se dit d'une catégorie de médicaments qui fluidifient le sang et qui s'opposent à la formation de caillot (amas de globules rouges et de plaquettes) dans le sang.

anti-agrégeant : voir : « anti-angrégant ».

anti-androgène : médicament qui bloque l'action des androgènes naturels.

anti-androgénique : se dit d'un traitement anti-androgène.

anti-angineux : se dit de ce qui s'oppose à la survenue des angines de poitrine.

anti-angiogénèse : médicament bloquant le développement de nouveaux vaisseaux sanguins autour d'une tumeur, ce qui empêchera la tumeur de se nourrir et donc de se développer.

anti-aromatase : substance bloquant la transformation des androgènes naturels en oestrogènes.

anti-arythmique : se dit de ce qui s'oppose aux arythmie (trouble du rythme) cardiaque.

anti-angiogénique : se dit de ce qui s'oppose à la fabrication de nouveaux vaisseaux sanguins.

antibiogramme : examen de laboratoire qui consiste à tester l'efficacité de différents antibiotiques sur un germe en culture (qui a été prélevé sur le malade). Cela permet de prescrire une antibiothérapie que l'on sait d'emblée efficace.

antibiorésistance : résistance d'un germe à un antibiotique.

antibiothérapie : traitement utilisant les antibiotiques.

antibiotique : substance chimique qui est toxique pour les bactéries. Le premier antibiotique connu fut la pénicilline, une substance produite par les champignons. Maintenant, de nombreux antibiotiques synthétiques sont utilisés. Il existe différentes classes d'antibiotiques qui ont des actions différentes sur les germes et les organes : les bétalactamines (pénicillines et cépholosporines), les aminosines (streptomycine, gentamycine…), les tétracyclines, les phénicoles, les polypeptides, les glycopeptides…

anticholinestérasique ou inhibiteur de l'acétylcholinestérase : classe de médicaments qui empêche la dégradation de l'acétylcholine. Ces médicaments aident à ralentir la progression de la maladie d'Alzheimer.

anticoagulant : médicament s'opposant à la coagulation du sang.

anticomitial – anticomitiaux : traitement agissant contre les crises comitiales c'est-à-dire contre les crises épileptiques.

anticonvulsivant : synonyme de « anticomitial ».

anticorps : substance protéique chargée de défendre l'organisme contre les agents extérieurs, appelés antigènes, qui s'y sont introduits, comme les microbes.

anticorps monoclonaux : anticorps issu de la même catégorie de lymphocytes agissant sur des antigènes spécifiques.

antidépresseur : médicament luttant contre un état dépressif.

antidiabétique : médicament luttant contre le diabète, c'est-à-dire contre les taux de sucres sanguins (glycémie) élevés. Il en existe deux catégories principales de traitements : les antidiabétiques oraux et l'insuline injectable.

antiémétique : médicament luttant contre les nausées et les vomissements.

antiépileptique : médicament luttant contre les crises d'épilepsie.

antifongique ou antifungique : se dit d'une substance ou d'un traitement ayant une action destructrice sur les champignons (mycose).

antigène : substance étrangère (germe, allergène, etc.) qui suscite une réaction immunitaire dans un organisme.

antigène carcino-embryonnaire (ACE) : marqueur tumoral utilisé principalement pour rechercher les récidives de cancer du côlon.

antigène tumoral : antigène présent sur les cellules tumorales et non sur les cellules normales.

antigénique : se dit d'une substance pouvant générer par l'organisme une production d'anticorps.

antihistaminique : synonyme d'antiallergique, se dit d'un produit ou d'un médicament antiallergique.

antihormone : se dit d'une substance ou d'un médicament qui supprime les effets d'une hormone.

antihypertenseur : médicament luttant contre une tension artérielle trop élevée. Les principaux sont les bêtabloquants, les diurétiques, les inhibiteurs calciques, les inhibiteurs de l'enzyme de conversion, les inhibiteurs de l'angiotensine II et les alpha-bloquants.

antiinflammatoire : médicament destiné à combattre l'inflammation. Les principaux anti-inflammatoires sont les anti-inflammatoires non stéroïdiens (AINS), l'aspirine et les corticoïdes (ou corticostéroïdes).

antiinflammatoire non stéroïdien : voir « AINS ».

antimatière : sorte de matière constituée d'antiparticules.

antimétabolique : classe de chimiothérapie qui bloque la division des cellules cancéreuses.

antimitotique : substance qui empêche la multiplication cellulaire. Ce sont les médicaments utilisés dans les chimiothérapies contre les cancers.

antimycotique : se dit de ce qui s'oppose au développement des champignons.

antinéoplasique : synonyme d'anticancéreux.

antioxydant : substance capable de neutraliser les radicaux libres. Le corps fabrique des antioxydants pour sa protection, l'alimentation en apporte également. Les antioxydants les plus importants sont les vitamines C et E, le sélénium, le bêta-carotène, le zinc…

antipyrétique : traitement capable de réduire la fièvre. Les anti-inflammatoires non stéroïdiens (AINS), l'aspirine et le paracétamol sont les antipyrétiques les plus fréquemment utilisés.

antiradicalaire : synonyme d'« antioxydant ».

antiseptique : médicament ou solution qui empêche la prolifération des bactéries et des virus à l'extérieur de l'organisme.

antispasmodique : médicament utilisé pour lever un spasme sur un organe (comme au niveau digestif), qui était à l'origine d'une douleur ou qui en augmentait l'intensité.

anti-TNF alpha : se dit de ce qui s'oppose au TNF (Tumor necrosis factor) qui est une substance (cytokine) qui intervient dans l'inflammation.

antithrombotique : se dit de ce qui s'oppose à la formation de caillot (thrombose) sanguine.

antiviral – antiviraux : se dit de ce qui s'oppose au développement des virus.

anti-vitaminique K (AVK) : catégorie d'anticoagulant à prise orale.

anus artificiel : abouchement du côlon à la peau de l'abdomen à la suite d'une intervention chirurgicale.

anus iliaque : synonyme de « anus artificiel ».

anus praeter : abréviation d'anus praeternaturalis, ce qui correspond à un anus artificiel situé au niveau de la paroi de l'abdomen.

anus : orifice du rectum par où s'évacuent les matières fécales.

anuscopie : examen de l'anus à l'aide d'un anuscope, qui correspond à un type particulier d'endoscope.

anxiolytique : médicament agissant contre l'anxiété. Les plus courants font partie de la famille des benzodiazépines.

aorte : artère abdominale, issue du cœur et allant vasculariser l'ensemble du corps (à l'exception des poumons).

APA : abréviation de « allocation personnalisée d'autonomie ».

apéritif : qui donne faim.

apex : extrémité, pointe d'un organe.

Apgar (indice d') : chiffre donné à la réactivité d'un nouveau-né, dans les minutes qui suivent sa naissance.

aphasie : perte de la parole à la suite d'une lésion du cerveau.

aphonie : perte plus ou moins importante de la voix à cause d'une lésion sur les cordes vocales.

AP-HP : abréviation d'« assistance publique – hôpitaux de Paris ».

aphrodisiaque : se dit de ce qui stimule l'appétit sexuel.

aphte : ulcération de la muqueuse buccale généralement de petite taille.

aphtose : maladie caractérisée par la présence de nombreux aphtes sur la muqueuse buccale et/ou génitale.

apical : se dit de ce qui se situe à l'apex.

apithérapie : thérapie consistant à se soigner grâce aux piqûres d'abeille.

aplasie : absence d'un organe due à son non-développement embryonnaire. Voir « agénésie ».

aplasie médullaire : forte diminution du nombre des globules blancs, des plaquettes et des globules rouges.

aplasie médullaire : important appauvrissement de la moelle osseuse qui fabrique les globules blancs et rouges ainsi que les plaquettes.

apoptose : synonyme de « suicide cellulaire ».

apnée : arrêt de la respiration.

apnée du sommeil (syndrome d') : ensemble de troubles responsables d'arrêt plus ou moins prolongés et nombreux de la respiration au cours d'une nuit de sommeil.

apoptose : mort cellulaire programmée.

APP : abréviation d'« allocation de présence parentale ».

appétit : envie de manger.

apraxie : correspond à une perte de la compréhension de l'usage des objets mais aussi à une incapacité à exécuter des mouvements coordonnés, à la suite d'une lésion du cerveau.

apyrétique : se dit de ce qui ne s'accompagne de fièvre.

apyrexie : absence de fièvre.

AQR : abréviation d'« apport quotidien recommandé » (pour un aliment ou un nutriment).

ARC : abréviation d'« association pour la recherche sur le cancer ».

aréactif : absence de réaction.

aréactivité : se dit d'une personne ou autre, qui est aréactif.

aréflexie : absence de réflexe et de réaction.

aréole (du sein) : zone arrondie pigmentée entourant le mamelon.

argile : roche sédimentaire à grain fin composé de silice et d'alumine.

argile verte : sorte d'argile particulièrement riche en silice, utilisée par voie interne comme pansement (eau argileuse) contre les irritations digestives, et par voie externe (cataplasme) sur les douleurs, les abcès et les inflammations.

argilothérapie : traitement à base d'argile.

arginine : acide aminé antagoniste de la lysine qui régule l'absorption des graisses. La lysine est immunostimulante et réduit le taux de cortisol (qui est immunodépresseur).

armoise : est souvent utilisée sous forme d'huile essentielle pour ses vertus régulatrices du cycle menstruel et antalgiques des douleurs abdominales survenant pendant les règles.

ARN : abréviation d'« Acide RiboNucléique ». Il contient l'information génétique.

ARN fragment d'Escherichia coli : traitement du Pr Beljanski stimulant la production de globules blancs et de plaquettes. Ce traitement est particulièrement indiqué lors des chimiothérapies.

ARNm : abréviation d'« ARN messager ».

ARN mitochondriale : ARN contenu dans les mitochondries et qui provient essentiellement de la mère.

ARNr : abréviation d'« ARN ribosomique ».

ARNt : abréviation d'« ARN de transfert ».

aromathérapie : traitement utilisant des plantes aromatiques sous forme d'huiles essentielles.

aromatique : se dit d'une molécule dont la formule possède un ou plusieurs noyaux benzèniques.

aromatogramme : examen de laboratoire destiné à tester les huiles essentielles capables d'inhiber le développement ou de détruire un germe.

arrêt cardiaque : arrêt des battements cardiaques.

arrêt respiratoire : arrêt des mouvements respiratoires.

artère : vaisseaux partant du cœur et distribuant le sang oxygéné dans tout l'organisme.

artériographie : radiographie d'un territoire artériel après injection d'un liquide opaque aux rayons X dans le sang.

artériopathie : synonyme d'artérite.

artériosclérose : (synonyme **athérosclérose**) est une induration de la paroi des artères. Les causes sont souvent les excès de cholestérol, le tabagisme, le diabète, l'hypertension artérielle… Cette induration provoque une artérite qui va progressivement boucher l'artère.

artérite : maladie des artères qui deviennent dures et rétrécies.

artérite des membres inférieurs : maladies touchant les artères des membres inférieurs.

arthrite : inflammation d'une articulation.

arthritisme : état caractérisé par une inflammation d'articulations, telle que rhumatismes, goutte…

arthrodèse : intervention chirurgicale visant à immobiliser définitivement une articulation.

arthrose : affection caractérisée par une usure et une dégénérescence des articulations.

artichaut : plante contenant de la cynarine, permettant un drainage naturel du foie, de la vésicule biliaire et des reins.

articulation : endroit où se rejoignent plusieurs extrémités osseuses.

articulé dentaire : rapport entre les dents du haut et du bas au moment de la fermeture de la bouche.

art-thérapie : se soigner et s'exprimer par la pratique de l'art.

arythmie : absence ou anomalie dans le rythme.

arythmie cardiaque : irrégularité plus ou moins importante et prolongée dans le rythme des battements du cœur.

asbestose : maladie pulmonaire due à l'inhalation d'amiante.

ascaris : sorte de ver de la catégorie des nématodes, pouvant se développer de manière anormale dans l'intestin.

ascite : liquide se trouvant de manière anormale dans la cavité abdominale.

ascitique : se dit de ce qui est en rapport avec une ascite.

ascorbique (acide) : synonyme de vitamine C.

ASAT (ou TGO) : abréviation d'« aspartate aminotransferase ».

ASCO : abréviation d'« american society of clinical oncology ».

asepsie : signifie stérile, ou absence de germes.

asialie : absence de salivation.

ASK : abréviation de « antistreptokinase ».

ASLO : abréviation de « antistreptolysine O ».

ASMR : abréviation d'« amélioration du service médical rendu ».

ASN : abréviation d'« autorité de sûreté nucléaire ».

ASP : abréviation de radiographie d'« abdomen sans préparation », c'est-à-dire une simple radiographie d'abdomen.

asparaginase : enzyme utilisée en chimiothérapie anticancéreuse, et qui détruit l'acide aminé appelé « asparagine ».

asparagine : acide aminé.

aspartame : édulcorant de synthèse – synonyme de « sucre chimique ».

aspergillose : maladie due au développement d'un champignon : l'aspergillus fumigatus.

aspergillus : sorte de champignon qui induit des infections au niveau des poumons.

asphyxie : manque d'oxygène.

aspirine : synonyme d'acide acétyl salicylique, utilisé pour son action antalgique, anti-inflammatoire et fluidifiante au niveau sanguin (anti-agrégant plaquettaire)

asthénie : synonyme de « fatigue » ou d'« épuisement ».

asthme : maladie respiratoire produite par des spasmes situés au niveau des bronches, souvent d'origine allergique, évoluant sur un mode inflammatoire.

asthme d'effort : asthme se produisant lors d'un effort.

astigmate : personne atteinte d'astigmatisme.

astigmatisme : trouble de la vue dû à un défaut de convergence au niveau de la cornée ou du cristallin.

astragal : os situé au niveau du talon.

astral : se dit de ce qui a rapport aux astres. Par ailleurs, le corps astral correspond à un des 7 corps énergétiques de l'être humain.

astringent : favorise la cicatrisation, atténue les sécrétions, et resserre les tissus.

astrocyte : cellule du cerveau de forme étoilée (d'où son nom). Ces cellules servent entre autres choses, de barrière entre les neurones et le milieu extérieur, mais aussi de cellules nourricières des neurones.

astrocytome : tumeur développée à partir des astrocytes au niveau du cerveau et du cervelet.

asymptomatique : absence de symptômes.

ataxie : incoordination des mouvements volontaires.

ataxique : se dit de ce qui est rapport avec l'ataxie.

atélectasie : rétraction sur lui-même d'un poumon ou d'une partie de poumon à la suite d'une bronche bouchée.

athérogène : se dit de ce qui produit de l'athérome.

athéromatose : pathologie caractérisée par l'obstruction plus ou moins importante des artères et responsable de troubles cardiovasculaires comme l'infarctus du myocarde, l'hémiplégie, les artérites oblitérantes, etc.

athérome : présence sur les parois des artères d'agrégats riches en lipides qui vont réduire le calibre de l'artère et donc gêner la circulation sanguine.

athérosclérose : rétrécissement des artères, dus à des dépôts de cholestérol, formant des plaques d'athérome.

athletic foot : se dit d'un pied atteint de mycose.

athymie : trouble psychologique caractérisé par une indifférence aux événements et à l'environnement.

atlas : nom donné à la première vertèbre cervicale.

ATM : abréviation d'« articulation temporo-maxillaire », qui correspond à l'articulation de la mâchoire.

atome : (du grec *atomos* = indivisible) élément constitutif de la matière formée d'un noyau (comportant des neutrons et des protons) autour duquel gravitent les électrons. Il peut exister à l'état individuel ou se combiner à d'autres atomes pour former des molécules.

atone : se dit de ce qui est attient d'atonie.

atonie : absence ou diminution du tonus musculaire d'un organe ou d'un organisme.

ATP : abréviation d'« adénosine tri-phosphate », composé produit par les mitochondries des cellules qui constitue la source principale de l'énergie dans l'organisme.

atrèsie : absence de développement de la lumière centrale d'un organe creux avec, éventuellement, absence de certains segments de cet organe.

atrophie : réduction de volume avec souvent perte de forme d'un tissu ou d'un organe.

atrophie cellulaire : réduction de la masse d'une cellule.

atrophie tissulaire : réduction de la masse d'un tissu, liée à l'atrophie des cellules qui le composent.

ATU : abréviation d'« Autorisation Temporaire d'Utilisation ».

Au : symbole chimique de l'« or ».

aubépine : plante contenant des flavonoïdes ayant une action antispasmodique, un effet sédatif cardiaque et hypotenseur léger.

audiogramme : ensemble de tests mesurant l'audition des différentes fréquences (aiguës, graves…) et reportés sur une courbe.

audition : se qui rapporte au fait d'entendre ou d'écouter.

Augusti (bilan du Dr) : examen basé sur la notion de baisse des défenses de l'organisme. Le Dr Augusti considère que *la fonction hépatique est un élément essentiel dans la lutte contre le cancer*. Pour connaître le niveau des défenses d'une personne, il conseille le bilan sanguin suivant : fiche réticulo-endothéliale différentielle (FRED) qui est un indicateur de la fonction des euglobulines, dosage du complément total avec les fractions A et C, dosage des mucopolysaccharides qui sont les lipides contenus dans les membranes des cellules cancéreuses, test de floculation à l'acétate de cuivre et à la résorcine et profils protéiques.

aura : correspond à l'ensemble des corps énergétiques d'une personne et situés autour de son corps physique.

auriculaire : petit doigt, (cinquième doigt de la main), se dit aussi de ce qui est en rapport avec l'oreille ou encore avec l'oreillette du cœur.

auriculomédecine : voir « auriculothérapie ».

auriculothérapie : traitement consistant à poser des aiguilles au niveau du pavillon de l'oreille. Le principe est que chaque région du corps possède une correspondance (un point) précise au niveau de l'oreille.

auriculo-ventriculaire : se dit de ce qui se rapporte aux oreillettes et aux ventricules du cœur.

auscultation : examen s'intéressant aux bruits émis à l'intérieur du corps : battements cardiaques, respiration, etc.

autisme : trouble psychologique caractérisé par un repliement de la personne sur elle-même ce qui la place en dehors de la réalité.

auto- : préfixe signifiant « soi-même », comme une autogreffe pour une greffe dont une personne est elle-même le donneur.

autogreffe : greffe dont la personne est elle-même le donneur.

autogreffe de moelle : greffe de moelle dont la personne est elle-même le donneur.

autoguérison : guérison du corps par lui-même.

auto-immune : se dit des réactions immunitaires dirigées contre les propres cellules de l'organisme.

auto-inoculation : apparition chez la même personne d'un nouveau foyer infectieux à distance du foyer primaire.

autorisation de mise sur le marché (AMM) : correspond à l'acceptation obtenue auprès des autorités sanitaires par un laboratoire pour mettre en vente un médicament. Il existe des AMM françaises et des AMM européennes.

auto-isothérapie : isothérapie préparée à partir de tissus provenant de la personne elle-même.

autologue : tissu ou cellules provenant d'un organisme et administrés au même organisme.

autolyse : autodestruction d'un organe, d'un tissu, ou d'une cellule. Par extension, ce terme est utilisé également dans le sens : « autodestruction » et « suicide ».

automassage : massage du corps (entier ou d'une région) ou d'un point réflexe par la personne elle-même.

automédication : qui consiste à prendre des remèdes sans prescription ni contrôle d'un médecin.

autopalpation : palpation d'un organe ou d'une région du corps effectuée par la personne elle-même.

autopsie (synonyme de « nécropsie ») : examen pratiqué par un médecin sur un cadavre. Une **autopsie médico-légale** est effectuée par un médecin commis par l'autorité judiciaire afin d'établir les causes et les circonstances du décès d'une personne.

autorisation de mise sur le marché (AMM) : autorisation administrative officielle délivrée par l'Agence du Médicament, et qui est indispensable pour que ce remède puisse être vendu dans les pharmacies sur le territoire français ou de l'Union Européenne. Afin d'obtenir cette AMM, le laboratoire doit démontrer l'innocuité mais aussi apporter la preuve des effets thérapeutiques du médicament.

autorisation temporaire d'utilisation (ATU) : avant l'obtention d'une AMM (Autorisation de mise sur le marché), l'Agence du médicament peut délivrer une autorisation temporaire d'utilisation (ATU).

autosomale : qui se réfère à un chromosome autosome.

autosome (chromosome) : se dit des chromosomes autres que les chromosomes sexuels Y (femelle) et X (mâle).

autosomique : en rapport avec un chromosome autosome.

autosomique dominant : une maladie à transmission autosomique dominante provient d'un des 2 parents qui a apporté le gène malade. Pour qu'un enfant soit malade, il faut donc simplement un gène malade. Celui-ci sera transmis soit par le père, soit par la mère.

autosomique récessif : une maladie à transmission autosomique récessive provient des 2 parents qui apportent ainsi chacun un gène malade. Pour qu'un enfant soit malade, il faut donc 2 gènes malades dont l'un provient du père et l'autre de la mère.

autosurveillance : surveillance par soi-même de l'apparition ou de l'évolution d'une maladie.

autovaccin : vaccin préparé à partir de germes ou de prélèvements effectués sur la personne elle-même.

avasculaire : sans vascularisation, c'est-à-dire sans vaisseaux sanguins.

avena sativa (avoine) : plante constituée de flavonoïdes. Elle possède plusieurs actions remarquables notamment sur les artères et sur la transformation de la testostérone en œstrogènes (qu'elle bloque).

AVC : abréviation d'« accident vasculaire cérébral ».

aviaire : se dit de ce qui est en rapport avec les oiseaux.

avitaminose : maladie due à un manque ou un déficit dans une vitamine.

AVK : abréviation d'« antivitamine K » qui constitue une catégorie d'anticoagulants.

avocat (huile d') : plante riche en acides gras essentiels. Il agit sur les peaux sèches, sur le cuir chevelu et aussi contre le vieillissement.

avoine : voir « avena sativa ».

avortement : expulsion de l'enfant hors du ventre de la mère, avant qu'il ne soit viable, soit avant le sixième moins de grossesse.

axillaire : correspond à la région située sous les bras au niveau des aisselles. Les ganglions axillaires sont les ganglions situés sous les bras, au niveau des aisselles.

ayurvéda : médecine traditionnelle indienne qui recherche l'équilibre (notamment énergétique) pour la santé des personnes.

ayurvédique : se dit de ce qui est en rapport avec l'ayurvéda.

B

BAC: abréviation de « Blocage androgènique complet ».

Bach (fleurs de Docteur): thérapie à base d'élixirs floraux, mise au point par le Dr Edward Bach (1886-1936) dont le principe est de remettre en harmonie le corps et l'esprit afin de retrouver la santé.

bacille: sorte de bactérie.

bactérie: micro-organisme unicellulaire produisant lorsqu'il est pathogène, des infections chez l'homme.

bactériophage: organisme, souvent un virus, pouvant détruire des bactéries.

bactériurie: présence de bactéries dans les urines alors que celles-ci en sont normalement dépourvues.

badiane: synonyme de « anis étoilé », une plante qui stimule la digestion.

bain de siège: bain de fesses, des organes génitaux voire du ventre jusqu'à l'ombilic, dans le but de stimuler l'organisme et son pouvoir d'auto-guérison.

bain dérivatif: sorte de bain de siège, qui consiste à passer de l'eau froide au niveau des aines et des organes génitaux alors que le reste du corps demeure couvert. Après la séance qui dure généralement une dizaine de minutes, il convient de réchauffer la zone. Cette technique permet l'élimination des toxines du corps et la circulation de fluides du corps, ce qui permettrait de soulager beaucoup de troubles et maladies.

ballonnement: présence d'air en grande quantité importante dans l'estomac et/ou les intestins.

balotte: plante possédant des actions sédatives et antidépressives.

balnéothérapie: traitement basé sur l'usage de bains.

bambou: roseau riche en silice colloïdale qui participe à la minéralisation osseuse et à la construction du cartilage.

bardane: plante utilisée traditionnellement pour les soins de peau en particulier l'acnée.

barrière hémato-encéphalique: voir « barrière hémo-méningée ».

barrière hémo-méningée encore appelée « barrière hémato-encéphalique » constitue une séparation servant de filtre entre le milieu sanguin et le liquide céphalorachidien où baigne le cerveau. Cette barrière est importante pour éviter notamment l'entrée de produits toxiques pour le cerveau.

basal : se dit de ce qui en est la base ou le fondement.

base – basique : synonyme d'« alcalin ».

base : substance qui en se combinant avec un acide, produit un sel et de l'eau.

base purique : élément faisant partie de la constitution des acides nucléiques.

base pyrimidique : élément faisant partie de la constitution des acides nucléiques.

basique : voir « base - basique ».

basophile : catégorie de globules blancs faisant partie de la famille des polynucléaires.

bassinet : sorte de collecteur qui recueille les urines provenant des reins et les déverse dans l'uretère.

BAV : abréviation de « Bloc auriculo-ventriculaire »

BBB : abréviation de « Bloc de branche bilatéral »

BBD : abréviation de « Bloc de branche droit ».

BBG : abréviation de « Bloc de branche gauche ».

BCG : abréviation de « Bacille de Calmette Guérin », utilisée pour désigner la vaccination contre la tuberculose. Le BCG est utilisé également en installations dans la vessie pour traiter des polypes et un cancer de la vessie.

BCG-test : test au BCG.

bécégite : accident pouvant survenir à la suite d'une vaccination par le BCG.

béchique : se dit de ce qui calme la toux.

Becquerel Henri (1852 – 1908) : chercheur à l'origine de la découverte de la radioactivité. Son nom sert aujourd'hui d'unité de mesure de la radioactivité dans le système international.

bégaiement : trouble de l'élocution souvent accompagné de trouble respiratoire et de d'anxiété.

Beljanski Mirko (1923 – 1996) : chercheur français à l'origine de la découverte de traitements complémentaires contre le cancer.

bénin – bénigne : se dit d'une tumeur ne présentant aucun caractère de gravité ; et par extension qui ne présente pas de caractère cancéreux (dits malin).

bénignité : qui ne présente pas de caractère de gravité.

Benveniste Jacques (1935 – 2004) : chercheur français à l'origine de la découverte dénommée la « mémoire de l'eau », pour indiquer que l'eau conserve la mémoire des substances qu'elle a contenues, même lorsque celles-ci ont disparu.

benzène : hydrocarbure extrait des goudrons de la houille.

benzopyrène : hydrocarbure polycyclique qui est une substance chimique cancérigène.

béri-béri : maladie due à une carence en vitamines B.

bêta-carotène : antioxydant, précurseur de la vitamine A (provitamine A) présent notamment dans les carottes.

bêta-2 agoniste : substance qui stimule les récepteurs bêta-2 situés sur les parois des bronches, et qui provoque une broncho-dilatation.

bêta-bloquant : traitement utilisé dans l'hypertension.

béta-lactamides : famille d'antibiotiques.

betterave rouge : légume riche en vitamine B9, fibres, magnésium et potassium, qui a la propriété de régulariser le transit intestinal et l'assimilation des glucides (sucres).

bicarbonate de soude : sel alcalin qui se présente sous forme de poudre de couleur blanche et qui neutralise les acides.

Biermer : voir « maladie de Biermer ».

bifidobactérie : espèce bactérienne présente dans la flore intestinale normale de l'homme.

bilan : ensemble d'examens qui évalue l'état de la santé d'une personne. On distingue le bilan « diagnostic » permettant de déterminer la maladie notamment un cancer ; et le bilan « d'extension » qui va étudier l'étendue de la maladie c'est-à-dire en cas de cancer, son extension locale et l'existence ou non de métastases à distance. Ces bilans permettent de proposer aux personnes le traitement le plus adapté à leur situation.

bilan Augusti : voir « Augusti ».

bilan d'extension : ensemble d'examens permettant de rechercher l'étendue d'une maladie dans l'ensemble du corps, comme par exemple la recherche de métastases d'un cancer.

bilan diagnostic : ensemble d'examens ayant pour but d'identifier la maladie en cause.

bilan local : recherche l'étendue d'une maladie – comme un cancer – dans l'organe atteint et les organes voisins.

bilan oligoélémentaire : dosage de 13 oligoéléments présents dans le sang : aluminium, cobalt, cuivre, chrome, fer, manganèse, molybdène, nickel, sélénium, silicium, vanadium, zinc et plomb.

bilatéral : signifie « des deux côtés ».

bile : suc digestif jaune ou verdâtre et alcalin, fabriqué par le foie, stocké dans la vésicule biliaire et éliminé par les voies biliaires.

bilharziose : parasitose provenant du Schistosoma haematobium, un parasite vivant dans les pays chauds en particulier en Egypte où il est capable d'induire un cancer de la vessie.

bilirubine : pigment jaune présent dans la bile, le sérum sanguin et les selles (excréments). Les origines en sont le foie ou la lyse (destruction) des globules rouges libérant alors leur hémoglobine dans le sang.

Billings : voir « méthode Billings ».

bio : se dit de ce qui provient de l'agriculture biologique.

biochimie : étude de la chimie de l'être humain et par extension des êtres vivants.

biodégradable : substance qui peut se dégrader naturellement dans la nature.

biodisponibilité : se dit de la disponibilité des médicaments au niveau du corps.

biodiversité : variété des espèces vivantes (animales et végétales) sur la planète.

bio-énergétique : science qui s'intéresse à l'énergie au niveau du corps – technique permettant de relâcher les tensions et débloquer les émotions en agissant sur l'énergie.

biofeedback : technique permettant de maîtriser ses émotions et ainsi leurs effets négatifs sur le corps.

biokinergie : technique de soin qui associe les techniques de la médecine traditionnelle chinoise et l'ostéopathie.

biologie : science qui s'intéresse à la vie.

biomasse : ensemble des organismes vivants présents dans un ensemble.

biopsie : prélèvement d'un fragment de tissu ou d'organe en vue d'en faire son analyse anatomopathologique. Par extension, ce terme désigne le fragment prélevé lui-même.

biopsie d'exérèse : prélèvement de la totalité d'une lésion ou d'une tumeur pour en faire un diagnostic anatomopathologique mais aussi pour en réaliser le traitement radical.

biopuce : voir « puce à ADN ».

biorythme : synonyme de rythme biologique – variation périodique des fonctions d'un organisme.

biosécurité : ensemble des procédures de surveillance sanitaire comme pour surveiller les risques biologiques produits par les OGM sur l'environnement.

biosynthèse : formation d'une substance chimique par le métabolisme de l'organisme.

biotechnologie : ensemble des techniques utilisant des substances biologiques pouvant provenir de micro-organismes, de cellules animales ou végétales, dans le but de fabriquer des médicaments pour l'homme.

biotexus : méthode énergétique permettant de faire retrouver son équilibre physique et psychique à une personne.

biothérapie : traitement qui utilise des substances organiques éventuellement vivante comme des levures, des probiotiques… Voir aussi « immunothérapie ».

biothérapie du Professeur Vincent : examen permettant d'étudier le terrain d'une personne ainsi que son équilibre acido-basique, réalisé à partir des urines ou d'autres sécrétions du corps comme la salive.

biothérapie gazeuse : thérapie utilisant des substances gazeuses diluées et dynamisées (surtout oxygène, carbone, azote et hydrogène) par injections sous-cutanées, par voie endorectale, par mésothérapie, ou autres.

biotine : synonyme de vitamine B8.

biotope : voir « flore intestinale ».

biphosphonate : médicament utilisé dans le traitement de l'ostéoporose, des hypercalcémies et des métastases osseuses des cancers.

BK : abréviation de Bacille de Koch, responsable de la tuberculose.

blastème : voir « tumeur de Blastème ».

blastomère : formation réalisée par les cellules obtenues des premières divisions de l'ovule fécondé.

blennorragie : infection des voies uro-génitales due au germe gonocoque.

bléomycine : substance utilisée comme chimiothérapie contre des cancers.

blépharite : inflammation du bord des paupières.

bleu : synonyme d'« hématome » ou d'« ecchymose ».

bloc auriculo-ventriculaire : trouble du rythme cardiaque dû à un ralentissement ou l'arrêt de la conduction nerveuse entre les oreillette et les ventricules.

blocage articulaire : immobilisation d'une articulation souvent brutale et temporaire.

blocage androgénique complet (BAC) : blocage des hormones mâles, utilisé lors de certaines maladies comme le cancer de la prostate, où le traitement associe un agoniste de la LH-RH et d'un antiandrogène afin de stopper complètement la testostérone.

BK : abréviation de « Bacille de Koch », germe responsable de la tuberculose.

BMG : abréviation signifiant « Bourgeon Macérât glycériné », c'est-à-dire bourgeons de la plante – nommée – conservés (et présentés à la consommation) en macération dans de l'alcool et de la glycérine.

bol d'air Jacquier : technique envoyant par voie respiratoire certains terpènes qui amélioreront la biodisponibilité de l'oxygène sanguin dans les tissus.

boldo : plante dont les feuilles sont utilisées contre les troubles digestifs, notamment hépato-biliaires et leur pouvoir carminatif.

borellia : germe impliqué dans la maladie de Lyme et qui est soupçonné d'être une des causes de la fibromyalgie, de la sclérose en plaques, de rhumatismes…

borelliose : voir « Lyme ».

botox : toxine botulique sécrétée par la bactérie Clostridium botulinum qui est responsable du botulisme. Le Botox est utilisé dans diverses indications médicales et esthétiques notamment en injection locale pour effacer les rides du visage.

botulisme : intoxication provoquée par l'ingestion d'aliments avariés.

bouche : partie haute du tube digestif, située au niveau de la face sous les fosses nasales.

bouffées de chaleur : phénomène vasomoteur caractérisé par la sensation d'une brutale montée de température dans l'ensemble ou une partie du corps qui s'accompagne souvent de rougeur cutanée et de sueur.

bougies Opi : sortes de bougies permettant le nettoyage des conduits auditifs par aspiration.

bouillon : liquide qui a servi à la cuisson de la viande ou de légumes.

bouleau : plante qui permettrait l'élimination des toxines, notamment de l'acide urique.

boulimie : sensation de faim excessive.

bourdonnement d'oreille : synonyme d'« acouphène ».

bourgeon charnu : prolifération de tissu apparaissant lors de la réparation d'une plaie avec perte de substance.

bourrache : plante dont les graines fournissent une huile riche en acide gras essentiel polysinsaturé de la lignée des oméga 6 (le GLA ou acide gamma-linolénique). Elle est très efficace notamment sur la sécheresse de peau.

bouton : mot employé dans le langage populaire pour indiquer une papule éventuellement avec une vésicule ou une pustule.

bouton de fièvre : voir « herpès ».

Bouveret (maladie de) : voir « maladie de Bouveret ».

Bowen : technique d'ostéopathie douce mise au point par l'australien Thomas Bowen (1916 – 1982), réalisée avec un minimum de manipulations dans le but de faire prendre conscience au corps de ses tensions en vue de stimuler ses mécanismes d'autoguérison.

BPCO : abréviation de « bronchopneumopathie chronique obstructive ».

BPH : abréviation de « Benign prostatic hyperplasia » terme anglais qui signifie adénome de la prostate.

brachy-myothérapie : voir « myothérapie ».

brachythérapie : mot d'origine anglaise signifiant « curiethérapie ».

bradycardie : ralentissement du rythme des battements cardiaques.

BRCA 1 et BRCA 2 : gènes de prédisposition aux cancers du sein et de l'ovaire.

Breuss (cure de) : Cure à base de jus de légumes et de tisanes, proposée par Rudolf Breuss dans le but de soigner les cancers, les leucémies et autres maladies graves.

brocoli : légume riche en fibres, fer, vitamines C et E, bêtacarotène (anti-oxydants) et substance phytochimique qui lui procure un effet de prévention contre certains cancers notamment le cancer du côlon.

bronche : conduit d'air reliant la trachée aux bronchioles et aux alvéoles pulmonaires.

bronchiole : conduit d'air de petit calibre, provenant de la division des grosses bronches et reliant les alvéoles pulmonaires.

bronchite : inflammation de la muqueuse des bronches.

bronchite chronique : synonyme de « bronchopneumopathie chronique obstructive » (BPCO), inflammation prolongée voire permanente de la muqueuse des bronches qui produit une toux permanente, des crachats, des infections à répétition, et à la longue une gène respiratoire. Cette maladie est surtout liée au tabagisme.

bromélaïne : (synonyme : bromélase) enzyme qui induit le fractionnement des protéines en acides aminés facilement éliminés par l'organisme (enzyme protéolytique). Elle serait particulièrement indiquée en cas de tissus anormal (cellulite, hématome, tumeur…).

bromélase : voir « bromélaïne ».

bronchoconstriction : synonyme de « bronchospasme », contraction anormale des bronches gênant le passage de l'air et procurant une respiration difficile et sifflante. La bronchoconstriction est le mécanisme responsable de l'asthme.

bronchodilatateur : médicament destiné à dilater les bronches lors de bronchoconstriction comme dans l'asthme.

bronchopneumopathie chronique obstructive (BPCO) : voir « bronchite ».

bronchoscopie : examen de la cavité des bronches à l'aide d'un fibroscope.

bronchospasme : voir « bronchoconstriction ».

bronzage: assombrissement de la peau exposée aux rayons ultraviolets qui correspond à un processus de protection de la peau.

brucellose (synonyme de fièvre de Malte): maladie infectieuse caractérisée par une fièvre intermittente, des sueurs et des douleurs.

brûlure: lésion cutanée ou muqueuse produite par la chaleur.

brûlure d'estomac: sensation de chaleur intense calmée au niveau de l'estomac, souvent calmée en mangeant.

bruxisme (synonyme: brycomanie): habitude de grincer des dents.

bruyère: arbrisseau dont on utilise les sommités fleuries sous forme de tisane ou d'huile essentielle notamment dans le cadre d'infections urinaires, mais aussi de gouttes et d'hyperurémies.

brycomanie: voir «bruxisme».

buccal: se dit de ce qui est rapport avec la bouche.

bulbe duodénal: section du duodénum qui suit l'estomac.

bulle: soulèvement circonscrit de l'épiderme renfermant un liquide séreux.

burn out: syndrome d'épuisement physique et psychique suite à un stress prolongé principalement d'origine professionnelle.

busserol: plante ayant des actions antiseptiques urinaire et intestinal.

C

Ca : symbole chimique du « calcium ».

Ca 125 : signifie « antigène du cancer 125 » qui est un marqueur tumoral du cancer de l'ovaire.

Ca 15-3 : signifie « antigène du cancer 15-3 » qui est un marqueur tumoral du cancer du sein notamment des rechutes.

Ca 19-9 : signifie « antigène du cancer 19-9 » qui est un marqueur tumoral des cancers digestifs notamment du pancréas, des voies biliaires, du côlon et de l'estomac.

cachectique : se dit d'une personne atteinte de cachexie.

cachexie : altération importante de l'état général avec dénutrition, amaigrissement important et grande faiblesse. Cet état s'observe dans les phases terminales de maladies chroniques.

caecum : première partie du gros intestin, situé juste après l'intestin grêle et sur lequel se bouche l'appendice. Il est situé dans la fosse iliaque droite.

caféine : alcaloïde présent dans le café et le thé ayant un effet stimulant sur les cellules nerveuses.

caillot : synonyme de « thrombus » formation solide résultant de la coagulation du sang.

calcanéen : se dit de ce qui est rapport avec l'os calcanéum.

calcanéum : os situé au niveau du talon.

calcémie : taux de calcium dans le sang.

calcique : se dit de ce qui est en rapport avec le calcium.

calcitonine : hormone secrétée par la thyroïde favorisant la baisse du calcium sanguin. Elle est anormalement augmentée dans le cancer médullaire de la thyroïde.

calcium : minéral indispensable à la formation des os et des dents, mais aussi à la contraction musculaire et à l'équilibre nerveux.

calcul : formation de nature pierreuse formée par des matières qui sont normalement dissoutes dans l'organisme.

calcul biliaire : voir « calcul de la vésicule biliaire ».

calcul de la vésicule biliaire: formation pierreuse présente dans la vésicule biliaire et pouvant éventuellement passer dans le cholédoque et les voies biliaires produisant alors une colique biliaire. Quelquefois aussi le calcul se bloque dans les voies biliaires induisant un ictère (jaunisse) et nécessitant une intervention chirurgicale en urgence.

calcul rénal: formation pierreuse présente dans les voies urinaires pouvant produire une colique néphrétique. Quelquefois aussi le calcul se bloque dans les voies urinaires nécessitant alors une intervention chirurgicale en urgence.

calcul salivaire: formation pierreuse présente dans une glande salivaire.

calendula: aussi appelé « souci » est une plante utilisée pour ses vertus antiseptiques. Elle tonifie également le foie et la peau. Elle régularise les troubles des règles.

calorie: unité de mesure de la valeur énergétique des aliments.

calorique: se dit de ce qui apporte de la chaleur ou des calories.

calotte crânienne: partie supérieure et arrondie du crâne.

calvitie: perte de cheveux définitive. Elle peut être localisée à une région du crâne, généralement le haut de la tête ou bien étendue à l'ensemble du crâne.

camomille: plante utilisée pour ses actions sur les spasmes et sur la digestion.

camomille matricaire (chamomilla matricaria): plante utilisée pour ses actions sur l'insomnie et la nervosité.

camphre: plante aromatique utilisée en applications sur les articulations et les jambes douloureuses.

canal calcique et potassique: passage des ions potassium et calcium au niveau des membranes des cellules.

canal carpien (syndrome du): trouble caractérisé par une compression du nerf médian au niveau du canal carpien et qui entraîne des troubles sensitifs voire douloureux au niveau de la main.

canal de Wirsung : synonyme de « canal pancréatique » – canal excréteur des sécrétions pancréatiques exocrines (enzymes principalement) qui débouche dans le duodénum.

canal excréteur : conduit d'un organe ou d'une glande qui permet la sortie de sécrétion comme la sueur au niveau de la peau.

cancer : synonyme de « tumeur maligne » et de « carcinome » - mot venant du latin « crabe » qui signifie : prolifération indéfinie d'une lignée cellulaire dont l'évolution spontanée est la mort de l'individu porteur, habituellement liée à l'extension de la tumeur à tout l'organisme.

cancer actif : cancer en cours de développement, en cours d'évolution.

cancer anaplasique : voir « anaplasie ».

cancer différencié : cancer possédant des caractéristiques histologiques proches de celles d'un tissu normal de l'organisme. D'une manière générale, les cancers bien différenciés sont moins agressifs et ont donc un meilleur pronostic que les cancers mal différenciés ou indifférenciés.

cancer colloïde ou colloïde muqueux : cancer présentant un aspect semblable à de la colle. Ce type de cancer correspond souvent à des carcinomes sécrétant de grandes quantités de mucus.

cancer hormonodépendant : cancer dont le développement est stimulé par des hormones, comme les oestrogènes lors de nombreux cancers du sein. Dans ce cas, les cellules tumorales sont porteuses de « récepteurs hormonaux » sur lesquels se fixe les hormones.

cancer in situ (Cis) : synonyme de « cancer intra-épithélial » – correspond au stade initial du développement d'un cancer, lorsqu'il est encore limité à son tissu d'origine.

cancer indifférencié : cancer dont l'aspect histologique ne rappelle aucun tissu normal de l'organisme, au moins avec les méthodes histologiques conventionnelles. Il présente d'une manière générale, un pronostic plus sombre que le cancer différencié.

cancer intra-épithélial : voir « cancer in situ ».

cancer invasif : cancer qui a un fort potentiel invasif et qui commence à envahir les tissus avoisinants. Dans cette situation, le risque de métastases est important.

cancers multiples : nombreux cancers différents apparus chez une même personne, en même temps ou non.

cancer primaire : localisation du cancer initial – où le cancer a débuté – par opposition aux cancers secondaires (métastases).

cancer primitif : synonyme de « cancer primaire ».

cancer secondaire : métastase d'un cancer primaire.

cancéricide : produit pouvant détruire les cellules cancéreuses.

cancérigène ou cancérogène : se dit de tout ce qui peut provoquer un cancer. La langue officielle française reconnaît davantage le terme cancérogène que cancérigène.

cancérisation : évolution partant d'une cellule normale pour aboutir à une cellule cancéreuse.

cancérogenèse : synonyme de « carcinogenèse » – mécanismes aboutissant à la formation d'un cancer.

cancérologie : synonyme d'« oncologie » et de « carcinologie » – constitue l'étude des tumeurs cancéreuses.

cancérologue : synonyme d'« oncologue » – médecin spécialiste du cancer (en cancérologie).

cancérolytique : produit (physique, chimique ou biologique) capable de détruire les cellules cancéreuses.

cancérostatique : produit (physique, chimique ou biologique) pouvant bloquer la multiplication des cellules cancéreuses.

candida albicans : champignon le plus fréquemment responsable d'infections mycosiques.

candidose : infection due au champignon appelé candida albicans.

canule : tube creux introduit dans un conduit ou dans une cavité naturelle pour en évacuer de l'air ou du liquide.

capillaire : très petits vaisseaux sanguins fins comme des cheveux (capillaires) qui relient les artères aux veines – se dit aussi de ce qui a rapport avec les cheveux.

carcinogène : synonyme de « cancérogène ».

carcinogenèse : synonyme de « cancérogenèse ».

carcinologie : synonyme de « cancérologie » et d'« oncologie ».

carcinoïde : tumeur maligne rare, d'évolution habituellement lente, provenant du « système endocrinien diffus » qui est présent dans le tube digestif ou autres.

carcinomat : plante amazonienne qui, selon certains auteurs, aurait des effets contre le cancer.

carcinome : synonyme de « cancer » – cancer développé à partir d'un tissu épithélial, d'un épithélium (revêtement superficiel).

carcinome baso-cellulaire : variété de cancer de peau.

carcinome cylindrique : synonyme d'« adénocarcinome ».

carcinome embryonnaire : correspond à une tumeur non séminomateuse du testicule.

carcinome glandulaire : synonyme de « adénocarcinome ».

carcinome in situ : synonyme de « cancer intra-épithélial » et de « cancer in situ ».

carcinome indifférencié : carcinome non différencié, c'est-à-dire qui a perdu les aspects histologiques de son tissu d'origine, pour retrouver des caractéristiques de cellules embryonnaires totipotentes.

carcinome invasif : cancer qui a un fort potentiel invasif et qui commence à envahir les tissus avoisinants. Dans cette situation, le risque de métastases est important.

carcinome spino-cellulaire : variété de cancer de peau.

carcinome trophoblastique : voir « choriocarcinome ».

cardia gastrique : orifice de jonction entre l'œsophage et l'estomac.

cardiaque : se dit de ce qui est rapport avec le cœur.

cardiologie : spécialité médicale s'intéressant au cœur et aux vaisseaux sanguins.

cardiologue : médecin pratiquant la cardiologie.

cardiotonique : qui tonifie le cœur, qui améliore les contractions cardiaques.

cardiovasculaire : en rapport avec le cœur et les vaisseaux sanguins.

carence : absence ou insuffisance de certains nutriments (vitamines, oligoéléments, protéines…) indispensables au bon fonctionnement de l'organisme.

carie dentaire : destruction localisée d'une dent.

carminatif : se dit de ce qui favorise l'élimination des gaz intestinaux, de ce qui supprime les gaz intestinaux.

carnivora : plante amazonienne qui, selon certains auteurs, aurait des actions contre le cancer.

carotène : pigment jaune ou orangé, présent dans certains végétaux servant de précurseur à la synthèse de la vitamine A chez l'homme.

caroténoïde : nom donné à la famille formée par le carotène et ses dérivés.

carotide : artère passant au niveau du cou et qui apporte du sang oxygéné à la tête.

carpien : se dit de ce qui est en rapport avec le canal carpien.

carthame : huile végétale riche en acides poly-insaturés dont 74 % d'acide linolénique (oméga 6). Elle a des actions sur les peaux sèches et les excès de cholestérol.

cartilage : sorte de tissu conjonctif souple et résistant situé sur les os au niveau des articulations.

cartilage de raie : riche en chondroïtine, constituant important pour les cartilages.

cartilage de requin : possède des effets anti-angiogéniques, qui empêchent le développement de vaisseaux sanguins au niveau des cancers. Il possède aussi des actions contre les rhumatismes et le psoriasis.

caryolyse : détérioration du noyau cellulaire survenant lors de la mort d'une cellule.

caryotype : ensemble des caractéristiques chromosomiques d'un individu.

cas sporadique : se dit de personnes malades isolées au sein d'une population, par opposition à une épidémie.

caseum : synonyme de « nécrose caséeuse » nécrose observée lors d'une tuberculose dont le nom est dû à son aspect semblable à du fromage blanc.

casque réfrigérant : casque souple produisant une baisse de température (froid) au niveau du cuir chevelu dans le but d'éviter ou de minimiser la chute des cheveux lors de certaines chimiothérapies. Il doit être porté durant la perfusion de chimiothérapie pour être efficace.

cassis (ribes nigrum) : arbrisseau dont les feuilles sont riches en flavonoïdes ce qui leur procure un effet anti-inflammatoire remarquable. C'est aussi un draineur hépatique et un bon éliminateur de toxines.

cas-témoin (étude) : se dit d'une étude qui rassemble des personnes souffrant de la même pathologie et des personnes indemnes servant de « témoins » afin de comparer leurs facteurs de risques respectifs à la maladie étudiée (comme l'alcool dans les cancers de la bouche). Ce genre d'étude comporte des biais qui ne la rend pas toujours fiable, ne serait-ce que par le côté subjectif des déclarations des participants.

castration : suppression des hormones sexuelles, testostérone ou œstrogène, par différents moyens (chirurgicaux ou médicaux).

castration chirurgicale : suppression des testicules ou des ovaires par voie chirurgicale.

castration médicale : suppression des hormones sexuelles par des traitements médicaux (antagoniste de la LH-RH, anti-androgènes, oestrogènes, anti-oestrogènes).

CAT : abréviation de « Conduite à tenir ».

cat's claw : synonyme de « griffe de chat » ou d'« uncaria tomentosa », plante amazonienne stimulant l'immunité et la détoxication de l'organisme.

catabolisme : phase de dégradation du métabolisme général par opposition à l'anabolisme qui est la phase de construction.

catalyseur : substance qui accélère une réaction chimique, comme les enzymes.

cataracte : trouble caractérisé par une opacification du cristallin induisant une baisse de la vue.

cataplasme : application d'une substance à visée thérapeutique sur la peau au niveau d'une région malade : exemple cataplasme à la moutarde ou cataplasme d'argile.

catarrhe : inflammation aiguë des muqueuses avec hypersécrétion.

catarrhe tubaire : catarrhe atteignant la trompe d'Eustache.

catécholamine : catégorie de neurotransmetteur.

cathéter : tube souple introduit avec une aiguille et utilisé pour passer des liquides (médicaments ou autres) dans les organes creux ou dans les vaisseaux sanguins.

cation : ion chargé positivement.

cauchemar : rêve désagréable, voire effrayant et angoissant.

caudal : se dit de ce qui est en rapport avec la queue ou la partie terminale d'un organe.

caverne : excavation ou cavité dans un organe ou un tissu.

cavité péritonéale : espace situé dans l'abdomen à l'intérieur de la membrane nommée péritoine contenant les intestins et autres organes internes.

cavité pleurale : cavité située entre les deux feuillets qui constitue la plèvre autour des poumons.

cavum : nom donné à certaines cavités, notamment au niveau de la sphère ORL.

cc : abréviation de « centimètre cube » équivalent d'un millilitre.

CCAM : abréviation de « classification commune des actes médicaux ».

CCMH: abréviation de « Concentration Corpusculaire Moyenne en Hémoglobine ».

CEA: abréviation de « Commissariat à l'énergie atomique ».

CEAP: abréviation de « Commission d'Evaluation des Actes Professionnels ».

cécité: perte complète de la vue.

CEIA: abréviation de « centre européen d'information et d'automation ». Il s'intéresse au protéome (ensemble de protéines) afin d'effectuer une analyse fonctionnelle des personnes et des organes.

cellule: unité principale des êtres vivants. Elle est bien visible au microscope électronique.

cellule cancéreuse: cellule ayant subi une mutation de son ADN qui a entraîné de profondes modifications dans son fonctionnement et sa structure.

cellule endothéliale: cellule qui tapisse l'intérieur des parois du cœur et des vaisseaux sanguins.

cellule germinale: cellule reproductrice (ovule ou spermatozoïdes).

cellule métastatique: cellule cancéreuse circulante dans le sang ou la lymphe et pouvant se fixer à distance pour développer une nouvelle tumeur (tumeur secondaire).

cellule sanguine: ensemble des cellules produites par la moelle osseuse: globules blancs, globules rouges et plaquettes.

cellule somatique: cellule de l'organisme.

cellule souche: cellule non différenciée (indifférenciée) à l'origine de lignées cellulaires nombreuses et variées.

cellule tumorale: voir « cellule cancéreuse ».

cellulite: infiltration du tissu conjonctif sous-cutané qui donne à la peau un aspect en peau d'orange.

cellulose: fibre, constituant des cellules végétales.

Celsius: unité utilisée pour la température.

CEM : abréviations de « champ électromagnétique ».

centre anti-douleur : lieu spécialisé dans le traitement de la douleur.

centriole : organite intracellulaire jouant un rôle important lors de la division cellulaire.

centromère : région centrale du chromosome par laquelle il se fixe sur le fuseau lors de la mitose et de la méiose.

céphalée : mal de tête ou d'une région de la tête.

céphalée hyperalgique : douleur très intense de la tête.

céphalique : en rapport avec la tête.

CEPIDC : abréviation de « Centre épidémiologique sur les causes médicales de décès ».

céréales : catégorie d'aliments correspondant au blé, riz, maïs, orge, millet, seigle, avoine, sorgho…

cérébelleux (se) : se dit de ce qui est en rapport avec le cervelet.

cérébral : en rapport avec le cerveau.

cervelet : partie inférieure et postérieure du cerveau – en arrière du bulbe rachidien – servant à l'équilibre, le tonus des postures et la coordination des mouvements.

cervical : région englobant la partie supérieure des voies aérodigestives (bouche, pharynx, partie supérieure de l'œsophage).

cervicalgie : douleur dans la région cervicale.

CES : abréviation de « Conseil Economique et Social ».

Césium 137 : corps radioactif à base de césium.

Cg A : abréviation de « chromogranie A »

CGMH : abréviation de « Concentration globulaire moyenne en hémoglobine ».

CH : abréviation de « centre hospitalier » mais aussi « centième hahnemannienne », terme employé en homéopathie. Ainsi, une 4 CH signifie : 4e dilution au centième du remède, selon la méthode de Hahnemann.

chakra : signifie « roue » en sanskrit, centre énergétique situé dans le corps éthérique des personnes. Il existe 7 chakras principaux qui permettent l'entrée et l'évacuation de l'énergie dans le corps.

chalazion : tumeur bénigne et indolore située au niveau d'un bord de paupière.

chamane : personnage servant d'intermédiaire entre les mondes naturel et surnaturel, entre les hommes et le monde des esprits.

chamanisme : pratique basée sur des états modifiés de conscience permettant le contact entre les êtres humains et le monde surnaturel des esprits.

chambre implantable : synonyme de « port-à-cath », boîtier implanté sous la peau, relié à une veine profonde du thorax, permettant de placer des perfusions et d'injecter des médicaments, comme des chimiothérapies.

champignon : voir « mycose ».

chancre : ulcération située sur la peau ou une muqueuse au point d'entrer de l'agent infectieux.

charbon végétal : substance naturelle permettant d'adsorber c'est-à-dire de fixer à sa surface, diverses substances telles que les bactéries, les toxines et les gaz. Il améliore les troubles digestifs et limite la fermentation dans l'intestin.

chardon marie (carduus marianus) : plante stimulante pour le foie et la vésicule biliaire. Elle favorise aussi la détoxication de l'organisme.

charge virale : évaluation du nombre de virus présents dans le sang ou dans toute autre substance. Cette charge est représentative de l'importance de l'infection virale.

Chaupitre (abbé) : Jean-Marie-Victor Chaupitre (1859-1958) ayant mis au point des complexes homéopathiques, les formules de l'abbé Chaupitre, destinés à soigner un grand nombre de troubles et de maladies.

chélateur – chélatrice : substance capable de fixer des métaux, formant avec eux des complexes solubles permettant leur élimination hors de l'organisme.

chélation : action consistant à nettoyer un organisme des toxiques et des métaux.

chémoprévention : traitement (médicament, vitamines, minéral…) donné pour diminuer le risque de développer une maladie, comme un cancer ou autre.

chi : synonyme de « Qi », signifie souffle de vie, énergie vitale et vitalité.

chi gong : synonyme de « Qi gong », exercice chinois consistant à faire circuler l'énergie (énergie Qi) dans l'ensemble du corps afin de retrouver ou de maintenir sa santé.

chikungunya : maladie virale d'Afrique orientale causée par le virus chikungunya induisant des douleur musculaires et articulaires ainsi que de la fièvre et une éruption.

chimérisme : à la suite d'une greffe, deux sortes de cellules se côtoient dans l'organisme, les cellules du greffon et celles de l'hôte.

chimiorésistance : inefficacité de la chimiothérapie sur un cancer.

chimiosensible : efficacité de la chimiothérapie sur un cancer.

chimiotactisme : propriété que possèdent certaines cellules leur permettant d'être attirées ou repoussées par certaines substances chimiques.

chimiothérapeute : médecin spécialiste des chimiothérapies.

chimiothérapie : traitement qui utilise des produits chimiques (anti-mitotiques) ayant un effet destructeur sur les cellules cancéreuses.

chimiothérapie adjuvante : chimiothérapie mise en œuvre en complément d'autres thérapies anti-cancéreuses comme la chirurgie ou la radiothérapie en vue d'éradiquer le cancer.

chimiothérapie néo-adjuvante : chimiothérapie utilisée avant la chirurgie ou la radiothérapie afin de diminuer le volume de la tumeur ce qui améliorera leur meilleure efficacité.

CHIP : abréviation de « chimio-hyperthermie intra-péritonéale ». Il s'agit d'un traitement utilisé dans le traitement de la carcinose péritonéale consistant au cours d'une intervention chirurgicale, à réaliser un bain complet de la cavité abdominale avec une chimiothérapie associée à une hyperthermie pouvant atteindre environ 43 °C.

chiropractique : discipline ostéopathique permettant le replacement des os et des articulations.

chiropraxie : voir « chiropractique ».

chirurgie : traitement consistant à utiliser des manœuvres ou des interventions manuelles.

chirurgie conservatrice : chirurgie qui ne retire que la tumeur en conservant au maximum l'organe ou le membre atteint. Exemple : la tumorectomie du cancer du sein qui évite l'ablation complète du sein.

chirurgie curative : chirurgie qui a pour but d'enlever totalement toute la tumeur et les cellules cancéreuses afin d'obtenir une guérison d'un cancer.

chirurgie réparatrice : chirurgie ayant pour but de reconstruire un organe après une chirurgie curative.

chitosan : produit dérivé de la chitine, extraite de la carapace des crustacés. Il est utilisé par certains thérapeutes dans les régimes amaigrissants et le traitement d'une acidose.

chlamydia : germe proche à la fois des bactéries et des virus.

chlamydiase ou **chlamydiose** : infection due au chlamydia.

chlorella : algue d'eau douce riche en protéines mais aussi en vitamines B, vitamine C, vitamine E, zinc, calcium, cuivre, fer, magnésium et germanium. La chlorella est surtout utilisée pour son action de détoxication et de chélation des métaux principalement au niveau intestinal.

chlorophylle : correspond au sang de la plante, riche en magnésium et en oxygène.

chlorurachie : taux de chlore dans le LCR.

chlorure de magnésium : molécule formée de deux atomes de chlore et d'une de magnésium qui présenterait de nombreuses vertus thérapeutiques notamment sur la constipation, la détoxication, les infections, la fatigue, le stress, le rachitisme, etc. voire même le cancer.

choc anaphylaxique : voir « anaphylaxie ».

choc émotionnel : émotion forte et souvent inattendue ressentie par une personne qui la déstabilise plus ou moins durablement.

cholagogue : se dit d'un remède, d'une plante ou d'un aliment qui favorise l'évacuation de la bile.

cholécalciférol : synonyme de « vitamine D3 », qui est un dérivé de la vitamine D.

cholédoque : partie des voies biliaires extra-hépatiques formées par la réunion du canal hépatique et du canal cystique provenant de la vésicule biliaire.

choléra : maladie infectieuse grave induite par le vibrion cholérique.

cholérétique : se dit d'une substance qui stimule la sécrétion de bile.

cholecystectomie : ablation chirurgicale de la vésicule biliaire.

cholescystite : inflammation de la vésicule biliaire.

cholestase : synonyme de « cholostase » - arrêt de l'écoulement de la bile dans les canaux biliaires situés à l'intérieur ou à l'extérieur du foie.

cholestérol : substance appelée « stérol » (alcool polycyclique) présente normalement dans l'organisme. Son origine provient soit de l'alimentation, soit de sa synthèse par le foie. Il intervient dans la fabrication de nombreuses hormones. Par contre, un taux de cholestérol élevé peut entraîner des affections cardiaques.

cholestérolemie : taux du cholestérol présent dans le sang circulant.

choline : substance proche des vitamines B présente dans la lécithine de soja sous forme de phosphatidylcholine. Elle intervient dans l'élaboration de la gaine de myéline qui entoure les neurones et la formation de l'acétyl-choline, neuromédiateur important, qui est carencé dans la maladie d'Alzheimer.

cholinergique : se dit des nerfs qui libère comme neuromédiateur de l'acétyl choline.

cholostase : voir « cholestase ».

chondro- : préfixe qui est en rapport avec les cartilages.

chondrocalcinose : maladie caractérisée par des douleurs articulaires et des incrustations de calcium (points de calcification) dans les cartilages correspondants.

chondroïtine : substance présente avec la glucosamine dans les cartilages. Elle favorise aussi l'absorption intestinale du calcium ainsi que sa fixation sur les os.

chondromatose : maladie constitutionnelle rare, caractérisée par des chondromes intra-osseux multiples.

chondrome : tumeur bénigne reproduisant la structure du tissu cartilagineux.

chondrosarcome : variété de cancer issu du tissu cartilagineux. Son origine est souvent osseuse.

choriocarcinome : synonyme de « chorioépitheliome » et de « carcinome trophoblastique » – cancer du placenta.

chorioépitheliome : voir « choriocarcinome ».

chromatide : nom des deux filaments qui constituent un chromosome et qui sont reliés ensemble par le centromère.

chromatothérapie : synonyme de « chromothérapie » selon les écoles – traitement consistant à utiliser les couleurs en vue de rééquilibrer l'organisme et de lui redonner la santé.

chrome : oligoélément intervenant sur le métabolisme du sucre et les maladies cardiovasculaires.

chromogranie A (Cg A) : marqueur tumoral des tumeurs neuro-endocriniennes.

chromopuncture : thérapie dérivée de l'acupuncture utilisant un laser au lieu des aiguilles afin d'équilibrer la circulation du Qi.

chromosome : élément présent dans le noyau des cellules et qui est le support des gènes. Les chromosomes sont au nombre de 46 dont 44 chromosomes autosomes et deux chromosomes sexuels : XX chez la femme et XY chez l'homme. Chaque chromosome est constitué d'une double hélice d'ADN.

chromothérapie : voir « chromatothérapie »

chronique : se dit d'une maladie de longue durée et qui évolue lentement.

chronobiologie : étude des rythmes internes et des variations des métabolismes au cours du temps.

chronothérapie : discipline qui permet de déterminer le moment idéal pour l'administration d'un médicament en tenant compte des rythmes internes, ce qui permet d'en améliorer l'efficacité et d'en diminuer les effets secondaires.

chromothérapie : test basé sur les couleurs et thérapie par lumières colorées selon la méthode de Pierre Van Obberghen permettant la solution rapide de problèmes psychologiques, émotionnels et même physiques.

CHRU : abréviation de « centre hospitalier régional et universitaire ».

CHU : abréviation de « centre hospitalier universitaire ».

CIVD : abréviation de « Coagulation intravasculaire disséminée ».

Cl : abréviation de « Chlore ».

Ci : symbole du « Curie » qui constitue l'unité de la radioactivité.

CIA : signifie « communication interauriculaire ».

cible biologique : lieu précis sur lequel doit se fixer un médicament afin de réaliser son action.

cicatrice : tissu fibreux qui réunit les bords d'une plaie ou d'une blessure.

cicatrice réactogène : cicatrice produisant des champs perturbateurs au niveau de la circulation énergétique responsable de trouble et de douleur localement ou à distance.

cicatrisation : stade de guérison d'une cicatrice.

CIM : abréviation de « classification internationale des maladies ».

cinétique : discipline qui étudie l'évolution des systèmes.

cinétose : synonyme de « mal des transports ».

CIPR : abréviation de « Commission Internationale de Protection Radiologique ».

CIRC : abréviation de « Centre international de recherche sur le cancer ».

circoncis : se dit d'un homme ayant subi une circoncision.

circoncision : ablation chirurgicale du prépuce.

circonvolution cérébrale : portion superficielle du cerveau située entre deux sillons.

circulant : se dit de ce qui est dans la circulation.

circulation sanguine : ensemble du circuit sanguin dans le corps humain.

cirrhose : affection dégénérative du foie faisant suite à une hépatite chronique, due à un virus, une intoxication, un médicament, l'alcoolisme, etc. et pouvant dégénérer en cancer.

cirrhotique : en rapport avec une cirrhose.

Cis : abréviation de « cancer in situ ».

cisplatine : sorte de chimiothérapie.

CIV : abréviation de « communication interventriculaire ».

CIVD : voir « coagulation intra-vasculaire disséminée ».

clairance de la créatinine : examen permettant d'étudier la fonction rénale, au moyen d'une formule intégrant le taux de créatinine, l'âge, le poids et le sexe de la personne.

claquage : rupture musculaire lors d'un effort.

classification TNM : classification internationale des cancers basée sur l'extension locale de la tumeur (T), l'existence d'atteintes ganglionnaires (N) et de métastases (M).

claustrophobie : peur irraisonnée dans les lieux fermés.

clavicule : os long situé sur l'avant de l'épaule.

CLCC : abréviation de « centre de lutte contre le cancer ».

cliché : radiographie en langage médical.

climatère : période de la vie où se produisent des modifications hormonales responsables de changements physiques et psychiques notamment lors de la ménopause et de l'andropause.

climatérique : se dit de ce qui est en rapport avec le climatère.

clinique : se dit d'un établissement (public ou privé) dispensant des soins ; mais aussi de l'observation des signes d'une maladie présentés par une personne, sans avoir recouru à des examens complémentaires.

clip : agrafe métallique utilisée en chirurgie pour stopper un saignement, mais aussi pour faire un repérage d'un endroit précis en vue d'examens, de chirurgie ou de radiothérapie ultérieure.

clonage : technique permettant de créer des clones d'une cellule ou d'un être.

clone : progéniture identique à l'original, provenant d'une reproduction asexuée, issue d'une seule cellule donnée par le sujet originel.

CMH : abréviation de « Complexe Majeur d'Histocompatibilité ».

CMNO : abréviation de « Cardio-Myopathie Non Obstructive ».

CMO : abréviation de « Cardio-Myopathie Obstructive ».

CMR : abréviation de « agent Cancérogène, Mutagène et Reprotoxique ».

CMV : abréviation de « Cyto Mégalo Virus ».

CNAMTS : abréviation de « Caisse nationale d'assurance maladie des travailleurs salariés ».

CNCT : abréviation de « Comité national contre le tabagisme ».

CNPC : abréviation de « cancer non à petites cellules » (du poumon).

CNRMI : abréviation de « Centre National de Référence des Maladies d'Importation ».

CNRS : abréviation de « Centre national de la recherche scientifique ».

CNV : voir « communication non violente »

Co : signifie « cobalt ».

CO : symbole chimique du monoxyde de carbone.

CO_2 : symbole chimique du dioxyde de carbone ou gaz carbonique.

co-enzyme-Q10 : enzyme présente dans les mitochondries des cellules où il intervient pour la production d'énergie sous forme d'ATP. Il évite les pertes et optimise l'énergie. Il est donc dynamisant.

co-infection : infection concomitante à d'une autre maladie infectieuse.

co-Q10 : voir « co-enzyme-Q10 »

CoA : signifie « co-enzyme A ».

coaching : accompagnement d'une personne par un professionnel en vue d'atteindre des objectifs dans sa vie professionnelle et/ou personnelle.

coagulation : prise en masse d'un liquide comme le sang ou le lait, induisant ainsi une masse solide et laissant exsudé un liquide transparent.

cobalamine : synonyme de « vitamine B12 ».

cobalt : oligoélément intervenant sur la circulation sanguine.

cobalt 60 : élément radioactif qui émet des rayons bêta, alpha et gamma.

cobalthérapie : sorte de radiothérapie.

coccyx : petit os de forme triangulaire situé à l'extrémité inférieure de la colonne vertébrale sous le sacrum.

codéine : alcaloïde issu de l'opium servant à calmer la toux et les douleurs.

codex : registre officiel rassemblant l'ensemble des médicaments autorisés.

codon : séquence de trois nucléotides successifs de l'ARN constituant le code d'un acide aminé.

cœlioscopie : (synonyme de « laparoscopie ») examen consistant à introduire un endoscope dans le corps permettant l'exploration des organes situés dans la cavité abdominale (intestins, organes génitaux de la femme, voies biliaires…).

cœur : organe situé dans la cage thoracique, dont les contractions servent à propulser le sang dans les artères.

cognitif – cognition : processus cérébral où interviennent la mémoire et le traitement de l'information.

cognition : voir « fonctions cognitives ».

cohérence cardiaque : voir « technique de cohérence cardiaque ».

cohorte : population saine étudiée pendant de nombreuses années, afin d'étudier la survenue d'éventuelles maladies et leurs conditions d'apparition.

coït : rapport sexuel.

col de l'utérus : partie basse de l'utérus s'ouvrant dans le vagin.

col vésical : orifice de sortie de la vessie qui se poursuit par l'urètre.

colchicine : remède utilisé dans les excès d'acide urique mais aussi pour ses vertus antimitotiques (comme la chimiothérapie) où il n'est efficace que sur les très petites tumeurs de moins de 1 mm de diamètre.

colectomie : résection chirurgicale d'une partie ou de la totalité du côlon.

colibacille : bactérie vivant à l'état naturel dans l'intestin, mais fréquemment responsable d'infection urinaire appelée aussi colibacillose.

colibacillose : infection urinaire produite par le colibacille.

colite : inflammation du côlon.

colite spasmodique : synonyme de « intestin irritable ».

colloïde ou colloïdal : se dit d'une substance insoluble dans un milieu et qui s'y trouve dispersée en fines particules.

colique : se dit de ce qui est en rapport avec le côlon ; mais aussi de douleurs et de spasmes situés au niveau du côlon ou d'un organe abdominal.

colique hépatique : douleurs violentes provoquées par le passage dans les voies biliaires d'un calcul (pierre – lithiase).

colique néphrétique : douleur violente provoquée par le passage dans les voies urinaires d'un calcul (pierre – lithiase).

colite : inflammation du côlon.

collagène : fibres de protéines constitutives des tissus de soutien comme la peau, les os, les tendons…

collapsus : abaissement souvent brutal de la tension artérielle entrainant rapidement un état de choc.

collatéral : accessoire, secondaire.

collection : accumulation de liquide ou de matière dans une région du corps.

colloïde – colloïdal : se dit de ce qui a l'apparence de la colle de gélatine.

collutoire : remède semi-liquide appliqué au niveau de la gorge ou de la bouche souvent en pulvérisations.

collyre : remède liquide appliqué au niveau des yeux sous forme de gouttes.

côlon irritable : voir « colite ».

côlon : gros intestin, partie terminale de l'intestin qui débouche sur le rectum.

colonie cellulaire : regroupement de cellules.

colopathie : maladie du côlon.

colorthérapie : voir « chromatothérapie ».

coloscopie : examen de l'intérieur du côlon effectué à l'aide d'une fibre optique souple, et introduite par l'anus.

colostomie : intervention créant une dérivation externe à la peau de l'abdomen (créant un anus artificiel), du côlon.

colza : huile végétale riche en acide alphalinolénique, un acide gras essentiel de type oméga 3.

coma : état pathologique caractérisé par une perte de conscience avec absence plus ou moins complète de réaction aux stimuli externes, mais sans atteinte des fonctions vitales.

comitial : se dit de ce qui est en rapport avec l'épilepsie.

comitialité : épilepsie.

communication interauriculaire (CIA) : malformation de la paroi séparant les deux oreillettes du cœur et permettant le passage du sang.

communication interventriculaire (CIV) : malformation de la paroi séparant les deux ventricules du cœur et permettant le passage du sang.

communication non violente (CNV) : méthode (outil de communication principalement verbal) visant à créer entre les êtres humains des relations fondées sur la compréhension, la compassion, la coopération harmonieuse et le respect de soi et des autres.

compassion : sentiment par lequel on ressent la souffrance physique ou psychique des autres sans pour autant la prendre à son propre compte.

complément alimentaire : voir « complément nutritionnel ».

complément nutritionnel : remède composé de nutriments et autres substances ayant un intérêt nutritionnel, physiologique ou thérapeutique.

complexe majeur d'histocompatibilité : carte d'identité individuelle déterminée par une série de molécules présentes à la surface de la plupart des cellules de l'organisme et conditionnant la qualité de la réponse immunitaire.

complication : apparition de difficultés, d'évolution imprévue ou de problèmes au cours d'une maladie.

composé phytochimique : molécule (chimique) présente dans les végétaux pouvant leur procurer des actions particulières.

compression : système, manchon, collant ou bas élastique placé dans le but d'éviter la stase des liquides.

concentration : proportion d'une substance dans une solution ou un remède ; mais aussi fixation de l'attention sur un sujet ou une activité.

concept : représentation mentale.

concomitant : simultané, en même temps.

concrétion : épaississement d'une substance.

condylome : tumeur bénigne de la peau et des muqueuses, d'origine souvent virale.

congestion : augmentation de la quantité de sang contenue dans un organe ou une région du corps.

conflit : opposition entre les aspirations d'un individu et ses principes moraux.

confusion ou état confusionnel : état dans lequel la vigilance est diminuée, ainsi que la capacité d'enregistrer une information nouvelle ou encore d'organiser sa pensée.

congénital : pathologie qui remonte à la vie intra-utérine contrairement à l'héréditaire qui est dû à des anomalies génétiques.

constitution : caractéristiques physiques d'un individu.

conisation : ablation chirurgicale – taillée en forme de cône – d'une partie du col utérin.

conjonctif : voir « tissu conjonctif ».

conjonctive : tissu transparent qui recouvre l'œil.

conjonctivite : inflammation de la conjonctive.

Conn (syndrome de) : hyperaldostéronisme primaire due à une tumeur bénigne de la cortico-surrénale produisant : syndrome polyro-polydipsique, asthénie musculaire, paralysie, hypertension artérielle et quelquefois hypotension orthostatique.

conscience : état permettant à une personne, de prendre connaissance du monde extérieur et de sa propre existence.

conscient : se dit de ce qui est en rapport avec la conscience.

conservateur : traitement consistant à limiter l'exérèse chirurgicale à la simple élimination de la tumeur avec un taux de bons résultats aussi important qu'en cas d'ablation plus étendue.

constipation : difficulté à évacuer les selles.

constituant : substance entrant dans la composition d'un mélange ou d'un remède.

constitutionnel : se dit de ce qui est en rapport avec la constitution d'un individu.

constriction : rétrécissement, serrement.

contage : origine d'une contagion.

contagion : transmission d'une maladie d'une personne à une autre.

contamination : envahissement d'un tissu par un germe avec ou sans pénétration de ce dernier dans l'organisme.

continence : abstention de tout rapport sexuel.

contraception : moyen utilisé pour éviter le risque de grossesse à la suite de rapports sexuels.

contractures : contraction involontaire plus ou moins prolongée d'un muscle.

contraste : produit utilisé lors de certains examens radiologiques permettant de mieux distinguer les organes et les tissus.

contributive : se dit de ce qui apporte une contribution, c'est-à-dire une information supplémentaire.

contusion : lésion produite à la suite d'un coup sans blessure de la peau.

convalescence : période survenant à la fin d'une maladie juste avant la guérison.

convulsion : contractions involontaires, successives et saccadées de muscles.

convulsivant : se dit de ce qui provoque des convulsions.

coproculture : analyse des selles dans un laboratoire.

coprologie : partie de la médecine qui étudie les matières fécales.

copulation : synonyme de « coït » ou de « rapport sexuel ».

cor au pied : épaississement important, dur et douloureux de la peau se situant en général au niveau des zones de frottement des orteils dans les chaussures.

cordes vocales : petites formations musculaires et fibreuses situées dans le larynx dont la vibration permet l'émission de la voix.

coriandre : épice efficace contre l'insuffisance digestive et les ballonnements.

cornée : partie antérieure et transparente de l'œil.

corps astral : corps énergétique entourant le corps physique et le corps éthérique où se localisent les émotions.

corps énergétiques : ensemble de corps subtils entrant dans la constitution énergétique de l'être humain et qui sont le siège des émotions, du mental, de la conscience et de l'âme.

corps éthérique : corps énergétique de l'être humain, le plus proche du corps physique, qui concentre l'énergie et qui sert de moule au corps et organes physiques.

corps utérin : partie de l'utérus située entre le col utérin et les trompes de Faloppe. Il est le lieu où se développe la grossesse

corps vitré : substance visqueuse située entre le cristallin et la cornée.

cortex : vient du latin « écorce », représente la partie périphérique d'un organe.

cortex cérébral : couche superficielle du cerveau renfermant les corps cellulaires des neurones.

cortex cingulaire : zone du cerveau unissant les lobes frontaux et temporaux et intervenant dans la détection des erreurs et la gestion des émotions.

cortico- : préfixe se disant de la partie périphérique d'un organe.

corticoïde : médicament dérivé de la cortisone. On distingue les corticoïdes **naturels**, nécessaires au fonctionnement de l'organisme, qui sont fabriqués par les glandes surrénales et les corticoïdes **de synthèse**, sont utilisés comme anti-inflammatoires puissants.

corticostéroïde: ensemble des hormones fabriquées par la cortico-surrénale.

corticothérapie: traitement utilisant des corticoïdes.

cortisol: synonyme d'hydrocortisone.

cortisone: hormone secrétée par les cortico-surrénales et qui intervient dans le stress chronique. Cette hormone est également utilisée comme médicament dans de nombreuses situations à cause de ses vertus anti-inflammatoires et antiallergiques.

coryza: rhume.

cosmétique: ensemble de produits destinés à entretenir l'hygiène du corps: savons, shampooing, crème, lotion…

cosmique: se dit de ce qui est en rapport avec le cosmos, l'univers.

cosmologie: branche de l'astronomie qui étudie l'ensemble de l'univers, sa structure et les lois qui régissent son évolution.

costal: se dit de ce qui est en rapport avec les côtes.

Coué (méthode): méthode mise au point par Emile Coué (1857 – 1926) qui consiste à une autosuggestion de pensées positives grâce à leur répétition.

coup de pompe: fatigue soudaine.

coup de soleil: érythème solaire, brûlure plus ou moins importante secondaire à une exposition solaire.

coupe-faim: produit destiné à couper la faim.

couperose: dilatation des vaisseaux capillaires sanguins du visage apparaissant sous forme de minces filets rouges.

coupure: blessure résultant d'un instrument tranchant comme un couteau.

courbature: douleurs musculaires plus ou moins généralisées suite à un effort physique ou un syndrome grippal.

courge (graines) : plante permettant une décongestion de la prostate, active sur l'adénome prostatique.

coxal : se dit de ce qui est en rapport avec la hanche.

coxarthrose : arthrose de la hanche.

Cp : abréviation de « comprimé ».

CPA : abréviation de « communication profonde accompagnée ».

CPC : abréviation de « cancer à petites cellules » (du poumon).

CPK : abréviation de « Créatine Phospho-Kinase », une enzyme musculaire libérée dans le sang en cas d'atteinte musculaire (traumatisme, inflammation, contracture, problème cardiaque…).

CPR : abréviation de « Protéine C Réactive ».

Cr : symbole chimique du « chrome ».

crampe : contraction violente, involontaire et transitoire d'un muscle.

crataegus : nom latin de l'aubépine.

créatinine : déchet azoté provenant de la dégradation des protéines. Son augmentation dans le sang indique l'existence d'une insuffisance rénale.

crénothérapie : synonyme de traitement par « cure thermale ».

crête iliaque : bord supérieur de l'os du bassin situé au-dessus des hanches.

crevasse : synonyme de « rhadage » – fissure de la peau ou d'une muqueuse, plus ou moins profonde.

crise d'acétone : trouble caractérisé par des vomissements, des nausées, une inappétence et une odeur caractéristique de l'haleine (odeur acétonique). Se voit surtout chez les enfants de moins de 7 ans.

crise de foie : trouble caractérisé par des nausées, des vomissements, une inappétence, voire des maux de ventre et de tête suite généralement à un excès alimentaire.

cristallin : partie constitutive de l'œil en forme de lentille biconvexe, souple permettant l'accomodation.

cristallisation sensible : examen mis au point dans les années 1920, par Ehrenfried Pfeiffer sur les indications de Rudolf Steiner, qui permet de diagnostiquer et de survivre l'évolution d'une maladie. Cette technique permet aussi de tester les produits ou les substances quels qu'ils soient : eau, plante, lait, aliment, animal et bien sûr humain et d'en étudier leur valeur ou leur nocivité.

cristallothérapie : traitement effectué à l'aide de cristaux et de pierres.

Crohn (maladie de) : maladie inflammatoire de l'intestin, qui peut causer des ulcères et des rétrécissements de l'intestin. Elle devient souvent chronique et peut s'accompagner de diarrhées tenaces et de dénutrition.

croûte de lait : croûte blanchâtre bénigne survenant sur la tête de certains nourrissons.

croyance : prendre quelque chose comme vraie, mais en l'absence de preuve.

cryochirurgie : sorte de chirurgie utilisant le froid pour détruire un tissu ou une tumeur.

cryothérapie : traitement consistant à utiliser le froid pour détruire un tissu ou une tumeur.

cryptorchidie : absence d'un testicule dans les bourses, du fait de sa non-descente lors de la puberté, celui-ci étant demeuré dans la cavité abdominale.

CT : abréviation de « Calcitonine » ou de « Commission de Transparence » (évaluation des médicaments) selon les circonstances.

Cu : symbole chimique du « Cuivre ».

cuivre : oligoélément intervenant sur les états infectieux et inflammatoires.

curage axillaire : ablation chirurgicale des ganglions lymphatiques de l'aisselle souvent pratiquée au cours des interventions chirurgicales pour cancer du sein.

curage ganglionnaire : intervention chirurgicale qui consiste à enlever la chaîne de ganglions drainant la région cancéreuse, pour éliminer d'éventuelles métastases ganglionnaires.

curatif (traitement) : se dit d'un traitement qui est capable de guérir la personne de la maladie dont elle souffre… par opposition au traitement palliatif qui ne pourra qu'apporter un soulagement et non une guérison.

curcuma : épice stimulant la digestion. Il est aussi anti-inflammatoire, tonifiant et aurait des vertus anticancéreuses.

cure de Breuss : voir « Breuss ».

cure de raisin : monodiète consistant à ne se nourrir que de raisin dans le but d'effectuer un nettoyage de l'organisme de ses toxines.

cure thermale : période pendant laquelle un individu reçoit des soins à base d'eau médicinales.

curie : unité d'activité d'une source radioactive.

curiethérapie : radiothérapie consistant à placer dans des cavités naturelles (curiethérapie **endocavitaire**) ou à implanter au sein de tissus tumoraux (curiethérapie **interstitielle**) des sources constituées d'aiguilles, de tubes, de fils ou de solutions colloïdales contenant un produit radioactif.

Cushing : voir « maladie de Cushing ».

cutané : se dit à ce qui est en rapport avec la peau.

cyanose : coloration violacée des téguments due à un déficit d'oxygène dans le sang.

cycle cellulaire : ensemble des étapes qui amène la division d'une cellule en deux autres identiques.

cycle : série de phénomènes se renouvelant périodiquement.

cycline : famille d'antibiotiques.

cyclotron : appareil consistant en un accélérateur circulaire qui produit des faisceaux de protons.

CYFRA21 : abréviation de « cytokeratin-21-fragment ».

cynorrhodon : extrait d'une plante, l'églantier qui est très riche en vitamine C.

cyphose : courbure concave vers l'avant de la colonne vertébrale. Une cyphose normale se voit au niveau dans la partie dorsale.

cyprès : plante riche en polyphénols, efficace sur l'insuffisance veineuse.

cystalgie : douleur de la vessie.

cystalgie à urines claires : douleur de vessie sans infection retrouvée.

cystectomie : intervention chirurgicale qui consiste à enlever une partie ou la totalité de la vessie.

cystéine : acide aminé soufré qui entre dans la constitution des protéines. Il protège la peau et les muqueuses. La cystéine est aussi protectrice du foie. Elle est aussi détoxiquante et stimulante de l'immunité.

cystine : acide aminé, pouvant être responsable de calculs urinaires.

cystite : inflammation de la vessie souvent secondaire à une infection bactérienne.

cystocèle : descente de vessie.

cystoprostatectomie : intervention chirurgicale qui consiste à enlever à la fois la vessie et la prostate.

cystoscopie : sonde avec caméra (endoscope) permettant de d'examiner l'intérieur de la vessie.

cytaphérèse : technique consistant à prélever une certaine quantité de sang, à en séparer les globules blancs des autres éléments du sang (plasma et globules rouges) et qui seront conservés, et réinjectés ultérieurement.

cytodiagnostic : diagnostic établi sur l'examen microscopique des cellules et non pas d'un tissu.

cytogénétique : science qui étudie les chromosomes.

cytokine : substance servant à la communication intercellulaire, induisant des réactions de défenses immunitaires.

cytologie : examen des cellules au microscope.

cytolyse : éclatement, destruction de la cellule.

cytolytique : se dit de ce qui détruit les cellules.

cytomégalo-virus (CMV) : virus responsable de maladies pouvant être graves au cours de la grossesse, à cause de leurs conséquences possibles sur le développement de l'enfant.

cytoplasme : liquide intérieur d'une cellule contenant les organites comme les mitochondries et les ribosomes… et entouré par la membrane cellulaire.

cytoponction : prélèvement (ponction) effectué à l'aiguille au niveau d'un tissu ou d'un organe, pour analyser au microscope des cellules obtenues.

cytoprotection : se dit d'un procédé ou d'une substance capable de protéger les cellules saines de l'action de traitements utilisés pour soigner une maladie.

cytosine : base azotée pyrimidique, qui est un constituant des acides nucléiques.

cytostatique : traitement empêchant les divisions des cellules et utilisé pour les chimiothérapies.

cytotoxicité : se dit d'un procédé ou d'une substance potentiellement nocive pour les cellules.

cytotoxique : se dit de ce qui tue les cellules.

D

D : abréviation utilisée en homéopathie pour indiquer une dilution au dixième (un dixième) – par exemple : D1 : première dilution au dixième, D2 : deuxième dilution au dixième…

damiana : plante utilisée pour stimuler le désir sexuel.

DCI : abréviation de « Dénomination Commune Internationale ».

DDASS : abréviation de « Direction départementale des affaires sanitaires et sociales ».

DDB : abréviation de « Dilatation des Bronches ».

débit expiratoire de pointe : examen qui étudie la force du souffle de la respiration grâce au débit mètre de pointe.

décalcification : diminution de la concentration en calcium d'un organisme ou d'un organe comme les os.

déchaussement dentaire : synonyme de « parodontolyse » atrophie et rétraction progressives de la gencive et de l'os alvéolaire, rendant les dents instables.

déchirure musculaire : rupture plus ou moins étendue de fibres musculaires.

déclive : se dit de ce qui indique le point le plus bas.

décoction : opération consistant à faire bouillir dans de l'eau chaude pendant quelques minutes une plante, souvent les parties les plus dures (racines ou tiges), pour en extraire les principes actifs.

décodage biologique : technique de soins consistant à rechercher le sens de la maladie et son origine conflictuelle.

décubitus : position allongée.

décubitus dorsal : position allongée sur le dos.

décubitus latéral : position allongée sur le côté.

dédifférenciation cellulaire : disparition de certains des caractères morphologiques dans une population cellulaire. Les cellules reviennent à l'état embryonnaire et perdent ainsi leurs caractères spécifiques.

défécation : action d'aller à la selle. Elimination des matières fécales par l'anus.

défense immunitaire : système de défense de l'organisme contre les germes et agents extérieurs à l'organisme.

défibrillateur : appareil permettant la défibration.

défibrillation : technique utilisant les décharges électriques dans le but de supprimer une fibrillation auriculaire ou ventriculaire.

dégénérescence – dégénératif : désigne la transformation d'une tumeur bénigne ou d'une lésion précancéreuse en lésion cancéreuse.

dégénérescence : dégradation d'une cellule, d'un tissu, d'un organe, avec perturbation de leurs fonctions.

dégénérescence maculaire liée à l'âge (DMLA) : dégradation d'une région de la rétine appelée macula entraînant une baisse de l'acuité visuelle et une déformation des lignes droites, puis une tache noire apparaît dans le champ de vision.

dégénérescence neurofibrillaire (DNF) : accumulation de fibrines anormales dans les neurones qui entraîne leur mort progressive et qui est une des causes principales de la maladie d'Alzheimer.

déglutition : action d'avaler sa salive ou un aliment.

dégranulation : disparition des granulations (organites intracellulaires ou lysosomes) qui étaient présentes dans le cytoplasme d'une cellule.

délire : synonyme d'idée délirante – désordre des facultés intellectuelles produisant des fausses idées sur la réalité, souvent de nature paranoïaque comme un complot, une persécution, une surveillance malveillante…

démence : diminution irréversible des facultés intellectuelles d'un individu. On distingue plusieurs types de démence selon leur cause. On parle ainsi de démence de type Alzheimer.

démence vasculaire : catégorie de démence dont la cause provient de lésions situées au niveau des vaisseaux sanguins du cerveau comme à la suite d'un accident vasculaire cérébral, de lésions artérielles dues au diabète…

démyélinisation : destruction de la myéline qui entoure et protège les nerfs.

dengue : maladie virale induisant des courbatures, de la fièvre et des maux de tête. Elle peut induire des complications potentiellement graves et son évolution peut être très lente.

dénomination commune internationale (DCI) : nom donné par l'OMS à une substance chimique ou biologique.

dénutrition : défaut de nutrition entraînant des altérations et des dégénérescence de l'organisme.

déontologie médicale : ensemble des devoirs et des responsabilités incombant à tous les médecins.

dépendance : besoin impérieux pour une personne de ne pas arrêter d'absorber une drogue.

dépistage : recherche systématique, chez une personne en bonne santé apparente, de signes vus grâce à certains examens : analyses biologiques ou radiologiques, pouvant indiquer l'existence d'une maladie silencieuse.

dépister : effectuer un dépistage.

déplétion : diminution d'un liquide normalement présent dans l'organisme.

déplétion hydro-sodée : perte de sel et d'eau par l'organisme.

dépression : trouble caractérisé par une humeur triste et une perte d'intérêt avec souvent un sentiment d'inutilité, de dévalorisation, voire de culpabilité. A ces symptômes, s'associent souvent une anxiété, une insomnie, une fatigue physique et morale et des troubles de l'appétit.

déprime : se dit d'une dépression nerveuse légère et généralement passagère.

dépuratif : se dit d'un remède ou d'une plante qui permet l'élimination des déchets c'est-à-dire qui détoxique l'organisme.

dermatose : affection cutanée.

derme : couche cutanée située sous l'épiderme qu'elle nourrit.

dermite : inflammation du derme.

dermatologie : spécialité médicale qui s'intéresse à la peau et aux muqueuses.

dérouillage : échauffement souvent matinal, nécessaire pour assouplir une ou plusieurs articulations afin d'en diminuer les douleurs.

DES : abréviation de « Diplôme d'études spécialisées ».

désensibilisation : diminution ou disparition, naturelle ou provoquée, de la sensibilité de l'organisme à un agent extérieur.

déséquilibre neuro-végétatif : trouble du système autonome entre le sympathique et le parasympathique.

déshydratation : état résultant d'un défaut d'apport en eau dans un organe ou un organisme.

désinfectant : se dit de ce qui produit une désinfection.

désinfection : destruction des agents infectieux par des agents physiques ou chimiques.

désintoxication tabagique : aide donnée pour obtenir une désaccoutumance au tabac.

desmodium adscendens : plante africaine stimulante pour le foie.

désodification : action de réduire le sel, généralement les apports en sels.

détersion : élimination des éléments étrangers et des tissus nécrosés, présents dans un foyer inflammatoire.

détoxication : action de nettoyer un organisme des toxiques qu'il contient, soit en les éliminant, soit en les transformant en substance inoffensive.

développement loco-régional : développement d'une maladie dans l'organe d'origine et les organes avoisinants.

dextrogyre : substance ayant la caractéristique de dévier la lumière vers la droite.

DGCCRF : abréviation de « Direction Générale de la Concurrence, de la Consommation et de la Répression des Fraudes ».

DGS : abréviation de « Direction Générale de la Santé ».

DHA : abréviation de « acide docosahexaenoïque » qui est une catégorie d'acide gras.

DHEA : abréviation de « Déhydroépiandrostérine ».

diabète : maladie caractérisée par une augmentation du sucre dans le sang.

diabète insulinodépendant (DID) synonyme de diabète de type 1 : diabète dû à une carence en insuline, consécutive à la destruction des îlots bêtas du pancréas par un processus auto-immune.

diabète non insulino-dépendant (DNID) : synonyme de diabète de type 2 – diabète non consécutif à une carence en insuline, en général en rapport avec une insulino-résistance des cellules.

diabète gestationnel : diabète qui se manifeste au cours du 2e ou du 3e trimestre de la grossesse et disparaît généralement après l'accouchement. Cependant il peut poser des complications pour la mère comme pour le développement de l'enfant, d'où son dépistage systématique lors de toute grossesse.

diabète insipide : insuffisance de l'hormone antidiurétique, ce qui occasionne des urines abondantes, comme en cas de diabète de type 1 et 2, d'où le nom de « diabète » qui lui a été donné. La glycémie demeure toujours normale dans un diabète insipide.

diagnostic : démarche permettant d'identifier une maladie sur la base des symptômes présentés par la personne et des examens pratiqués par le médecin.

diagnostic différentiel : étude des autres maladies (diagnostics) pouvant expliquer les symptômes présentés par la personne malade et que le médecin devra éliminer pour identifier celle qui est la cause.

dialyse : nettoyage du sang à l'aide d'une machine (rein artificiel) lorsque les reins ne sont plus capables de filtrer le sang, comme en cas d'insuffisance rénale grave.

diaphorétique : sudorifique.

diaphragme : cloison musculaire située entre l'abdomen et le thorax et dont les mouvements contribuent à la respiration ; mais aussi contraceptif féminin en caoutchouc consistant à recouvrir le col utérin.

diarrhée : évacuation de selles fréquentes et liquides.

diastole : période de relâchement qui suit une contraction cardiaque (diastole).

diathèse : prédisposition à attraper ou à générer certaines maladies.

DID : abréviation de « diabète insulinodépendant ».

Diencéphale : région du cerveau situé en dessous des hémisphères cérébraux et qui contient le thalamus, l'épithalamus et l'hypothalamus.

diététique : synonyme d'« alimentation » et de « nutrition ».

différenciation : se dit d'une cellule qui se spécialise, qui acquiert de nouvelles propriétés, qui devient par exemple une cellule du foie ou du rein, par opposition aux cellules indifférenciées.

différenciation tissulaire : acquisition par un tissu de nouveaux caractères qui induit une spécialisation de sa fonction.

diffus : se dit d'un élément, qui ne présente pas de limite précise, qui est disséminé, et/ou étendu, par exemple une douleur.

digestif : se dit d'un remède ou autre qui facilite la digestion.

digestion : ensemble des actions réalisées au niveau du tube digestif, permettant l'assimilation des aliments.

digestion difficile : lenteur et évacuation pénible de l'estomac.

digitalique : famille de médicaments apparentés à la digitaline.

digitaline : substance issue de la digitale pourpre (plante commune) et utilisée en cardiologie pour ralentir le cœur et renforcer ses contractions.

digitopuncture : voir « acupression ».

DIGLA : abréviation de « acide dihomo-gammalinolénique » qui est un acide gras.

dilatation des bronches (DDB) : augmentation de calibre des bronches dans un contexte inflammatoire et souvent infectieux.

dilution : diminution de la concentration d'une substance grâce à l'ajout de liquide supplémentaire.

dilution homéopathique : technique thérapeutique utilisant des doses infinitésimales d'un remède grâce à de hautes dilutions (obtenues par dilutions successives).

diphtérie : maladie infectieuse induisant des pharyngites et des laryngites potentiellement graves.

diploïde : double.

dispositif intra-utérin : voir « stérilet ».

disque intervertébral : formation souple située entre deux corps vertébraux.

distilbène (diéthylsilbestrol) : oestrogène utilisé dans le traitement du cancer de la prostate.

distillation : procédé qui utilise la vapeur d'eau pour extraire les essences d'une plante.

distomatose : maladie produit par la douve (distome).

DIU : abréviation de « dispositif intra-utérin ».

diurétique : médicament stimulant la fonction rénale et accroît le volume des urines émises par les reins.

diverticule : petite hernie – sac ou cavité – au niveau de la paroi d'un organe creux comme l'intestin ou la vessie.

diverticule de Meckel : voir « Meckel ».

diverticulite : inflammation d'un diverticule.

diverticulose : maladie caractérisée par la présence de nombreux diverticules sur un organe creux, généralement le côlon.

DM : abréviation de « Dispositif Médical ».

DMA : abréviation de « Dose maximale admissible » en radioactivité.

DMLA : abréviation de « Dégénérescence maculaire liée à l'âge ».

DMP : abréviation de « Dossier médical personnel ».

DNF : abréviation de « Dégénérescence neurofibrillaire ».

DNID : abréviation de « Diabète non insulino-dépendant ». Cela correspond au diabète gras de la cinquantaine.

do-in : massage ou auto-massage de points d'acupuncture, étirements et autres mouvements réalisés afin de relancer la circulation énergétique de l'organisme.

dolomite : roche provenant des fonds sous-marins riche en calcium et en magnésium facilement assimilable par l'organisme.

dominant – dominance : se dit d'un caractère qui ne nécessite qu'un seul gène pour s'exprimer par opposition à récessif qui nécessite deux gènes.

dopamine : neurotransmetteur dans le cerveau. La maladie de Parkinson est caractérisée par un déficit en dopamine.

dopaminergique : se dit de ce qui se rapporte à la dopamine.

doppler : examen à base d'ultrasons étudiant la circulation sanguine dans les vaisseaux : artères ou veines…

dorsal (dorsale – dorsaux) : se dit de ce qui se rapporte au dos.

dosage : action de déterminer une dose d'un remède, d'une radiothérapie ou autre.

dose : quantité de médicament ou autre à prendre par jour ou par prise.

dose maximale tolérée : en radiothérapie, cela correspond à la plus forte dose d'un traitement que peuvent supporter la plupart des patients.

dose standard : en radiothérapie, il s'agit de la dose établie par la recherche médicale comme étant la plus efficace et qui est proposée aux personnes malades de façon systématique dans une maladie déterminée.

dosimétre : appareil de mesure d'un rayonnement.

double aveugle : se dit d'un essai clinique où ni le médecin, ni le patient ne savent quel traitement est donné au patient.

douleur : sensation désagréable, pénible, anormale, dans une région particulière du corps.

douleur exquise : douleur localisée en un point précis.

douleur neurogène : synonyme de « douleur neuropathique » – douleurs liées à une lésion du système nerveux produisant des douleurs atypiques pénibles et souvent chroniques.

douleur neuropathique : type particulier de douleur, répondant mal aux antalgiques usuels lié à une anomalie sur le circuit neurologique.

douleur nociceptive : douleurs banales, qui sont rencontrées classiquement lors de lésion périphérique comme une brûlure, une coupure, un coup...

drain : tube en caoutchouc (ou autre) éventuellement percé de trous sur tout ou partie de sa longueur, permettant l'évacuation des liquides pathologiques au niveau d'une plaie, d'un organe ou autre.

drain de Redon : tuyau souple posé temporairement dans une cicatrice afin de permettre au sang et à la lymphe d'être évacués.

drainage : action d'évacuer un liquide pathologique au moyen d'un tube (drain).

drainage lymphatique : technique de massage doux débloquant et stimulant la circulation des liquides dans les canaux lymphatiques.

draineur : remède utilisé pour stimuler ou pour faciliter l'élimination des déchets produits par le métabolisme. Selon le remède, il peut agir sur les reins, le tube digestif ou le foie.

DRASS : abréviation de « direction régionale des affaires sanitaires et sociales ».

drépanocytose : anomalie de forme des globules rouges (aspect de faucille) d'origine génétique (héréditaire).

drill biopsie : synonyme de « Ponction Biopsie ».

DT : abréviation de « Delirium tremens ».

dukes : système de classification utilisé pour les cancers colorectaux.

duodénite : inflammation du duodénum.

duodénum : partie du tube digestif correspondant à la portion initiale de l'intestin grêle.

duplication : se dit lorsqu'il y a un organe double au lieu d'un seul.

Dupuytren : voir « maladie de Dupuytren ».

duremère : enveloppe externe des méninges entourant le cerveau, qui est résistante et fibreuse.

durillon : épaississement important de la couche cornée de la peau surtout au niveau des pieds, voire des mains suite à des frottements ou des pressions fortes et répétées.

dysbiose : synonyme de « hyperperméabilité intestinale ».

dyschromie : toute anomalie de la pigmentation de la peau.

dysembryome : synonyme de « tératome ».

dysentérie : voir « diarrhée ».

dysesthésie : trouble de la sensibilité.

dysfonction – dysfonctionnement : anomalie dans le fonctionnement d'un organe.

dysgueusie : trouble du goût.

dyshidrose : éruption de petites vésicules remplies de liquide clair, transparent au niveau des main. L'origine peut en être parasitaire, allergique ou médicamenteuse.

dyskinésie : mouvements involontaires d'un membre par exemple, qui peuvent gêner la motricité d'une personne.

dyslexie : trouble produisant des perturbations dans la lecture de textes par inversions de mots, de lettres, des erreurs ou des omissions.

dyslexique : se dit d'une personne atteinte de dyslexie.

dyslipidémie : anomalie dans le taux des graisses du sang.

dysménorrhée : règles (menstruations) irrégulières, douloureuses et pouvant être accompagnées d'autres troubles : irritabilité, migraine, etc.

dyspareunie : douleur lors des rapports sexuels chez la femme.

dyspepsie : voir « trouble dyspeptique ».

dysplasie : lésions provenant d'une anomalie du développement d'un tissu, d'un organe ou d'une partie de l'organisme. Une dysplasie est souvent assimilée à une lésion précancéreuse.

dyspnée : difficulté à respirer.

dysthyroïdie : anomalie dans le fonctionnement de la thyroïde.

dystonie : dérèglement du tonus d'un organe.

dystrophie – dystrophique : altération d'un tissu, d'un organe, d'une partie de l'organisme ou de l'organisme entier suite à un trouble nutritionnel dont l'origine peut être très variable : vasculaire, hormonale, nerveuse, métabolique, etc.

dysurie : difficulté à uriner avec diminution du jet urinaire.

E

EAV : abréviation de « electro-acupuncture du Dr Voll ».

ECBU : abréviation de « Examen cyto-bactériologique des urines », examen des urines qui permet de rechercher une infection.

EBV : abréviation de « virus d'Epstein-Barr », un herpès virus encore appelé HHV-4 (Human Herpersvirus 4) et responsable de la mononucléose infectieuse.

ecchymose : synonyme d'« hématome ».

ECG : abréviation de « Electro Cardiogramme », appareil qui consiste en l'enregistrement des ondes électriques émises par le cœur.

echinaccea purpurea : plante capable de stimuler les défenses de l'organisme et qui présente également des effets anti-inflammatoires et anti-allergiques.

échographie : examen utilisant les ultra-sons qui permet de visualiser certains organes internes du corps.

échographie endorectale : échographie réalisée à l'aide d'une sonde introduite dans le rectum afin de visualiser la prostate.

éclampsie : accident grave pouvant se produire lors du troisième mois de la grossesse ou lors de l'accouchement dans le cadre d'une toxémie gravidique.

écologie : science étudiant les relations des êtres vivants avec leur environnement. Cette définition fut étendue au respect de la nature par les êtres humains.

écran cathodique : correspond aux écrans de télévision et d'ordinateur munis d'un tube à rayonnement cathodique. Ils ont tendance à être remplacés par des écrans plats.

ectoderme : tissu constituant la peau, les organes des sens, le système nerveux central et les nerfs périphériques…

-ectomie : suffixe signifiant ablation. Il suit le nom de l'organe concerné, par exemple : prostatectomie.

ectopie – ectopique : se dit d'un organe qui n'est pas dans sa position normale.

eczéma : maladie de peau caractérisée par des plaques rouges et des démangeaisons, due à une allergie.

EDMR : abréviation de « Eyes Movement Desensitization and Reprocessing » qui peut être traduit en français par « désensibilisation et restructuration par le mouvement des yeux ».

EEG : abréviation d'« Electro-EncéphaloGramme », examen qui consiste en l'enregistrement des ondes électriques émises par le cerveau.

efférent : qui sort d'un organe ou d'un lieu, qui va du centre vers la périphérie.

effet indésirable : réaction nocive et non désirée produite par un médicament.

effet secondaire : effet indésirable dû à un traitement.

efficacité : pouvoir de produire un effet.

EFR : abréviation de « Exploration Fonctionnelle Respiratoire ».

EFT : abréviation de « Emotional Freedom Technique ».

EGF : abréviation de « Epidermal Growth Factor » qui est un facteur induisant la croissance des cellules épithéliales en se fixant sur un récepteur membranaire spécifique.

égocentrisme : tendance à ramener tout à soi.

éjaculation : expulsion du sperme par le pénis lors d'un acte sexuel.

éjaculation précoce : éjaculation survenant prématurément, parfois même avant la pénétration.

éjaculation rétrograde : éjaculation qui se fait, non pas vers l'extérieur, mais vers la vessie. Ce phénomène peut se rencontrer à la suite de certaines chirurgies de la prostate.

électro-acupuncture du Dr Voll (EAV) : moyen d'investigation et de traitement utilisant les modifications électrophysiques des points d'acupuncture.

électro-cardiogramme (ECG) : appareil qui consiste à enregistrer les ondes électriques émises par le cœur afin d'en étudier le fonctionnement.

électro-encéphalogramme (EEG) : appareil qui consiste à enregistrer les ondes électriques émises par le cerveau afin d'en étudier le fonctionnement.

électrolyte : sel minéral.

électromagnétique : se dit de ce qui se rapporte à l'électromagnétisme.

électromagnétisme : spécialité de la physique qui s'intéresse aux champs électriques et magnétiques comme ceux des courants électriques.

électron : particule de charge négative qui avec les protons et les neutrons, fait partie de la constitution des atomes. Il tourne autour des noyaux des atomes.

électron-volt (eV) : énergie acquise par un électron sous une différence de potentiel d'un volt.

électrophorèse : examen de laboratoire dans lequel des molécules de la personne sont séparées en fonction de leur taille et de leur charge électrique sous l'effet d'un champ électromagnétique.

électrophorèse des protides : électrophorèse réalisée sur les protéines.

élément : en médecine traditionnelle, les éléments symbolisent ce qui nous entoure, les saisons, les organes… En médecine chinoise, il existe 5 éléments : bois, feu, terre, métal, eau qui sont liés les uns aux autres.

élément trace métallique (EMT) : métal présent normalement dans l'organisme à dose infinitésimale comme le fer, l'arsenic, le sélénium, le zinc…

élémentothérapie : traitement consistant à prescrire des éléments de la matière à des doses infinitésimales pour combler les carences de l'organisme.

éleuthérocoque (racine) : plante appelée aussi « Ginseng russe », est adaptogène face au stress, revitalisante et stimule la concentration intellectuelle.

élixir floral : concentré de fleur qui produit des actions sur l'état général et le psychisme.

élixir floral de Bach : voir « fleurs de Bach ».

élixir du bush australien : élixirs issus des plantes provenant d'Australie. 62 élixirs ont été ainsi mis au point par Ian White. Leurs indications sont essentiellement le rééquilibre énergétique et émotionnel des individus.

élongation : étirement, allongement brutal et traumatique d'un muscle ou d'un ligament.

embol : corps (caillot, amas de graisse…) migrant dans la circulation sanguine.

embolie : caillot se déplaçant dans le sang et restant bloqué dans un petit vaisseau (par exemple au niveau du poumon) ce qui constitue une urgence médicale.

embolie pulmonaire : se dit quand un embol est bloqué dans un vaisseau sanguin d'un poumon.

embolisation : injection de matériel solide destiné à boucher l'artère nourricière d'une tumeur afin de la priver de son apport sanguin nourricier et donc la détruire.

embryogenèse : étude du développement de l'embryon après la fécondation de l'ovule par le spermatozoïde.

embryon : premier stade du développement d'un enfant depuis le moment de la fécondation jusqu'à la fin du 2e mois de grossesse.

embryonnaire : se dit de ce qui a rapport avec l'embryon. Par extension, se dit de ce qui est débutant, du démarrage d'un processus ou d'une action.

EMDR : abréviation de « Eye Movement Desensitization and Reprocessing », technique agissant sur l'anxiété survenue à la suite d'un évènement traumatisant, grâce à une stimulation sensorielle par le biais de mouvements oculaires.

EMEA : abréviation d'« agence européenne pour l'évaluation des médicaments ».

emménagogue: se dit d'une substance, remède ou plante qui régularise les règles.

émollient: se dit d'une substance qui adoucit ou amollit la peau et qui diminue l'inflammation des tissus.

emotional freedom technique (EFT): technique de libération des émotions, mise au point par Gary Graig, sur la base de la thérapie par les champs de pensée de Roger Callahan, qui combine affirmations positives et tapotements sur des points particuliers situés sur les méridiens d'acupuncture.

Emotion: réaction affective importante accompagnée de manifestations physiques: rougeur, palpitation, jambes en coton… suite à un événement ou une situation.

émotionnel: se dit de ce qui se rapporte aux émotions.

émotivité: capacité quelquefois exagérée de réagir aux émotions.

Emoto Masuru: chercheur japonais qui a étudié des images de cristallisation des eaux soumises à différentes influences: pollution, musique, pensée… Il en a sorti plusieurs livres dont «Messages de l'eau».

empathie: identification d'une personne à une autre, au point d'en ressentir les émotions et les symptômes.

emphysème: maladie de poumon correspondant à une destruction progressive des alvéoles pulmonaires (partie du poumon qui permet les échange entre l'air et le sang) et se manifestant par un essoufflement progressif.

EMSP: abréviation de «Equipe Mobile des Soins Palliatifs».

EMT: abréviation d'«Elément Trace Métallique», nouvelle appellation qui remplace celle de «métaux lourds», qui n'était pas juste parce que certains métaux comme l'aluminium sont «légers».

encéphale: partie du système nerveux central qui comprend le cerveau, le cervelet et le tronc cérébral.

encéphalite: inflammation de l'encéphale provenant d'une infection (bactérie, virus, parasite) ou d'une suite de vaccination.

encéphalopathie : maladie du cerveau du manière générale.

endémie – endémique : se dit d'une maladie existant habituellement dans une région déterminée de manière permanente ou périodique.

endocarde : tissu recouvrant la face interne du cœur.

endocardite : inflammation de l'endocarde pouvant toucher les valvules ou/et les parois du cœur.

endocardite d'Osler : endocardite bactérienne liée souvent au streptocoque.

endocellulaire : à l'intérieur d'une cellule.

endocrine : se dit d'une glande qui fabrique une hormone qui se déverse dans le sang, comme par exemple : les ovaires, la thyroïde, les surrénales…

endocrinien – endocrinienne : se dit de ce qui se rapporte aux glandes et aux hormones.

endocrinologie : spécialité médicale qui s'intéresse aux glandes et aux hormones.

endoderme : feuillet interne de l'embryon qui donnera naissance aux tissus principalement les muqueuses digestives et glandes annexes…

endogène : se dit d'un phénomène qui provient de l'intérieur.

endomètre : muqueuse tapissant l'intérieur de l'utérus.

endométriose : tumeur bénigne constituée de tissu provenant de l'utérus qui se retrouve dans les trompes, sur les ovaires ou sur le péritoine.

endoprothèse : prothèse (os, articulation, valve cardiaque artificielle) fabriquée dans une matière étrangère au corps, non biologique mais adaptée aux tissus, destinée à être implantée dans le corps, par opposition à l'exoprothèse.

endoscope : appareil flexible destiné à examiner sous contrôle optique, des cavités naturelles non accessibles à l'inspection directe.

endoscopie : examen utilisant un fibroscope (endoscope) pour étudier sous contrôle optique, une cavité naturelle comme la sphère ORL, les bronches, le tube digestif, le côlon… peut permettre la réalisation de biopsie ou de petites interventions.

endothélium : tissu fin recouvrant l'intérieur du cœur et des vaisseaux sanguins.

énergétique : se dit de ce qui se rapporte à l'énergie.

énergie : capacité à produire un travail – peut aussi correspondre à la vitalité d'une personne. Pour les médecines traditionnelles, l'être humain a besoin d'énergie pour vivre. Celle-ci circule dans le corps au travers des méridiens d'acupuncture, mais aussi des chakras, des nadis et de la kundalini.

engelure : tuméfaction de la peau suite à une exposition au froid, induisant douleur, rougeur et gonflement.

engorgé, ée : se dit de ce qui subit un engorgement.

engorgement : accumulation excessive de liquide dans un organe qui augmente ainsi de volume et devient dur voire douloureux.

enképhaline : substance présente dans le cerveau présentant une action analgésique semblable à la morphine.

enkysté, ée : se dit de ce qui subit un enkystement.

enkystement : action de se retrouver enfermé dans un kyste, dans un tissu fibreux.

énnéagramme : méthode de développement personnel mise au point par Georges Gurdjieff basée sur neuf profils psychologiques caractérisant les êtres humains.

enophtalmie : enfoncement anormal d'un œil dans une orbite.

enrouement : modification de la voix qui devient rauque et enraillée.

entérale (alimentation) : introduction d'un aliment (ou/et un médicament) par voie digestive, soit par la bouche comme habituellement, avec des concentrés alimentaires, soit à l'aide d'une sonde mise en place dans l'estomac.

entérocyte : cellule de la muqueuse de l'intestin.

entéropathie : maladie de l'intestin.

enthèse: lieu d'insertion osseuse des ligaments, des muscles et des tendons.

entorse: lésion traumatique d'un ou plusieurs ligaments d'une articulation.

énurésie: incontinence urinaire pendant le sommeil.

enzyme: substance de nature protéique, qui provoque ou accélère une réaction chimique se produisant dans l'organisme.

éosinophile: catégorie de globules blancs dont le nombre augmente en cas de réactions allergiques.

éosinophilie: excès de polynucléaires éosinophiles dans le sang.

EPA: abréviation de « acide eicosapentaénoïque » qui est un acide gras.

épanchement: accumulation anormale d'un liquide (sang ou autre) dans une cavité.

épeautre: blé peu cultivé, à petit grains qui une fois fermenté, présente des vertus antioxydantes, revitalisantes et stimulantes du système immunitaire. Il rééquilibre également la flore intestinale.

épendyme: membrane qui tapisse les ventricules cérébraux et le canal central de la moelle épinière.

épendymome: tumeur cérébrale qui se développe à l'intérieur des cavités ventriculaires.

épicondylite: synonyme de « tennis elbow » – inflammation des ligaments qui s'insèrent au niveau de l'épicondyle du coude.

épidémie: apparition intermittente d'une maladie infectieuse et contagieuse.

épidémiologie: étude de la fréquence des maladies et des variations de cette fréquence.

épiderme: couche superficielle de la peau.

épidermoïde: semblable à un épiderme.

épididyme: canal conduisant les spermatozoïdes fabriqués par les testicules vers les vésicules séminales où ils sont stockés en vue de la prochaine éjaculation.

épididymite : inflammation souvent due à une infection de l'épididyme.

épidural : se dit de ce qui se situe en dehors de la dure-mère.

épigénétique : branche de la génétique caractérisée par la modification de l'activité des gènes selon le mode de vie. Ces changements sont transmissibles à la descendance.

épigastre : région de l'abdomen située dans la région médiane juste en dessous du grill costal.

épigastralgie : douleur dans la région de l'épigastre.

épiglottite : catégorie de laryngite particulièrement grave provoquée par une inflammation de l'épiglotte.

épilation : arrachement des poils par diverses techniques.

épilepsie : hyperactivité brutale et anormale des neurones dans une région du cerveau produisant des troubles divers dont les plus classiques sont les absences, les convulsions, les tremblements, les troubles de la conscience…

épileptoïde : se dit de ce qui fait penser à une épilepsie.

épiphyse : glande pinéale ; mais aussi extrémité des os longs qui interviennent dans les articulations.

épiploon : appelé aussi « omentum », membrane reliant entre eux différents organes abdominaux comme l'estomac, le côlon, le foie…

épisiotomie : incision au niveau de la vulve pratiquée lors d'un accouchement en vue de faciliter le passage de l'enfant.

épissage : procédé par lequel l'ARN messager se transforme et se raccourcit, excluant les séquences correspondant aux introns et fusionnant les exons.

épistaxis : saignement de nez.

épithélioïde : se dit de ce qui fait penser à un épithélium.

épithélioma : tumeur maligne dérivée d'un épithélium.

épithélioma baso-cellulaire : tumeur cutanée d'évolution lente formée de cellules rappelant les cellules basales de l'épiderme (d'où son nom), de malignité locale, ne donnant pas de métastase.

épithélium : tissu recouvrant le corps (peau) ainsi que les organes creux comme le tube digestif et les appareils urinaire et bronchique (muqueuse) mais aussi le parenchyme des glandes.

EPO : abréviation d'« érythropoïétine ».

EPP : abréviation d'« Extrait de Pépin de Pamplemousse » une substance connue pour son effet antiseptique.

Epstein-Barr virus : voir « EBV ».

équithérapie : thérapie consistant à utiliser le cheval pour aider une personne à solutionner des problèmes physiques ou psychiques, ou pour atteindre des objectifs.

ERG : abréviation de « électrorétinogramme ».

erg : unité de travail.

érgocalciférol : synonyme de la vitamine D2, un dérivé de la vitamine D.

ergothérapeute : spécialiste en ergothérapie.

ergothérapie : rééducation stimulant les capacités restantes d'une personne afin de lui permettre d'acquérir une autonomie.

ERI : abréviation de « Espace de Rencontre et d'Information ».

éruption : lésions apparaissant au niveau de la peau.

érythème : rougeur de la peau.

érythrocyte : synonyme de « globule rouge ».

érythroplasie : affection précancéreuse située sur une muqueuse ayant l'aspect d'une rougeur bien limitée à évolution lente.

érythropoïétine (EPO) : hormone produite par les reins stimulant la moelle osseuse à produire des globules rouges.

escarre (ou eschare) : nécrose cutanée. Les causes peuvent être diverses comme les points de pressions chez les personnes alitées, les brûlures, etc.

eschcholtzia californica : plante ayant des actions sur les états anxieux et les insomnies.

espérance de vie : durée de vie (nombre d'années) qu'une personne normale peut vivre dans des conditions habituelles dans un lieu et une époque précis.

essai clinique : procédure permettant de tester un nouveau produit ou une nouvelle méthode thérapeutique.

essai thérapeutique : synonyme d'« essai clinique ».

essentiel : se dit d'un nutriment qui ne peut pas être fabriqué par l'organisme et qui doit donc être apporté obligatoirement par l'alimentation.

essoufflement : difficulté à retrouver son souffle, sa respiration.

estomac : partie du tube digestif située entre l'œsophage et l'intestin grêle.

ESWL : signifie « lithotritie extracorporelle » en anglais.

état confusionnel : voir « confusion ».

état grippal : état caractérisé par une fatigue, des douleurs musculaires, une fièvre, des troubles ORL ou pulmonaires et parfois des nausées.

étendue : voir « extension ».

éther : substance constituée de la condensation de deux molécules d'alcool et d'une molécule d'eau ; mais aussi en médecine traditionnelle, l'éther constitue un élément particulier qui se trouve en toute chose et constitue toute chose. Il pourrait être comparé à l'énergie.

éthique : science de la morale.

éthmoïde : os du crâne situé au niveau des fosses nasales.

éthmoïdite : infection de l'éthmoïde.

éthylique : se dit de ce qui a rapport avec l'alcool.

éthylisme : synonyme d'alcoolisme.

étiologie : signifie « cause » (d'une maladie).

étiopathie : discipline de nature ostéopathique qui s'intéresse au traitement de la cause de la maladie.

ETP : abréviation de « éducation thérapeutique du patient ».

étude cas-témoins : étude statistique comparant des cas pathologiques (personnes malades) à des témoins (personnes saines de toute pathologie).

étude : nom souvent donné aux essais cliniques.

étude clinique : voir « essai thérapeutique ».

eucalyptus globulus : huile essentielle fluidifiant les sécrétions bronchiques et calmant les irritations et la toux.

eucaryote : se dit d'une cellule ayant un noyau entouré d'une membrane et dont le cytoplasme contient des organites comme les mitochondries et les ribosomes.

eurythmie : régularité du rythme cardiaque ; mais l'eurythmie correspond aussi à une branche de l'anthroposophie basée sur le travail artistique.

Eustache : voir « trompe d'Eustache ».

euthanasie : action de donner la mort à une personne pour mettre fin à sa souffrance, en cas de fort handicap ou de maladie incurable évoluée.

eutonie : technique psychosomatique mise au point par Gerda Alexander basée sur l'écoute de son corps pour mieux connaître ses besoins et ses aspirations.

eV : symbole d'« électron-volt ».

évolution : processus mettant en œuvre les différentes phases d'une maladie.

évolutif, ive : se dit d'une maladie susceptible d'évoluer, en général dans le sens de l'aggravation.

exacerbation : aggravation plus ou moins rapide d'un trouble ou d'une maladie.

exacerbé : se dit de ce qui subit une exacerbation.

examen clinique : examen physique d'un patient par un médecin (palpation, auscultation, etc.).

examen extemporané : examen d'une tumeur réalisé au microscope par l'anatomo-pathologiste au cours d'une intervention chirurgicale en vue de déterminer son caractère cancéreux.

examen invasif : acte médical devant créer une ouverture à travers la peau ou une muqueuse pour être réalisé.

examen radiologique : examen d'imagerie médicale tel que radiographie (mammographie, radiographie pulmonaire), échographie, scanner, IRM, pet scan…

exanthème : lésions cutanées survenant lors d'une maladie infectieuse.

excipient : substance inactive associée à une remède afin de le rendre plus manipulable.

exciser : action de procéder à une excision.

excision : ablation chirurgicale à l'aide d'un instrument tranchant, d'un fragment de tissu ou d'organe.

excitabilité : faculté des muscles à se contracter sous l'effet de stimulus.

exérèse : intervention chirurgicale au cours de laquelle le chirurgien enlève une tumeur ou un organe.

exocrine : substance secrétée par une glande et déversée dans une cavité comme le tube digestif, la bouche, etc. comme la salive dans la bouche fabriquée par les glandes salivaires.

exogène : se dit de ce qui provient de l'extérieur du corps (causes externes).

exon : gène codant de l'ADN.

exophtalmie : saillie des globes oculaires hors de leur orbite.

exoprothèse : prothèse externe, c'est-à-dire portée sur le corps que l'on peut mettre et enlever à volonté comme une exoprothèse du sein que l'on met dans le soutien-gorge après une mastectomie.

exostose ostéogénique : synonyme d'ostéochondrome.

expectorant : produit facilitant l'expulsion des sécrétions et des substances présentes dans les voies respiratoires.

expectoration : synonyme de crachats, expulsion par la bouche des substances et de sécrétions présentes dans les voies respiratoires.

expiration : période de la respiration pendant laquelle l'air est évacué des poumons.

exploration ultrasonique : synonyme d'échographie, imagerie consistant à utiliser les ultrasons.

exploration fonctionnelle respiratoire (EFR) : examen permettant d'évaluer la fonction pulmonaire notamment la ventilation et les échanges gazeux.

exposition : action d'exposer, de mettre en vue ou de soumettre à une thérapie ou un rayonnement.

exposition de champ : ensemble des régions du corps ayant été exposées à un polluant. Par exemple dans le tabagisme, c'est l'ensemble des muqueuses bronchiques qui sont exposées.

expression d'un gène : mise en action d'un gène dont il devient possible de constater les effets.

exsudat : fluide traversant la paroi des vaisseaux sanguins et qui s'accumule dans les tissus produisant un oedème ou dans une cavité produisant un épanchement.

extemporané (examen) : examen anatomopathologique (au microscope) de tissus effectué au cours d'une intervention chirurgicale.

extension : expansion locale d'une maladie ou d'une tumeur dans l'organe : dans son organe d'origine, dans les organes voisins et dans l'ensemble de l'organisme.

extinction de voix : voir « enrouement ».

extraction : action de retirer de l'organisme.

extraction dentaire : action de retirer une dent.

extrait de requin : certains extraits de requin, notamment le cartilage est utilisé comme thérapie dans certaines pathologies comme l'arthrose, les inflammations, le cancer, le psoriasis, etc.

extrait de thymus : substance utilisée par certains thérapeutes contre le cancer, pour relancer l'immunité anticancéreuse, et permettre la fabrication de la tumostérone, une substance naturelle active contre la cellule cancéreuse.

extrémité : se dit des mains et des pieds qui sont les extrémités des membres.

F

F : symbole du fluor.

facial : se dit de ce qui est en rapport avec la face.

facteur de croissance : substance venant stimuler la croissance, la multiplication et la différenciation des cellules. Ce sont : EGF (Epidermal Growth Factor), FGF, PDGF, VEGF, FGF…

facteur de nécrose tumorale : voir « TNF ».

facteur de Protection Solaire (FPS) : facteur utilisé pour les crèmes solaire pour indiquer leur capacité de protection solaire : plus le FPS est élevé, plus la protection est haute.

facteur de risque : se dit d'un élément (provenant souvent du mode de vie ou de l'environnement) pouvant augmenter le risque d'être atteint par une maladie. Par exemple, l'âge est le principal facteur de risque pour la maladie d'Alzheimer, ou le tabac pour le cancer du poumon.

facteur déclenchant : élément qui fait démarrer un processus ou une maladie.

facteurs pronostic : éléments permettant de prévoir l'évolution probable de la maladie.

Fallope : voir « trompe de Fallope ».

famille de gènes : groupe de gènes présentant des ressemblances fonctionnelles et structurelles.

fascia : bande fibreuse située autour des muscles et des organes et qui s'étend sur l'ensemble de l'organisme depuis la tête jusqu'aux pieds.

fasciapulsologie – fasciathérapie : technique de manipulation du corps, mise au point par des kinésithérapeutes Christian Carini et Denis Bois. Elle se consacre aux fascias, c'est-à-dire aux tissus qui soutiennent, enveloppent, protègent et relient tous les éléments constitutifs du corps : muscles, organes, os. Par de petites pressions douces, le fasciathérapeute libère le corps de blocages pouvant être d'origine physique ou psychique.

fatigue : synonyme d'« asthénie ».

fatigue chronique (syndrome de) : maladie caractérisée par une fatigue évoluant depuis plus de 6 mois et imposant une réduction de plus de 50 % des activités. Ce syndrome s'accompagne de nombreux autres troubles comme des douleurs, des troubles digestifs, etc.

fausse couche : avortement spontané.

fausse route : passage d'aliment ou de liquide dans la trachée de manière accidentelle.

FDA : abréviation de « Food and Drug Administration », qui est un organisme fédéral américain gérant l'homologation et l'autorisation de mise sur le marché des médicaments et des dispositifs médicaux.

Fe : symbole chimique du fer.

fébricule : fièvre peu élevée (généralement inférieure à 38,5 °C).

fébrifuge : se dit d'une substance ou d'une technique qui prévient ou combat la fièvre

fécalome : accumulation de matières fécales rudes dans le rectum.

féculent : catégorie d'aliments d'origine végétale, composés d'une forte proportion de glucides complexes.

feed-back : terme anglais qui signifie « rétroaction ».

Feldenkrais : voir « méthode Feldenkrais ».

féminisation : apparition de caractères sexuels féminins chez l'homme : diminution de la pilosité, développement des seins, etc.

fenêtre thérapeutique : interruption temporaire d'un traitement pour des raisons médicales.

feng shui : technique chinoise d'harmonisation énergétique d'un lieu (jardin, habitation, lieu de travail, immeuble…) par l'étude de la circulation du Chi (souffle d'énergie) et l'utilisation des cinq éléments, des animaux mythiques, des couleurs et des formes. L'utilisation du Feng Shui apporte un sentiment de sérénité tant à la maison qu'au travail, votre environnement devient ainsi porteur dans votre vie.

fenouil : ou aneth doux limite les fermentations intestinales et donc la formation de gaz intestinaux. C'est aussi un stimulant de la digestion. Son huile essentielle était utilisée contre les parasites intestinaux du corps.

fenugrec : agit favorablement sur le contrôle du métabolisme des sucres.

fer : métal incorporé dans l'hémoglobine, permettant le renouvellement des globules rouges et le transport de l'oxygène vers les tissus de l'organisme.

ferment : synonyme d'enzyme.

ferriprive : se dit d'une pathologie provoquée par un déficit en fer.

ferritine : protéine stockant le fer principalement dans le foie, la rate et la moelle osseuse. Elle sert de marqueur du stockage du fer. Elle est augmentée notamment dans l'hémochromatose et les syndromes inflammatoires.

fibrate : classe médicamenteuse agissant sur les hyperlipidémies.

fibres : substances composées de cellulose facilitant le transit intestinal et l'élimination des toxines.

fibrillation : suite de contractions non coordonnées et anormales d'un muscle.

fibrillation auriculaire : fibrillation des oreillettes du cœur.

fibrine : substance insoluble formée à partir du fibrinogène, une protéine du sang, par l'action de la thrombine, et qui intervient dans la coagulation du sang.

fibrinogène : protéine du sang, fabriquée par le foie qui peut se transformer en fibrine sous l'action de la thrombine. Son augmentation est aussi évocatrice d'une inflammation.

fibrinoïde : substance présentant l'aspect de la fibrine.

fibroblaste : cellule souche de certaines cellules des tissus (dits conjonctifs) de soutien ou de connexion.

fibromatose : ensemble d'affections caractérisées par des proliférations fibroblastiques.

fibrome : tumeur bénigne provenant d'une prolifération anormale de fibroblaste, c'est-à-dire de tissu fibreux constituant un organe.

fibrome utérin : ne répond pas à la définition précédente. C'est en fait un leïomyome (voir définition).

fibromyalgie : maladie caractérisée par un ensemble de symptômes notamment des douleurs persistantes en des endroits précis du corps, une fatigue, des troubles digestifs, un état dépressif, etc.

fibromyome : tumeur bénigne provenant d'une prolifération anormale de tissu fibreux (fibroblaste) ainsi que de tissu musculaire lisse constituant un organe.

fibrosarcome (synonyme : sarcome fibroblastique) : sarcome constitué par une prolifération de fibroblastes.

fibroscope : ou endoscope est un appareil flexible constitué de fibres de quartz (fibres optiques) qui transmettent la lumière et les images.

fibroscopie : exploration réalisée à l'aide d'un fibroscope. Il permet l'examen des organes creux comme le tube digestif, les bronches, la vessie, la sphère ORL… à la recherche d'anomalie et pour y effectuer des prélèvements.

fibroscopie œso-gastro-duodénale : examen endoscopique passant par la bouche et permettant d'observer l'œsophage, l'estomac et le duodénum. Cet examen peut être couplé : soit à une écho-endoscopie qui effectue une échographie directe sur le pancréas, soit une cholangiographie rétrograde qui opacifie et visualise les voies biliaires et pancréatiques.

fibroscopie vésicale : exploration endoscopique de la vessie.

fibrose : synonyme de sclérose.

fièvre : réaction de l'organisme consistant à augmenter sa température intérieure et pouvant être le signal d'alarme d'une infection débutante ou en cours.

fièvre jaune : maladie infectieuse tropicale caractérisée par une fièvre, des frissons, un ictère, des hémorragies, etc.

figue : fruit du figuier est connue pour ses propriétés émollientes, pectorales et laxatives. Sa chaire est riche en enzyme pouvant avoir d'intéressante activité protéolytique capable éventuellement de détruire des formations exubérantes comme des tumeurs, des polypes, des kystes…

fissure : fente qui peut être normale ou au contraire pathologique.

fissure anale : fente pathologique située sur la muqueuse de l'anus.

fistule : canal constituant une communication anormale entre deux organes comme une fistule vésico-vaginale entre la vessie et le vagin ou une fistule artério-veineuse entre une artère et une veine.

FIV : abréviation de « Fécondation in Vitro ».

flatulence : excès de gaz dans l'intestin ou l'estomac source de ballonnements.

flavonoïde : substance naturellement présente dans certains végétaux sous forme de pigments et en particulier jaunes et oranges. Les flavonoïdes font partie de la famille des polyphénols, ce sont donc d'excellents antioxydants.

fleurs de Bach : extraits de fleurs mis au point par le docteur homéopathe anglais Bach vers 1930. Cette thérapie utilise 38 plantes capables de traiter les états émotionnels responsables des maladies physiques et favoriser ainsi l'auto-guérison. Car le Dr Bach considère que si l'âme, le corps et l'esprit sont en harmonie, la personne demeure en bonne santé.

flore bactérienne : ensemble de germes vivant à l'intérieur de cavités de l'organisme. On distingue des flores saprophytes (naturelles) et pathogènes.

flore intestinale : ensemble des bactéries normalement présentes dans l'intestin et jouent un rôle très important dans l'organisme.

flore vaginale : ensemble des bactéries normalement présentes dans le vagin.

fluor : oligoélément intervenant dans la croissance osseuse et dentaire.

fluorose : ensemble des troubles causés par une intoxication au fluor. Une fluorose dentaire produit des taches généralement blanches sur l'émail des dents.

fluoro-uracile (FU) : substance de synthèse utilisée dans certaines chimiothérapie des cancers.

flutter : trouble du rythme cardiaque caractérisé par une accélération très importante des contractions cardiaques (200 à 400 par minutes) – généralement des oreillettes.

fluxion : gonflement douloureux causé par un amas de pus.

FM : abréviation de « fibromyalgie » ou dans un autre contexte de « Force Musculaire ».

FMC : abréviation de « Formation Médicale Continue ».

FNEHAD : abréviation de « Fédération Nationale de l'Hospitalisation à Domicile ».

focusing : psychothérapie permettant à la personne d'évoluer à partir de son ressenti, à partir de ce qui se passe en elle.

fœtoprotéine : voir « α-fœtoprotéine ».

folate : synonyme de « vitamine B9 ».

Follicle Stimulating Hormone (FSH) ou « Hormone Follucilo-Stimulante » : hormone d'origine hypophysaire provoquant la maturation des follicules ovariens.

follicule : kyste naturel contenant un ovocyte (ovule), formé dans l'ovaire et qui évolue durant la première partie du cycle menstruel jusqu'à l'ovulation où il expulse l'ovule. Ensuite il va se dégrader en corps jaune dans la seconde partie du cycle.

follicule pileux : encore appelé « follicule pilo-sébacé » est constitué d'un poil, de sa racine, et de la glande sébacée qui sécrète le sébum et qui lubrifie la base du follicule.

follicule pilo-sébacé : voir « follicule pileux ».

fonctionnel : définit l'activité d'un organe. Un trouble fonctionnel est un trouble de l'activité d'un organe alors que celui-ci ne présente pas de lésion, par opposition à trouble organique.

fonctions cognitives : ensemble des fonctions intellectuelles par lesquelles un individu acquiert la conscience de son environnement.

Ce sont : l'apprentissage, la mémoire, le langage, la pensée et le raisonnement.

fonctions supérieures : synonyme de « fonctions cognitives ».

fongicide : se dit de ce qui détruit les champignons.

fongique : en rapport avec un champignon ou les champignons d'une manière générale.

fontanelle : disjonction entre les os situés au sommet du crâne créant un orifice recouvert de peau. Cet espace permet au crâne de grandir, il se ferme normalement vers l'âge de 1 an.

formation médicale continue (FMC) : formation théorique et clinique dispensée aux médecins pendant l'exercice de leur profession.

fosses nasales : partie interne du nez.

FPS : abréviation de « Facteur de Protection Solaire » indiqué pour les crèmes solaires.

FR : abréviation de « Facteur Rhumatoïde ».

fracture : cassure complète ou non d'un os.

fragon (synonyme de « petit houx ») : plante méditerranéenne possédant un effet veinotonique et légèrement diurétique grâce aux saponosides qu'il contient.

FRANCIM : abréviation de « Réseau Français des Registres du Cancer ».

frène (fraxinus) : arbre dont l'écorce est utilisée pour ses actions anti-inflammatoire et diurétique notamment sur les rhumatismes et la goutte.

fréquence : la fréquence d'une vibration correspond au nombre de « va-et-vient » (vibrations) effectués par unité de temps et qui est exprimée en Hertz (Hz).

frigidité : incapacité pour une femme d'atteindre l'orgasme lors d'un rapport sexuel.

frilosité : état d'être frileux, d'être sensible au froid.

fringale : sensation de faim, envie de manger soudaine et violente.

frottis : prélèvement de cellules réalisé par grattage léger d'un organe et étalé sur une lame de verre en vue de son étude microscopique. Ce terme est généralement employé pour parler du frottis cervico-vaginal, c'est-à-dire du frottis effectué au niveau du col de l'utérus (ainsi que du vagin et du méat utérin). Cet examen permet de noter les cellules cancéreuses, mais aussi les états prè-cancéreux, les anomalies cellulaires et les états inflammatoires ou infectieux.

frottis cervico-vaginal : voir « frottis »

FSH : abréviation de « Follicle stimulating Hormone » ou « Hormone Follucilo-Stimulante » provoquant la maturation des follicules ovariens. Hormones secrétées par l'hypophyse de façon cyclique.

fucus : algue brune de rivage utilisée pour ses actions éliminatrices notamment sur la sudation. Elle est reminéralisante et reconstituante. Elle est particulièrement riche en vitamines, notamment les vitamines B et C. De plus, elle améliore le transit intestinal mais aussi les mucilages non assimilables qu'elle contient, a la propriété de gonfler dans l'estomac ce qui induit un effet coupe-faim.

fumeterre (fumaria) : plante connue pour ses vertus dépuratives sur les reins et son action régulatrice de la vésicule biliaire.

furoncle : infection d'un follicule pilo-sébacé généralement par un staphylocoque doré.

G

GABA : abréviation de « acide gamma-aminobutyrique ». Il s'agit d'un neurotransmetteur qui ralentit ou arrête l'influx nerveux. Il a donc un effet apaisant sur le cerveau.

GAD : abréviation de « Glutamin Acid Decarboxylase ».

galactogène : se dit de ce qui provoque la sécrétion de lait par les seins.

galactorrhée : écoulement de liquide clair par le mamelon en dehors d'une période d'allaitement.

gale : maladie de la peau produite par un parasite le sarcopte. Elle est très contagieuse et caractérisée par des démangeaisons et de fines fissures cutanées.

GALT : abréviation de « Gut-Associated-Lymphoid-Tissue ». Il s'agit du système immunitaire présent dans l'intestin et qui correspond à environ 60 % du système immunitaire total de l'organisme.

gamète : correspond aux spermatozoïdes et aux ovules, c'est-à-dire aux cellules reproductrices sexuées possédant chacune 23 chromosomes (soit un de chaque paire) sur les 46 présents chez l'homme habituellement.

gamma (rayons) : radiations électromagnétiques de courte longueur d'onde, émises par des corps radioactifs.

gamma glutamyl transferase (γGT) : enzyme d'origine hépatique qui est dosé dans le sang et qui permet d'apprécier le fonctionnement du foie. Elle est augmentée en cas d'hépatite (surtout), de stase biliaire, de cirrhose et de tumeurs.

ganglion : formation anatomique dont il existe deux types différents sans rapport entre eux : le ganglion sympathique et le ganglion lymphatique. C'est de ce dernier qu'il s'agit la plupart du temps lorsque l'on parle de « ganglion ».

ganglion de Troisier : ganglion situé dans le creux juste au-dessus de la clavicle (sus-claviculaire) gauche. Ce ganglion est souvent augmenté de volume lors du cancer digestif et autres.

ganglion lymphatique : petits organes en forme de nodule (petit renflement) contenant des lymphocytes et des macrophages faisant partie du système immunitaire et situés dans certaines régions du réseau lymphatique du corps. Il s'agit d'un lieu de filtration de la lymphe et de fabrication de substances immunitaires. Lorsqu'un ganglion est augmenté ou enflammé, il grossit et devient palpable. Il peut être révélateur d'une infection ou d'un cancer par exemple.

ganglion sentinelle : Il s'agit de la « technique du ganglion sentinelle », qui permet de limiter les curages (ablations) ganglionnaires inutiles en cas de cancer du sein. Elle commence à être utilisée pour d'autres types de cancer. Cette technique consiste à injecter dans la région proche d'une tumeur du sein, un colorant ou un produit faiblement radioactif. Celui-ci va être concentré dans le premier ganglion drainant la tumeur. Il suffit de repérer ce ganglion (sentinelle) et de l'analyser en extemporané (pendant l'intervention chirurgicale) : s'il présente des cellules cancéreuses, le chirurgien procède à un curage de la chaîne ganglionnaire entière ; s'il est sain, il ne fait rien de plus que d'enlever la tumeur et ne touche pas aux ganglions.

ganglionnaire : se dit de ce qui se réfère aux ganglions.

gangrène : nécrose tissulaire. Elle désigne deux affections différentes : les nécroses d'origine ischémique (arrêt circulatoire) d'un segment de membre, et les nécroses tissulaires d'origine infectieuse dues à certains germes anaérobies, comme la gangrène gazeuse.

gargarisme : méthode thérapeutique consistant à effectuer des lavages de bouche et/ou de la gorge à l'aide de remède liquide (souvent des désinfectants).

gastrectomie : ablation (résection) partielle ou complète de l'estomac.

gastrine : hormone sécrétée par les cellules de l'antre gastrique. Elle stimule la sécrétion d'acide chlorhydrique et de pepsine au niveau de l'estomac.

gastrique : se dit de ce qui a rapport avec l'estomac.

gastrite : inflammation de la muqueuse de l'estomac.

gastro-entérite (synonyme d'infection intestinale) : inflammation des muqueuse de l'estomac et des intestins.

gastro-entérologie : spécialité médicale s'intéressant à l'estomac et aux intestins.

gastrorésistant : se dit de comprimés ou de gélules pour lesquels la substance active se trouve protégée de l'acidité lors de son passage dans l'estomac.

gastroscopie : endoscopie de l'estomac.

gastrostomie : création artificielle au cours d'un acte chirurgical d'un orifice entre l'estomac et l'extérieur au niveau de l'épigastre, afin de permettre l'alimentation d'une personne.

Gayet Werniche (syndrome de Gayet Wernicke) : trouble de la conscience secondaire à une carence en vitamine B1 souvent rencontré au cours d'éthylisme chronique et autres.

GEC : abréviation de « Groupe d'Etudes Cliniques ».

gelée royale : substance spéciale très concentrée, fabriquée par les abeilles nourricières spécialement pour la reine des abeilles. Elle est riche en acides aminés essentiels, en acides gras essentiels, en minéraux et en vitamines, particulièrement en acide pantothénique (vitamine B5), et en pyridoxine (vitamine B6). Elle permet la régénération des tissus et le prolongement de la vie.

gélule : capsule renfermant une substance médicamenteuse.

gemmothérapie : (voir macération glycérinée) thérapie à base de macéras glycérinés faits de bourgeons de plantes, de jeunes pousses, de radicelles, d'écorce ou de semences. La jeunesse de ses extraits induit leur qualité et leur puissance thérapeutique. Ce traitement fut initiée par le médecin belge le Dr Pol Henry dans les années 50, puis reprise par le Dr Max Tétau.

gencive : muqueuse buccale qui recouvre les maxillaires et entoure le collet des dents.

gène : Il s'agit d'une unité localisée sur un chromosome (ADN), codant la production d'une ou plusieurs protéines. Les gènes se comptent par milliers sur chacun des 46 chromosomes de l'être humain. L'ensemble des gènes donne les caractéristiques héréditaires d'un individu. Les gènes sont capables de muter, de s'altérer ou d'être absents, ce qui peut être à l'origine de maladies et de cancers.

gène Apo E : gène intervenant dans la régulation du cholestérol. Ce gène est considéré comme étant un facteur de risque de la maladie d'Alzheimer.

gène suppresseur (de cancer) : gène bloquant la division cellulaire des cellules cancéreuses ou susceptibles de le devenir. Pour qu'un cancer apparaisse, il est nécessaire que ce gène soit inhibé.

gène terminator : gène qui permet de programmer la stérilisation des grains d'une semence au terme de la première récolte pour empêcher la dissémination.

générique : se dit d'un médicament présentant la même substance active qu'une autre spécialité pharmaceutique déjà autorisée et commercialisée. Les différences résident dans leurs prix vendus moins cher que la spécialité de référence, mais aussi dans les excipients entourant la molécule active qui sont souvent différents (mais pas toujours). Ce dernier point peut rendre ces produits moins bien tolérés ou moins actifs selon certains auteurs.

génétique : science qui étudie les caractères héréditaires et les anomalies des gènes. En tant qu'adjectif, « génétique » signifie « héréditaire ».

genévrier : les baies de genièvre auraient des vertus diurétiques et apéritives. Elles pourraient ainsi prévenir la goutte, les rhumatismes et même les diabètes débutants.

génie génétique : procédés agissant par manipulation de gènes qui permettent de modifier le patrimoine génétique d'un individu comme de modifier un gène causant une maladie héréditaire (en introduisant par exemple un gène ou un fragment de gène normal dans les cellules possédant des gènes anormaux). Cette méthode permet aussi de produire des substances servant de médicaments comme l'insuline.

génome : ensemble des gènes contenus dans les 46 chromosomes de l'être humain. Leur nombre est estimé à environ 30 000.

génome cellulaire : matériel génétique d'une cellule.

génotype : constitution génétique (héréditaire) d'un individu.

gentiane : plante réputée pour ses propriétés digestives, notamment sur la régulation du transit intestinal, mais aussi pour ses actions calmantes et apaisantes.

géobiologie : étude des énergies telluriques et cosmiques et leur harmonisation en un lieu déterminé généralement pour une habitation.

géobiologue : spécialiste en géobiologie.

gerçure : fente, fissure au niveau de la peau dont les bords sont enflammés et qui est généralement produite par le froid.

gériatrie : spécialité médicale qui s'intéresse aux maladies des personnes âgées.

germanium organique : oligoélément découvert par un chimiste allemand Mr Winkler, et synthétisé par un Japonais le Dr Asaï K. Il comporte trois atomes d'oxygène fixés sur chaque molécule organique de germanium. Le problème de sécurité réside dans la pureté lors de sa fabrication.

germe : organisme microscopique susceptible dont certains sont capables de provoquer une infection : bactéries, virus, parasites, champignons.

germe pathogène : germe responsable d'une maladie.

germe saprophyte : germe présent à l'état normal dans l'organisme et qui n'est généralement pas source de maladie. Ce genre de germe pourrait même collaborer avec les actions de l'organisme dans lequel il se trouve.

germinale : se dit des cellules de la lignée reproductrice qui aboutissent à la formation des spermatozoïdes et des ovules.

gestagène : synonyme de progestatif.

gestalt-thérapie : ou « gestalt » constitue un ensemble de techniques associant la psychothérapie, la psychanalyse, le rêve éveillé et des thérapies psycho-comportementales. Elle a été créée par Fritz Perls et Paul Goodman et s'intéresse à l'« ici et maintenant ».

GGT : abréviation de « Gamma GT » ou encore Gamma-glutamyl-Transférase.

GH : abréviation de « Growth Hormon » c'est-à-dire Hormone de croissance.

gingembre : plante tropicale présentant des vertus digestives, circulatoires, stimulantes et antiseptiques.

gingivite : inflammation des gencives.

gingko biloba : arbre ancestral dont les feuilles riches en flavonoïdes présentent de puissantes activités antioxydantes et qui agit sur la circulation générale, notamment rétinienne et cérébrale. Il améliorerait la mémoire, la vigilance, les vertiges et l'humeur par stimulation de la synthèse de dopamine.

ginkgo biloba du Professeur Beljanski : réalisé à partir des feuilles dorées et non les vertes comme dans les autres produits est un excellent anti-fibrosant. Il serait indiqué en association avec la chimiothérapie et radiothérapie grâce à ses actions radioprotectrices et immunostimulantes.

ginseng : plante asiatique du genre panax dont seule la racine est utilisée en médecine. Elle est particulièrement riche en vitamines B et C, en œstrogènes, peptides et en saponosides (ginsénosides). Elle possède ainsi des propriétés stimulantes et toniques sur l'organisme en augmentant notamment les performances physiques, intellectuelles et sexuelles.

ginseng péruvien : voir « maca ».

girofle : ou clou de girofle est utilisé contre les rhumes, les ballonnements, les nausées et les douleurs dentaires.

GLA (ou AGL en français) : abréviation de l'acide gras « Acide Gamma Linolénique », qui fait partie du groupe des acides gras oméga 6.

glande : organe souvent de petite taille, ayant pour fonction de sécréter une ou plusieurs substances (hormone, enzyme digestive, sueur, salive, lait) qu'elle évacue vers l'extérieur. Lorsque cette substance s'évacue vers l'extérieur du corps comme la salive des glandes salivaires, on parle de glande exocrine ; quand la substance s'évacue dans le sang comme une hormone, on parle de glande endocrine.

glande endocrine : organe qui fabrique une ou plusieurs substances, les hormones qui se déversent vers l'intérieur (endo) du corps c'est-à-dire dans le sang. Ce sont l'hypophyse, l'épiphyse, les surrénales, la thyroïde, les parathyroïdes, les testicules, les ovaires…

glande exocrine : organe qui produit une ou des substances qui se déversent vers l'extérieur (exo) du corps comme le lait produit par les glandes mammaires ou la salive par les glandes salivaires.

glande génitale : ou glande sexuelle, correspond aux testicules et aux ovaires, c'est-à-dire aux organes qui produisent des hormones, dites hormones sexuelles (testostérone, œstrogène, progestérone), et les cellules germinales aboutissant aux spermatozoïdes et aux ovules.

glande sébacée : glande sécrétant le sébum servant à lubrifier le poil ou le cheveu.

glande sexuelle : voir « glande génitale ».

glande sudoripare : glandes de la peau qui sécrètent la sueur.

glande surrénale : glande endocrine située au-dessus de chaque rein et qui sécrète des hormones (gluco-corticoïdes, minéralo-corticoïdes, androgènes).

glaucome : maladie de l'œil caractérisée par une augmentation importante de la pression intraoculaire.

Gleason : étude cytologique établie par le Dr Gleason qui permet d'étudier la différenciation cellulaire, c'est-à-dire l'agressivité d'une tumeur cancéreuse.

glie : ou névroglie : tissu de soutien du système nerveux central qui est constitué entre autres de cellules gliales.

glioblastome : cancer du système nerveux central (la plus fréquente), constitué par une prolifération de cellules gliales. Elle constitue la forme maligne du gliome.

gliome : terme général réunissant toutes les tumeurs bénignes ou malignes du système nerveux central provenant d'une prolifération de cellules gliales : astrocytome, oligodendrogliome, épendymome.

globule : cellule circulant dans le sang. On distingue trois catégories : les globules blancs ou leucocytes, les globules rouges ou hématies ou encore érythrocytes, et les plaquettes ou thrombocytes qui prennent naissance dans la moelle osseuse.

globule blanc : synonyme de « leucocyte », cellule présente dans le sang qui protège l'organisme contre les infections. Il existe plusieurs familles : les polynucléaires (neutrophiles, basophiles et éosinophiles), les lymphocytes et les monocytes.

globule rouge : synonyme d'« hématie » ou encore d'« érythrocyte », cellule présente dans le sang contenant de l'hémoglobine et qui transporte l'oxygène à toutes les cellules de l'organisme.

glomérulonéphrite : inflammation des glomérules rénaux c'est-à-dire de la partie initiale du néphron. Cette maladie empêche le bon fonctionnement du rein et peut provoquer des septicémies et une insuffisance rénale.

glomérulopathie : affection du rein due à une atteinte des glomérules.

glossite : inflammation de la glande.

glotte : partie du larynx comportant des cartilages et les cordes vocales.

glucagon : hormone sécrétée par le pancréas comme l'insuline. Son action est uniquement hépatique et inverse de celle de l'insuline.

glucide : synonyme de « sucre » ou d'« hydrate de carbone ». On distingue les sucres à assimilation simple ou rapide (quelques minutes) qui sont généralement des sucreries ; et les sucres complexes à assimilation lente (quelques heures) : les féculents. Maintenant on évoque davantage la notion d'index glycémique qui correspond au pouvoir sucrant d'un aliment.

glucosamine : substance intervenant dans la synthèse des glycosaminoglycanes (GAG), éléments clé de la structure des cartilages. Elle facilite d'autre part la fixation du soufre au niveau de ces mêmes cartilages. Une carence en glucosamine est un facteur de risque d'arthrose.

glucose : sucre (glucide) présent dans l'organisme, souvent apporté par l'alimentation. C'est le sucre le plus fréquemment dosé dans le sang : la glycémie.

glucoside : voir « hétéroside ».

glutamate : synonyme d'acide glutamique – neurotransmetteur présent dans le cerveau. Il est essentiel dans les processus de mémorisation et d'apprentissage. Son déficit serait impliqué dans de nombreuses maladies dégénératives du cerveau.

glutamin acid decarboxylase : enzyme des cellules ß du pancréas qui intervient dans la survenue du diabète.

glutamine : acide aminé, stimulant de l'immunité. Elle se transforme en glutathion qui est un antioxydant très puissant.

glutathion : le glutathion réduit est composé de trois acides aminés : la cystéine, la glycine et l'acide glutamique. Il joue un rôle essentiel dans la défense contre les radicaux libres. Il favorise aussi la détoxination de l'organisme.

gluten : mélange de protéines présent dans certaines céréales. Les intolérances au gluten sont responsables de troubles digestifs notamment la maladie coeliaque.

glycémie : taux du sucre (glucose) dans le sang. En cas de diabète le taux de glycémie est augmenté.

glycorachie : taux de glucose dans le LCR.

glycosurie : taux de sucre (glucose) dans les urines de 24 heures.

gonade : synonyme de glande sexuelle comme les testicules et les ovaires.

gonadolibérine : voir LH-RH.

gonadotrophine : hormone produite par l'hypophyse qui va stimuler les différentes fonctions des glandes génitales (ovaires et testicules).

gonarthrose : arthrose d'un genou.

gonococcie : maladie vénérienne due au gonocoque.

gonocoque : agent infectieux responsable d'infection vénérienne (urétrite à gonocoque).

Gougerot Sjogren (syndrome de) : maladie auto-immune se traduisant par un syndrome sec : sécheresse des muqueuses (yeux, bouche, gynécologie…).

goût : sens permettant d'apprécier les saveurs des aliments présents dans la bouche.

goutte : crise rhumatismale (inflammation articulaire) due à un excès d'acide urique dans le sang (hyperuricémie).

grade : le grade d'une tumeur cancéreuse indique son degré d'agressivité c'est-à-dire de malignité. Il est établi à la suite d'une étude microscopique de la tumeur. Il existe quatre grades de gravité croissante allant de I à IV. Il s'agit donc d'un outil pronostic qui entre en compte dans les choix thérapeutiques.

grading : détermination par l'anatomopathologiste du grade d'une tumeur.

Graft Versus Leukémia : voir GVL.

granulome : amas cellulaire d'origine inflammatoire se formant autour d'un corps étranger ou d'un foyer infectieux… dans le but de l'enkyster.

granulopénie : diminution du nombre des globules blancs dans le sang.

Gray (Gy) : unité de mesure de l'énergie absorbée par la matière, provenant d'un rayonnement ionisant. 1 Gy = 100 rad (radiation absorbed dose).

greffe : transfert de cellules, de tissus ou d'un organe provenant soit du malade lui-même (autogreffe), soit d'un donneur (allogreffe ou hétérogreffe).

greffe allogénique : se dit d'une greffe dont le greffon a été prélevé sur une autre personne (donneur) que celui qui reçoit la greffe (receveur).

greffe autologue ou autogreffe : se dit d'une greffe dont le greffon a été prélevé sur la personne à greffer. Elle sera ainsi à la fois le donneur et le receveur.

greffe de moelle osseuse : transfert de moelle provenant soit du malade lui-même (autogreffe), soit d'un donneur (allogreffe).

greffon : organe ou tissu ou cellules prélevés sur une personne donneuse en vue d'une transplantation.

griffonia simplicifolia : plante africaine dont les graines sont riches en 5 HTP (5 hydrotryptophane) qui est un précurseur de la sérotonine, un neurotransmetteur souvent déficitaire dans les états dépressifs.

grippe : maladie infectieuse contagieuse due à certains virus comme les virus influenza A, B ou C.

gros bras (syndrome du) : lymphœdème au niveau d'un bras secondaire à déficit dans le retour de la lymphe dans les vaisseaux lymphatiques. La cause en est souvent l'exérèse de ganglion axillaire dans le cadre d'un cancer de sein.

grossesse : état correspondant pour une femme à être enceinte.

grossesse gemellaire : grossesse au cours de laquelle se développent deux fœtus.

groupage HLA : voir « système HLA ».

groupe sanguin : catégorie d'êtres humains rassemblés selon la présence ou non de certains agglutinogènes sur leur globules rouges. Dans le système ABO, il existe 4 catégories de groupes sanguins : A (présence d'agglutinogène A), B (présence d'agglutinogène B), AB (présence d'agglutinogènes A et B) et O (absence d'agglutinogène).

guanine : base azotée constituant des acides nucléiques (ADN).

guarana : arbuste amazonien riche en caféine qui stimule la vitalité et les fonctions cérébrales sans les exciter. Il agit également sur les fonctions sexuelles et aide à brûler les graisses ce qui le fait souvent utiliser lors de régimes amaigrissants.

gustatif: qui a rapport avec le goût.

guérison: disparition des symptômes d'une maladie et retour à la santé.

guérisseur philippin: thérapeute exerçant aux Philippines soignant à l'aide des énergies, notamment au niveau du corps éthérique des personnes malades.

gui: synonyme de « viscum album », plante parasitaire qui est employée contre le cancer par la médecine anthroposophique.

GVHD: abréviation de « Graft Versus Host Disease » ou réaction du greffon contre son hôte.

GVL: abréviation de « Graft Versus Leukémia » ou action anti-cancéreuse que réalise une allo-greffe contre le cancer de son hôte.

Gy: abréviation de « Gray ».

gynécologue: médecin spécialiste des organes féminins.

gynécomastie: augmentation du volume des seins chez l'homme.

H

H : symbole chimique de l'hydrogène.

H_2O : symbole chimique de l'eau.

HAD : abréviation d'« Hospitalisation à Domicile ».

Hahnemannienne : se dit d'une dilution courante utilisée en homéopathie. Elle est obtenue en effectuant des dilutions successives d'une substance de base dans un solvant (eau ou alcool) au dixième (DH) ou au centième (CH). La première dilution correspond à 1DH ou 1CH selon les cas. En France les dilutions vont jusqu'à 30 CH, c'est-à-dire 10^{-60}, alors que dans de nombreux pays elles vont jusqu'à 200 CH.

Hahnnemann Samuel (1755-1843) : inventeur de l'homéopathie.

haleine : air expiré par les poumons.

hallux rigidus : nom donné à l'arthrose du gros orteil.

hallux valgus : déviation du gros orteil vers l'extérieur, accompagnée d'une saillie interne de l'articulation métatarso-phalangienne appelée « oignon ».

Halsted : intervention chirurgicale (portant le nom du médecin qui l'a mise au point) très mutilante, effectuée autrefois pour traiter le cancer du sein.

hamamelis virginiana : plante d'Amérique du nord, dont les feuilles riches en flavonoïdes et en tanins (proanthocyanidols) sont utilisées dans les troubles circulatoires particulièrement veinotoniques.

hamartome : tissu d'aspect tumoral formé par un mélange anormal de cellules normalement présentes dans l'organe où elles se développent.

Hamer : médecin allemand, à l'origine de la « médecine nouvelle germanique » qui explique que toutes les maladies ont une cause psychologique.

hammam : bain de vapeur humide et très chaude.

haploïde : état d'une cellule qui possède un seul jeu de chromosomes, c'est-à-dire que chaque type de chromosome est en un seul exemplaire comme dans les gamètes.

haptonomie : science s'intéressant à l'affectif des individus.

harpagophytum ou « griffe du diable » plante africaine dont les racines secondaires, riches en glucoiridoïdes possèdent des propriétés anti-inflammatoires et antalgiques importantes, efficaces sur les rhumatismes et l'arthrose. Elle aurait aussi une action sur la goutte.

Hartmann (réseau de) : correspond à un des réseaux cosmo-telluriques (le plus connu) qui entoure la Terre selon la géobiologie.

HAS : abréviation de « Haute Autorité de Santé ».

Hb : abréviation de « hémoglobine ».

HbA1c : abréviation d'« hémoglobine glyquée ».

HBP : abréviation d'« hyperthrophie bénigne de la prostate », autrefois appelée adénome prostatique.

HCG et ß HCG : abréviation de « Hormone Gonado Chorionique ».

HDL : signifie « Hight Density Lipoproteine » c'est-à-dire lipoprotéine à haute densité – voir « HDL-cholestérol ».

HDL-cholestérol : catégorie de cholestérol pouvant être catalogué comme étant le « bon » cholestérol ».

HDV : abréviation de « virus de l'hépatite D ».

HE : abréviation d'« Huile Essentielle ».

Heitan Largarde (test de) : test qui permettrait de déterminer le stade d'une maladie cancéreuse à partir de l'étude de gouttes de sang, déposées sur une lame et séchées à l'air. Elles sont ensuite étudiées au microscope à contraste de phase. Et selon les images et les couleurs retrouvées, elles sont classées en six stades allant de l'état normal à l'état cancéreux.

helicobacter pylori : bactérie responsable de gastrite chronique et d'ulcère gastro-duodénaux.

héliothérapie : ensemble de soins utilisant la lumière solaire dans un but thérapeutique ou prophylactique.

hellerwork : exercices physiques basés sur le principe que le corps et l'esprit sont inséparables et dont le but est de rétablir l'équilibre naturel du corps.

hématémèse : émission de sang rouge lors d'un vomissement.

hématie : synonyme de « globule rouge », cellule du sang contenant l'hémoglobine qui transporte l'oxygène.

hématocrite : rapport entre le nombre de globules rouges et la quantité de plasma contenu dans le sang circulant. Il est exprimé en pourcentage.

hémato-encéphalique : qualifie une barrière virtuelle qui isole partiellement le système nerveux central des substances présentes dans la circulation sanguine afin de protéger les cellules nerveuses des toxiques et autres produits nuisibles. Ainsi certains remèdes seront capables de traverser cette barrière et de pénétrer dans le cerveau alors que d'autres ne le pourront pas.

hématogène : se dit de ce qui provient du sang ou de ce qui se propage dans le sang.

hématologie : discipline médicale qui étudie le sang et ses maladies.

hématologue : médecin spécialisé en hématologie.

hématome : accumulation localisée de sang dans un tissu, sous la peau. Le sang forme ce qui est communément appelé un « bleu ».

hématopoïèse : fabrication des différents éléments du sang : globules blancs, globules rouges, et plaquettes dans les organes hématopoïétiques.

hématopoïétique : se dit des organes où se fabriquent les éléments du sang et qui sont : la moelle osseuse, le thymus, les ganglions lymphatiques, les amygdales…

hématosarcome : sarcome constitué par la prolifération d'éléments d'une des différentes lignées hématopoïétiques. (synonyme : lymphome malin).

hématurie : présence anormale de sang (globules rouges) dans les urines.

hémiparésie : paralysie partielle d'un hémicorps (droit ou gauche).

hémiplègie : paralysie complète d'un hémicorps (droit ou gauche).

hémochromatose : maladie liée à un trouble constitutionnel et familial du métabolisme du fer pouvant entraîner une hépatite chronique, une cirrhose et un cancer.

hémocult : test qui permet de déceler la présence de sang occulte dans les selles ; simple. Il est utilisé pour le dépistage du cancer du côlon.

hémoculture : examen recherchant la présence de germe (bactéries) dans le sang.

hémoglobine : substance essentielle du globule rouge, constituée de fer et qui permet le transport de l'oxygène par le sang.

hémogramme : examen consistant à identifier et à compter les cellules présentes dans un échantillon de sang : les globules blancs, les globules rouges et les plaquettes.

hémolyse : destruction (lyse) des globules rouges ce qui entraîne une libération de l'hémoglobine dans le sang.

hémolytique : se dit de ce qui détruit les globules rouges dans le sang.

hémopathie : maladie du sang et des organes hématopoïétiques.

hémopéricarde : présence de sang dans le péricarde.

hémopéritoine : présence de sang dans la cavité péritonéale.

hémoptysie : expectoration de crachat sanglant provenant des voies respiratoires, par la bouche lors d'une toux.

hémorragie : écoulement de sang en dehors d'un vaisseau sanguin à la suite d'une rupture ou d'une lésion de celui-ci. Une hémorragie peut être externe (à l'extérieur du corps) ou interne (à l'intérieur du corps).

hémorroïde : dilatation anormale d'une veine de l'anus ou du rectum qui peut s'enflammer et saigner.

hémosidérose : accumulation de fer d'origine sanguine dans des tissus.

hémospermie : présence de sang dans le sperme.

hémostatique : se dit d'un médicament, d'une substance ou d'un geste qui stoppe les hémorragies.

hémothorax : présence de sang dans la cavité pleurale.

héparine : famille d'anticoagulant.

hépatectomie : ablation totale ou partielle du foie lors d'un geste chirurgical.

hépatectomie : résection partielle ou totale du foie.

hépatique : se dit de ce qui est en rapport avec le foie.

hépatite : inflammation du foie pouvant avoir différentes causes : virale, toxique, médicamenteuse, alcool…

hépatite B : forme d'hépatite due à un virus.

hépatome : cancer du foie.

hépatomégalie : augmentation de volume du foie.

hépato-splénomégalie : augmentation des volumes à la fois de la rate et du foie.

herboriste : individu vendant des plantes médicinales.

héréditaire : adjectif qualifiant une maladie transmise à un individu par un ou plusieurs gènes provenant de ses parents.

hérédité : capacité que possèdent certains caractères à être transmis des parents à leur descendance.

hernie : sortie, saillie de tout ou partie d'un viscère à travers une paroi affaiblie.

hernie crurale : hernie d'un segment intestinal au niveau de l'arcade crurale, visible au plis de l'aine.

hernie discale : hernie d'un disque intervertébral vers le canal rachidien et pouvant aller comprimer une racine nerveuse.

hernie hiatale : hernie d'une partie de l'œsophage au travers de l'orifice œsophagien du diaphragme.

hernie inguinale : hernie de viscères abdominaux au niveau du canal inguinal.

herpès : maladie infectieuse chronique évoluant par poussées, causée par un virus et qui provoque une éruption localisée couverte de vésicules localisées soit au pourtour de la bouche (bouton de fièvre), soit à la région génitale selon le virus causal (virus Herpes simplex 1 ou 2).

Hertz : unité de fréquence qui correspond à un cycle par seconde.

hétérogène : se dit de ce qui est de nature ou de constitution différente.

hétérogreffe : greffe dont le donneur est une personne étrangère mais compatible provenant de la fratrie ou non.

hétéro-isothérapie : voir isothérapie.

hétérosides (synonyme de glucosides) : catégorie de sucres liés soit à une fonction phénol (hétérosides phénoliques) soit à un dérivé nitré (hétérosides cyanogénétiques), soit à un dérivé soufré (hétérosides sulfurés) ce qui leur procure des propriétés particulières.

hétérotopie (synonyme d'ectopie) : anomalie congénitale dans la situation d'un organe ou d'un tissu.

HIAA-5 : signifie « 5-hydroxylindolacétique ».

hight pH therapy : protocole de traitement contre le cancer consistant à faire entrer de l'alcalinité dans les cellules cancéreuses acides dans l'intention de les perturber voire de les détruire.

Hildegarde de Bingen (1098-1179) : religieuse allemande (à Bingen) compositrice, auteure d'ouvrages et thérapeute renommée. Certains de ses concepts sont toujours appliqués par certaines écoles.

hin shin jyutsu : technique japonaise qui se présente sous forme d'effleurements plus que de massages.

hippocampe : zone du cerveau où siège principalement la mémoire. Sa dégradation serait le point de départ de la maladie d'Alzheimer.

hirsutisme : développement exagéré du système pileux (poils et cheveux).

histamine : substance normalement présente dans tout l'organisme notamment dans le foie et les poumons, mais pouvant également intervenir dans des processus pathogènes comme les allergies.

histidine : acide aminé.

histiocyte : forme évoluée d'un monocyte.

histologie : discipline médicale qui étudie au microscope des fragments de tissus (histos = tissu) du corps en vue d'en rechercher les anomalies.

histopronostic (d'une tumeur) : évaluation du pronostic d'une tumeur maligne à partir de l'étude de son aspect histologique, du nombre des mitoses et de la différenciation cellulaire. Cette information constitue uniquement un des éléments du pronostic d'une tumeur.

HIV : abréviation de « Human Immunodeficiency Virus », qui est le virus responsable du sida.

HIV 1 et HIV 2 : ce sont les deux formes de virus responsables du Sida. Au départ, le HIV1 s'étendait à l'Europe et l'Amérique du Nord, alors que le HIV 2 se trouvait surtout en Afrique. Maintenant, les frontières entre les deux sont beaucoup plus floues. De plus, il existe encore d'autres formes du virus du Sida.

HLA : abréviation de « Human Leukocyte-Antigens » (antigènes leucocytes humains). On parle aussi maintenant de « Complexe Majeur d'Histocompatibilité ». Voir « système HLA ».

ho'oponopono : signifie « rendre droit », « rectifier », « corriger ». Le principe est de s'améliorer soi-même et ainsi d'améliorer tout ce qui arrive et se trouve dans nos vies. L'amour de soi-même d'abord et l'amour envoyé aux autres ensuite en sont les moteurs.

Hodgkin (maladie de) : (voir « lymphome ») forme de lymphome appelée aussi lymphogranulomatose maligne.

holistique : du grec « holos » qui signifie : « entier, complet ». C'est ainsi que la « médecine holistique » s'intéresse à l'ensemble de l'organisme. Elle considère la personne malade comme un tout (corps, esprit, âme), par opposition à la médecine conventionnelle qui se focalise souvent uniquement sur l'organe malade.

hologramme : partie d'un ensemble contenant toute l'information de cet ensemble de telle manière qu'il en est la représentation.

Homéopatch®: patch contenant un ensemble de dilutions de substances homéopathiques. Celles-ci semblent transmettre leurs informations à travers notre peau, induisant des réactions au sein de l'organisme, bien souvent il s'agit de chélation des produits toxiques.

homéopathie : inventée par le médecin allemand Hahnemann (1755-1843), il s'agit d'une médecine naturelle qui utilise des produits végétaux, minéraux et animaux, hautement dilués (on parle de « dilutions infinitésimales ») et dynamisés. Elle est basée sur la « loi des similitudes » c'est-à-dire que les substances utilisées à dose infinitésimale, peuvent reproduire les mêmes symptômes, à dose pondérale, sur une personne saine que la maladie traitée. C'est ainsi que l'homéopathie est souvent mise en opposition à la médecine allopathique : l'homéopathie traite la personne par le semblable, alors que l'allopathie traite par l'opposé.

homéostasie : maintien de l'équilibre des conditions de vie à l'intérieur d'un organisme grâce aux mécanismes automatiques de régulation interne.

homologue : se dit d'un gène ou d'une partie du corps provenant d'un ancêtre commun et qui se correspondent d'une espèce à l'autre.

hôpital de jour : structure d'accueil permettant des hospitalisations courtes de quelques heures (moins de 8 heures). Il permet notamment d'effectuer des séances de chimiothérapie et des actes de petite chirurgie. Ces établissements permettent d'éviter les hospitalisations habituelles ce qui est mieux pour les malades et moins coûteux.

hoquet : contraction spasmodique du diaphragme induisant un brusque secousse du thorax et de l'abdomen.

horloge interne : horloge biologique naturelle qui régule la fonction de l'organisme en fonction de l'horaire. Il s'agit essentiellement d'une horloge circadienne (sur 24 heures).

horloge moléculaire : basée sur l'hypothèse que les molécules évoluent de manière constante au cours du temps, cette horloge hypothétique proposée par Zuckerkandl en 1965, permettrait d'estimer l'époque de divergence entre deux espèces en comparant simplement leur diversité moléculaire.

hormone: substance fabriquée par une glande endocrine (thyroïde, surrénale, ovaire…) et qui sera déversée dans le sang et ira exercer une action spécifique sur divers organes, en stimulant ou en freinant son fonctionnement, par exemple.

hormone de croissance: voir « somatrophine ».

hormone gonado-chorionique: (abréviation HCG et béta-HCG ou ßHCG) hormone fabriquée par l'hypophyse et allant stimuler les gonades que sont les testicules et les ovaires. Le ßHCG est normalement augmenté en cas de grossesse. Les HCG et ßHCG sont anormalement augmentées en cas de cancer du testicule et de choriocarcinome placentaire (cancer survenant pendant la grossesse). Dans ces cas, les HCG et ßHCG permettent le diagnostic et le suivi de ces cancers.

hormone hypophysaire: hormones sécrétées par l'hypophyse, une glande cérébrale située sous le cerveau qui pour beaucoup vont stimuler les glandes endocrines de l'organisme.

hormono-dépendant: se dit d'un organe, d'un tissu et plus souvent d'un cancer dont le développement est favorisé par la présence de certaines hormones notamment les hormones sexuelles comme les oestrogènes pour le cancer du sein. Par extension, ce terme est aussi employé pour parler d'un cancer sensible à un traitement hormonal (hormonothérapie). Il est possible de prévoir si un cancer sera sensible ou non à un traitement hormonal par la présence ou non de récepteurs hormonaux sur les cellules cancéreuses (vu par histochimie).

hormono-sensible: se dit d'un cancer sensible au traitement hormonal.

hormono-like: se dit d'une substance présentant les mêmes propriétés qu'une hormone naturelle de l'organisme.

hormono-résistant: se dit d'un cancer sur lequel le traitement hormonal n'a aucun effet.

hormonothérapie: traitement à base d'hormones ou de leurs dérivés, utilisé notamment en cancérologie. Il s'agit d'une thérapie

« antihormonale » dont l'objectif est d'abolir les effets d'une hormone à laquelle une tumeur est sensible (hormonosensible). Le but est de limiter le développement des tumeurs et l'apparition des métastases. L'hormonothérapie peut consister en une castration par chirurgie ou par irradiation, la prise d'antihormones ou d'hormones antagonistes.

Horton (maladie de) : maladie caractérisée par une inflammation de l'artère temporale qui devient rouge et douloureuse, associée souvent à des lésions oculaires.

hospitalisation à domicile (HAD) : permet d'éviter les hospitalisations à l'hôpital et de maintenir les personnes malades à leur domicile tout en leur permettant de bénéficier d'équipes performantes, de médecins, d'infirmiers, d'aides-soignantes, de diététiciennes…

hot stone therapy : technique consistant à poser ou/et à frotter des pierres volcaniques chaudes sur des zones réflexes du corps. Cette technique permet de détendre les muscles et de stimuler la circulation sanguine.

houblon : plante utilisée dans les troubles du sommeil, les anxiétés et les déprimes. Il est aussi indiqué pour le bien-être féminin grâce aux substances œstrogène-like qu'elle contient.

HPV : abréviation de « Human Papilloma Virus ».

HSV-1 : abréviation de « Virus Herpès Simplex 1 » qui est responsable de l'herpès labial (autour de la bouche).

HSV-2 : abréviation de « Virus Herpès Simplex 2 » qui est responsable de l'herpès génital.

Ht : signifie « Hématocrite ».

HTA : abréviation d'« hypertension artérielle ».

huile rectifiée : huile obtenue à la suite d'une double distillation d'une plante. Celles-ci sont utilisées pour les parfums et non pour l'aromathérapie.

huile essentielle : liquide concentré de composés aromatiques volatils d'une plante obtenu par distillation.

huile péroxydée : huile végétale riche en acides gras essentiels polyinsaturés à longue chaîne. La peroxydation procure à l'huile ses valeurs curatives. La méthode la plus simple consiste à exposer l'huile à l'air et à la lumière pendant un temps relativement long (rancissement) ce qui lui procurera de l'oxygène actif. L'huile une fois consommée apportera cet oxygène aux cellules ce qui leur permettra une régénération et une détoxication.

huile végétale : huile extraite d'un produit végétal pouvant être utilisée dans l'alimentation, la combustion (lampe à huile) et comme carburant pour les moteurs.

huile végétale hydrogénée : huile végétale transformée à la suite d'une hydrogénation catalytique. Pouvant obstruer les artères, il est important de limiter la consommation de ce type d'huile.

humeur : niveau affectif et émotionnel de base oscillant entre deux extrêmes : la joie et le plaisir d'une part et la tristesse et la douleur d'autre part.

HVD : abréviation de « hypertrophie ventriculaire droite », ou hypertrophie du ventricule droit du cœur.

HVG : abréviation de « hypertrophie ventriculaire gauche » ou hypertrophie du ventricule gauche du cœur.

hyalin – hyaline : se dit d'une substance qui a un aspect vitreux, homogène et qui prend l'éosinophile sur les colorations de routine.

hybride : se dit d'un sujet résultant d'un croisement de deux espèces différentes mais proches comme les mulets. Par extension, ce terme est employé pour les croisements entre deux variétés d'une même espèce.

hydrarthrose : présence de liquide (souvent séreux) dans une articulation.

hydrate de carbone : terme ancien pour désigner les glucides.

hydrocéphalie : excès de liquide céphalo-rachidien au niveau de la tête produisant une dilatation des ventricules cérébraux, et pouvant induire une compression du cerveau.

hydrocortisone : voir « cortisol ».

hydrolat : médicament obtenu en chauffant à basse température (contrairement aux huiles essentielles qui sont chauffées aux environs de 95 °C) des plantes mélangées à de l'eau pure.

hydrogénation : technique consistant à fixer de l'hydrogène sur une molécule.

hydromassage : massage réalisé à l'aide d'une douche à l'extérieur ou d'un jet dans une piscine.

hydrophobie : peur phobique de l'eau.

hydrosoluble : soluble dans l'eau.

hydrothérapie : technique de soin utilisant les propriétés physiques ou chimiques de l'eau sous toutes ses formes et à différentes températures : bains, sauna, massage, aquagym…

hygiène : discipline visant à conserver, à améliorer, ou à retrouver la santé.

hygiénisme : théorie considérant que les maladies sont la conséquence de surcharges humorales, c'est-à-dire d'un encrassement par des toxines et des toxiques.

hymen : fine membrane séparant incomplètement la cavité vaginale et qui est déchirée lors du premier rapport sexuel.

hyper... préfixe qui signifie « excès » ou du moins « augmentation » comme hyperthyroïdie qui signifie un « excès » du fonctionnement de la thyroïde.

hyperacidité : excès d'acidité.

hyperactivité : trouble touchant essentiellement les enfant et caractérisé par un besoin de bouger de manière incessante, une impulsivité et par une inattention.

hyperbare : se dit d'une pression élevée.

hypercalcémie : augmentation au-dessus de la normale du taux de calcium dans le sang.

hypercalciurie : augmentation au-dessus de la normale du taux de calcium dans les urines.

hypercapnie : augmentation au-dessus de la normale du taux de gaz carbonique dissous dans le sang.

hypercholestérolémie : augmentation au-dessus de la normale du taux de cholestérol dans le sang.

hypercoagulation : excès de coagulation.

hypercorticisme : (voir « maladie de Cushing ») ensemble des symptômes induits par un excès d'hormones surrénales dû à une maladie des glandes surrénales (qui secrètent les hormones corticoïdes) ou à un traitement prolongé par la cortisone.

hyperéchogène : se dit d'une structure (organe, tumeur…) produisant beaucoup d'échos à l'émission des ultrasons lors d'une échographie.

hyperéosinophilie : augmentation au-dessus de la normale du nombre des polynucléaires éosinophilie dans le sang.

hyperesthésie : exagération de la sensibilité notamment à la douleur.

hyperglycémie : augmentation au-dessus de la normale, du taux de sucre (glucose) dans le sang.

hypericum : nom latin du millepertuis.

hyperkératose : épaississement pathologique de la couche cornée de la peau (couche superficielle).

hyperlipidémie : augmentation au-dessus de la normale des lipides (graisses) dans le sang.

hyperménorrhée : augmentation du volume des règles.

hypermétrope : personne souffrant d'hypermétropie.

hypermétropie : défaut de convergence des rayons lumineux au niveau de l'œil, qui vont converger au-delà de la rétine.

hyperparathyroïdie : augmentation du fonctionnement des glandes parathyroïdes entraînant une augmentation du calcium dans le sang.

hyperperméabilité intestinale : dégradation intestinale caractérisée par une destruction de la flore, une disparition du mucus intestinal et une détérioration de la muqueuse intestinale.

hyperplasie : augmentation de la masse d'un organe ou d'une portion d'organe due à une augmentation anormale du nombre des cellules qui le composent. Ceci peut être dû à une hyperactivité de l'organe.

hyperplasie bénigne de la prostate (HBP) : synonyme d'adénome prostatique qui est dû à une augmentation de la masse de la prostate, ce qui est fréquent avec l'âge.

hyperprotéiné (régime) : régime basé sur la consommation importante et privilégiée de protéines au détriment des autres substances en vue de perdre du poids tout en conservant les masses musculaire et osseuse.

hypersécrétion : excès de sécrétion.

hypersensibilté : sensibilité exagérée à une substance (antigène), comme une réaction allergique.

hypersensibilité immédiate : se dit d'une allergie où la réaction immunitaire apparaît immédiatement après le contact avec un antigène chez un sujet sensibilisé à celui-ci.

hypersensibilité retardée : se dit d'une allergie où la réaction immunitaire n'apparaît que 24 à 72 heures après le contact avec un antigène chez un sujet sensibilisé à celui-ci.

hypersomnie : exagération du besoin et du temps de sommeil.

hypersonie : perception augmentée anormalement du niveau sonore.

hypertenseur : se dit d'une substance ou autre qui est capable d'élever la tension artérielle.

hypertension artérielle : augmentation anormale de la tension artérielle – pression artérielle supérieure à la normale.

hypertension intra-crânienne : augmentation anormale de la pression à l'intérieur du crâne pouvant venir comprimer le cerveau.

hyperthermie : augmentation de la température de base du corps.

hyperthyroïdie : augmentation du fonctionnement de la thyroïde induisant une hypersécrétion des hormones thyroïdiennes.

hypertonie : augmentation de la tonicité musculaire ou/et de l'excitabilité nerveuse.

hypertriglycéridémie : augmentation au-dessus de la normale du taux des triglycérides dans le sang.

hypertrophie cellulaire : augmentation de la taille des cellules souvent associée à un fonctionnement accru.

hypertrophie tissulaire : augmentation du volume d'un tissu ou d'un organe qui peut être liée soit à une hypertrophie cellulaire (augmentation de la taille des cellules), soit à une hyperplasie (augmentation du nombre des cellules), soit aux deux à la fois.

hypertrophie : augmentation du volume des cellules dans un organe.

hyperurémie : augmentation au-dessus de la normale du taux de l'urée dans le sang.

hyperuricémie : augmentation au-dessus de la normale du taux d'acide urique dans le sang.

hyperventilation : augmentation excessive de la ventilation des poumons, suite généralement à une accélération de la fréquence respiratoire.

hypnose : état modifié de conscience provoqué par concentration suite à une suggestion, permettant à l'inconscient de se libérer du conscient et de ses blocages.

hypnose éricksonienne : technique développée par le Dr Milton Erickson (1901-1980) permettant l'évolution psychologique d'une personne par des techniques d'hypnose et un travail psychothérapique.

hypnothérapie : thérapie utilisant l'hypnose.

hypnotique : se dit d'un remède favorisant le sommeil.

hypo... préfixe qui signifie « insuffisance » ou « diminution », comme une hypothyroïdie qui signifie une « insuffisance » de fonctionnement de la thyroïde.

hypocalcémie : diminution anormale du taux de calcium dans le sang.

hypochondrie (ou hypocondrie) : état d'inquiétude et d'angoisses excessives d'une personne qui se croit sans cesse atteinte de maladies.

hypoéchogène : se dit d'une structure (organe, tumeur…) produisant peu d'échos à l'émission des ultrasons lors d'une échographie.

hypocondrie : voir « hypochondrie ».

hypoesthésie : diminution de la sensibilité.

hypoestrogénie : baisse de l'imprégnation hormonale en œstrogène (hormone féminine).

hypoestrogénie : baisse du taux d'œstrogène dans les tissus.

hypoglycémiant : se dit d'un substance capable de diminuer le taux de sucre (glucose) dans le sang.

hypoglycémie : baisse anormale du taux de sucre (glucose) dans le sang.

hypogonadisme : baisse de la fonction des organes génitaux (ovaires chez la femme ou testicules chez l'homme) induisant une production insuffisante des hormones sexuelles.

hypokaliémie : baisse anormale du taux de potassium dans le sang.

hypoménorrhée : diminution du volume des règles.

hyponatrémie : baisse anormale du taux de sodium dans le sang.

hypophyse : glande endocrine située à la base du cerveau dont certaines de ses hormones dites « stimulines » vont régulariser l'activités des autres glandes endocrines de l'organisme : thyroïde, surrénales, ovaires…

hypoplasie (synonyme : aplasie) : développement embryologique insuffisant d'un viscère ou d'une partie d'un viscère aboutissant à un organe fonctionnel mais trop petit.

hypoparathyroïdie : diminution du fonctionnement des glandes parathyroïdes qui induit une baisse anormale du calcium sanguin (hypocalcémie).

hypoprotidémie : baisse anormale du taux de protéines (protides) dans le sang.

hyposialie : diminution de la sécrétion de salive entraînant une sécheresse de bouche (xérostomie).

hypotenseur : se dit d'une substance induisant une baisse de la tension artérielle en général.

hypotension artérielle : baisse anormale de la tension artérielle.

hypotension orthostatique : chute anormale de la tension artérielle lorsque la personne passe de la position couchée à la position debout.

hypothalamus : zone du cerveau située au-dessus de l'hypophyse qu'il contrôle et qui assure le maintien de l'équilibre des paramètres biologiques de l'organisme.

hypothermie : baisse anormale de la température du corps, en dessous de 35 °C.

hypoventilation : diminution de la ventilation pulmonaire.

hypoxie : (synonyme d'anoxie) diminution du taux de l'oxygène dans le sang, dans un organe ou dans l'ensemble de l'organisme.

hystérectomie : ablation chirurgicale de l'utérus en totalité ou en partie. On parle alors d'hystérectomie totale ou sub-totale.

hystérie : névrose associant divers troubles de type neurologique : paralysie, troubles sensitifs, troubles visuels, crises épileptiformes, crises de tétanie… sans qu'aucune atteinte nerveuse ne soit retrouvée.

hystérographie : radiographie de l'utérus réalisée après l'injection au niveau du col, d'un produit radio-opaque dans la cavité utérine.

hystérosalpingographie : radiographie de l'utérus et des trompes de Fallope, réalisée après l'injection au niveau du col, d'un produit radio-opaque dans la cavité utérine.

hystéroscopie : examen de la cavité utérine réalisé à l'aide d'un endoscope.

I : symbole chimique de l'iode.

iatrogène : pathologie provoquée par un médicament ou un traitement médical.

IC : abréviation de « insuffisance cardiaque ».

ichtiose : peau sèche avec présence de squames lui donnant l'aspect de « peau de poisson ».

ictère : (synonyme de « jaunisse ») coloration jaune de la peau et des muqueuses due à un excès de bilirubine dans le sang.

ID : signifie « Intra Dermique ».

IDE : abréviation de « infirmier(ère) diplômé(e) d'état ».

idée délirante : voir « délire ».

idiopathique : sans cause connue ou trouvée. Ainsi une maladie idiopathique est un maladie dont la cause n'est pas connue.

IDM : abréviation de « infarctus du myocarde ».

IDR : abréviation de « intra-dermo réaction ».

IEC : abréviation de « inhibiteur de l'enzyme de conversion » qui est une classe de traitement utilisé en cardiologie notamment contre l'hypertension artérielle.

IFN : abréviation de « interféron ».

Ig : abréviation de « immnoglobuline ».

IG : abréviation de « indice glycémique » qui correspond au pouvoir sucrant d'un aliment.

IGAS : inspection générale des affaires sociales.

IL : abréviation de « interleukine ».

iléite : inflammation de l'iléon.

iléon : (synonyme de l'« ileum ») partie distale de l'intestin grêle faisant suite au jéjunum et se terminant au niveau du côlon (caecum).

iléostomie : intervention chirurgicale consistant à boucher l'iléon, à la paroi de l'abdomen. Cet abouchement (anus iliaque en général) peut être temporaire ou définitif.

iléum : voir « iléon ».

iléus intestinal : occlusion intestinale aiguë.

iliaque : zone basse de l'abdomen située dans la région des os du bassin.

Iliaque (muscle) : muscle important du corps qui permet la flexion et la rotation externe de la cuisse.

IM : abréviation de « intra musculaire » et de « insuffisance mitrale ».

imagerie par Résonnance Magnétique (IRM) : technique radiologique non irradiante, basée sur le principe que les noyaux des atomes s'orientent différemment selon le champ magnétique dans lequel ils sont soumis. Les mesures obtenues sont ensuite traitées et reconstituées en images 3D. L'IRM réalise des images du corps d'une haute définition en particulier pour les tissus mous comme ceux du cerveau.

imagerie médicale : ensemble des techniques radiologiques ou autres permettant d'obtenir une image d'une région du corps ou d'un organe.

IMC : abréviation de « Indice de Masse Corporelle » c'est-à-dire l'indice calculé par le rapport du poids sur la taille au carré.

immobilisation : mise au repos d'un membre ou d'une personne pour une durée plus ou moins prolongée.

immun : qui concerne l'immunité.

immunitaire (système) : système assurant la défense de l'organisme contre les substances étrangères du corps pouvant être responsable de maladies.

immunitaire : se dit d'une réaction faisant intervenir un processus de l'immunité.

immunité : capacité d'un organisme à se défendre contre les agents étrangers (virus, parasites, bactéries…) à l'aide de globules blancs, de lymphocytes T ou NK, d'anticorps, de prostaglandines, etc.

immunodépression ou **immunodéficience** : diminution ou disparition des réactions immunitaires d'un organisme.

immunodéprimé : personne souffrant d'immunodépression.

immuno-électrophorèse : dosage des différentes immunoglobines présentes dans le sang

immunofixation : test immunologique effectué sur le sérum ou sur les urines, permettant d'identifier les protéines du sang.

immunogène : se dit d'une substance ou autre qui induit une réponse immunitaire.

immunogénétique : science qui étudie les différences dans les constitutions génétiques responsable par exemple des rejets des greffes.

immunoglobuline (Ig) : (synonyme d'anticorps) protéine produite par certaines cellules sanguines (lymphocytes B) qui présente une importante action immunitaire. Elles se lient aux substances étrangères (antigènes) et participent à leur destruction. Les classes d'immunoglobulines sont IgA, IgD, IgE, IgG et IgM.

immuno-histochimie : science qui recherche les protéines situées sur certaines cellules à l'aide d'anticorps particuliers appelés : anticorps monoclonaux. La présence ou non de ces protéines particulières permet de confirmer le diagnostic, par exemple de cancer et aussi de reconnaître les cancers qui ont un potentiel agressif (développement, métastases).

immunologie : science qui étudie l'immunité.

immunomodulateur : se dit d'une substance ou d'un traitement qui stimule ou freine (selon les besoins) les réactions du système immunitaire.

immunomodulation : action de réguler les réactions du système immunitaire.

immunoprévention : action de prévenir une maladie en stimulant les réactions immunitaires spécifiques ou générales de l'organisme.

immunorésistance : état que peuvent présenter certains agents étrangers ou cellules qui ne sont pas sensibles aux actions du système immunitaire dirigées contre eux.

immunostimulant : se dit d'un remède qui stimule les défenses immunitaires de l'organisme.

immunosuppresseur : se dit des agents et facteurs qui diminuent ou suppriment les réactions immunitaires ce qui est nécessaire par exemple après une greffe d'organe.

immuno-suppression : voir « immunodépression ».

immunothérapie : (synonyme de « biothérapie ») traitement consistant à stimuler ou à remplacer (greffe) le système immunitaire pour combattre une maladie (comme un cancer) ou une infection.

immunothérapie active : traitement utilisé en cancérologie, consistant à stimuler les réactions immunitaires du patient.

immunothérapie adoptive : traitement utilisé en cancérologie, consistant à administrer à un patient des lymphocytes ou à greffer une moelle osseuse (tissu qui produit des cellules immunitaires).

immunothérapie passive : traitement utilisé en cancérologie, consistant à administrer à un patient des anticorps dirigés contre les antigènes des cellules cancéreuses.

impatiences dans les jambes : besoin de bouger ses jambes de manière incessante. Ce problème se rencontre particulièrement dans le « syndrome des jambes sans repos ».

impétigo : infection de la peau induisant des vésiculo-pustules, contagieuses et souvent localisées au niveau du visage ou des mains.

implant : substance ou prothèse introduite dans le corps dans un but de traitement ou de remplacement d'un organe comme un implant en silicone utilisé pour les reconstructions du sein après ablation.

impuissance ou « impuissance sexuelle » : (synonyme de « dysfonction érectile ») impossibilité d'obtenir ou de maintenir une érection suffisante pour réaliser un rapport sexuel.

in situ : se dit d'un carcinome (cancer) strictement localisé c'est-à-dire ne s'étant pas étendu localement aux autres tissus.

in vitro : se dit d'expériences conduites avec des appareils de laboratoire par opposition aux expériences effectuées sur les organismes vivants qualifiées d'in vivo.

in vivo : se dit d'expériences conduites sur des organismes vivants par opposition aux expériences effectuées avec des appareils de laboratoire qualifiées d'in vitro.

inadapté : se dit d'une réaction inadéquate face à un événement.

inappétence : (synonyme d'« anorexie ») perte ou diminution de l'appétit.

INC : abréviation d'« Institut National du Cancer ».

incidence : notion épidémiologique correspondant à la fréquence d'une maladie c'est-à-dire au nombre de nouveaux cas survenant par an dans une population donnée.

incision : division, entaille dans les parties molles du corps (peau, muscle, tissus...) à l'aide d'un instrument tranchant comme un bistouri.

incisive : dent de la partie antérieure et médiane des arcades dentaires.

inconscience : perte de conscience.

inconscient : en psychiatrie, l'inconscient correspond aux éléments ayant été exclus de la conscience par des processus de refoulement.

incontinence : impossibilité de retenir ses urines ou ses matières fécales aboutissant à des fuites (émissions involontaires). On parle alors d'incontinence urinaire ou d'incontinence fécale.

incrétino-mimétique : classe de traitement antidiabétique oral.

incubation : période de temps entre l'exposition (contamination) à un germe et les premières signes de la maladie.

ID : abréviation d'« index glycémique ».

index glycémique : correspond à l'effet hyperglycémiant d'un aliment c'est-à-dire à son pouvoir sucrant.

indication : situation ou ensemble des situations dans laquelle une certaine action doit être faite, comme les indications d'un remède, d'un geste chirurgical...

indice de Karnofsky : voir « Karnofsky ».

indice de masse corporelle (IMC) : formule (le poids divisé par la taille au carré) permettant l'évaluation de la proportion de graisse chez une personne.

indifférenciation : se dit d'une cellule qui perd sa spécialisation, et pour retrouver des caractéristiques proches des cellules embryonnaires. Les cancers indifférenciés sont plus graves et de moins bon pronostic que les cancers différenciés.

indifférencié : se dit d'une cellule qui a perdu sa spécialisation.

indigestion (synonyme de maldigestion) : digestion lente avec lourdeur, flatulence voire aussi des nausées et des vomissements.

indol-3-carbinol : composé phytochimique contenu dans des plantes.

indolent : se dit d'un cancer non agressif, dont les divisions cellulaires et l'évolution se font lentement.

inducteur enzymatique : se dit de substances qui stimulent certains enzymes hépatiques ce qui va accélérer les processus d'élimination de certains substances présentes dans l'organisme comme les toxiques et les médicaments… rendant alors ces derniers moins efficaces, ce qui peut poser des problèmes.

induration : Durcissement d'un tissu.

infarcissement hémorragique : (synonyme de « ramollissement hémorragique ») foyer d'infiltration hémorragique tissulaire, en rapport avec l'obstruction de la veine.

infarctus (synonyme de « ramollissement » et de « gangrène ») : organe ou partie d'organe dans lequel cesse brutalement la circulation artérielle ce qui va induire une nécrose ischémique. Un infarctus peut survenir au niveau du cœur, d'un poumon, du cerveau, des intestins…

infarctus du myocarde : (IDM) nécrose ischémique du muscle cardiaque en rapport à une obstruction située sur les artères nourricières du cœur dénommées « artères coronaires ».

infectieux (se) : qui produit une infection ou peut la transmettre.

infection: maladie liée à des microbes (germes) ayant pénétré dans l'organisme.

infection digestive: voir « gastro-entérite ».

infection intestinale: voir « gastro-entérite ».

infection nosocomiale: infection contractée à l'hôpital lors d'une hospitalisation.

infection urinaire: voir « cystite ».

infection urinaire basse: correspond aux infections survenant dans la partie basse de l'appareil urinaire: cystites, urétrites, prostatites…

infection urinaire haute: correspond aux infections survenant dans la partie haute de l'appareil urinaire: pyélonéphrite, glomérulonéphrite, néphrite…

infertilité: voir « stérilité ».

infiltrant: se dit d'une tumeur ou d'une infection qui envahit les tissus avoisinants.

infiltrat inflammatoire: ensemble des éléments cellulaires figurés du sang, présents dans un foyer inflammatoire; la majeure partie provient du sang circulant (leucocytes), les autres d'origine locale (histiocytes, mastocytes).

infiltration: envahissement des tissus par un liquide, par une prolifération cellulaire (tumorale), par un gaz ou autre qui s'insinue entre les éléments cellulaires et tissulaires.

inflammation (synonyme de « réaction inflammatoire ») ensemble des phénomènes réactionnels locaux d'un organisme vivant à la suite d'une lésion ou de certaines agressions extérieures comme les microbes ou des agents chimiques ou physiques. Elle se manifeste par quatre signes: chaleur, rougeur, douleur et œdème.

inflammation gangréneuse: (synonyme de « gangrène ») variété d'inflammation aiguë au cours de laquelle apparaissent d'importantes lésions de nécrose tissulaire liées à des occlusions vasculaires ou à la présence de certains germes pathogènes particuliers.

inflammation suppurée (synonyme d'« inflammation purulente » « abcès » « phlegmon ») : variété d'inflammations caractérisées par la présence de pus dans le foyer inflammatoire.

influenza : signifie « grippe ».

infusion : action de verser de l'eau bouillante sur une substance comme une plante, puis de laisser reposer pendant quelques minutes afin d'en laisser ressortir les principes actifs dans l'eau qui sera ensuite consommée.

inhalation : absorption par les voies respiratoires de substances étrangères (de manière accidentelle) ou de gaz ou de brouillards de remèdes (dans un but de traitement).

inhaler : action d'aspirer de l'air ou un produit comme la fumée du tabac ou une pulvérisation de bombe aérosol.

inhiber : empêcher la réalisation d'une action.

inhibiteurs de l'angiogenèse : médicaments dont l'objectif est de supprimer la formation de nouveaux vaisseaux sanguins pour par exemple affamer une tumeur.

inhibiteurs de la topoisomérase : produit de chimiothérapie qui bloque un enzyme de démêlage de l'ADN, ce qui empêche la division cellulaire entraînant alors la mort de la cellule cancéreuse. Ce sont le Topotecan, l'Etoposide, l'Anthracycline, l'Actinomycine…

injection : introduction d'un médicament liquide dans le corps avec l'aide d'une seringue et d'une aiguille. Les injections sont le plus fréquemment intraveineuses, intramusculaires ou sous-cutanées.

inn : voir « yin ».

innervation : distribution d'un nerf dans une région du corps.

innocuité : qui n'a pas d'effet nocif, qui est sans danger.

Inoculation : introduction dans un organisme de germes, par une brèche ou une injection.

inorganique : se dit d'un trouble ou d'une maladie qui n'est pas en rapport avec une lésion d'un organe.

INPES : abréviation de « institut national de prévention et d'éducation pour la santé ».

INR : abréviation de « international normalised ratio » qui correspond au temps de Quick standardisé qui est une analyse de laboratoire effectuée pour le suivi des personnes sous anticoagulant de type antivitaminique K.

INRS : abréviation de « institut national de recherche et de sécurité ».

INRSP : abréviation de « institut national de la recherche en santé publique ».

INSERM : abréviation de « institut national de la santé et de la recherche médicale ».

insert : séquence d'ADN étranger introduite dans une molécule d'ADN donnée.

insolation : coup de chaleur

insomnie : absence de sommeil, et par extension diminution importante du temps de sommeil.

inspection : premier temps de l'examen clinique d'une personne par un médecin. Cela consiste à observer l'aspect général de la personne, son comportement, la couleur de sa peau, la recherche d'anomalie du corps, etc.

inspiration : premier temps de la respiration correspondant au remplissage des poumons d'air.

instillation : opération qui consiste à verser ou à injecter un liquide, goutte à goutte.

instinctothérapie : alimentation essentiellement crudivore préconisée par le physicien suisse Guy-Claude Burger en 1964, mais aussi à laisser son instinct choisir et réguler les aliments les plus propices de son équilibre nutritionnel.

insuffisance cardiaque : baisse de l'activité du cœur notamment par une moins bonne contractilité du muscle cardiaque. On distingue les insuffisances cardiaques droite, gauche et globale, selon les régions atteintes.

insuffisance circulatoire cérébrale : diminution du débit sanguin des artères qui assurent l'irrigation du cerveau.

insuffisance digestive : mauvais fonctionnement du tube digestif, qui, outre les troubles qu'il peut provoquer (nausée, troubles du transit, ballonnement, etc.) va induire une mauvaise digestion des aliments et de leur absorption intestinale.

insuffisance hépatique : incapacité du foie à remplir sa fonction, qui est essentiellement l'élimination de certains déchets, mais également la synthèse de nombreuses substances biologiques indispensables à l'organisme comme l'albumine, le cholestérol et les facteurs de la coagulation (vitamine K...).

insuffisance rénale : incapacité des reins à éliminer les déchets ou les substances médicamenteuses.

insuffisance respiratoire : diminution de l'oxygénation du sang suite à une incapacité des poumons.

insuffisance veineuse chronique : maladie du retour veineux vers le cœur, soit parce que les veines sont abîmées et distendues ou parce que les valvules fonctionnent mal. Dans les deux cas, le sang circule à « l'envers », il reflue des veines profondes vers les veines superficielles. Le reflux et la stase veineuse sont responsables des varices, de varicosités, de lourdeur et de douleurs de jambes.

insuffisance vertébro-basilaire : insuffisance circulatoire au niveau des artères vertébrales et du tronc basilaire qui apporte le sang artériel à la tête, responsable de maux de tête, de vertiges, de troubles de l'équilibre, de troubles visuels, etc.

insuline : hormone sécrétée par le pancréas, qui diminue le taux de glucose (sucre) dans le sang et permet son utilisation par les organes. L'insuline est également le traitement de référence du diabète de type I. Elle est parfois utilisée dans le diabète de type II (dans les stades évolués). Les différentes insulines utilisées actuellement à des fins thérapeutiques, diffèrent par leur délai et leur durée d'action.

insulino-déficience : état d'épuisement des ressources en insuline d'un organisme.

insulino-résistance : état pendant lequel l'insuline ne peut pénétrer dans les cellules empêchant ainsi son action. Ce mécanisme intervient dans l'apparition du diabète de type 2.

insulinosécrétion : sécrétion d'insuline.

insulinothérapie : traitement par insuline.

intégration mémorielle : méthode agissant sur la mémoire karmique pour libérer les mémoires limitantes, permettant ainsi à la personne de trouver son véritable potentiel.

intercalant : classe de médicaments utilisés en chimiothérapie produisant des erreurs dans les chromosomes des cellules lorsqu'elles se divisent, ce qui entraîne leur destruction.

interféron : (IFN) protéine sécrétée par les cellules du système immunitaire d'un organisme à la suite d'une infection virale. Ces protéines sont également utilisées dans le traitement de certains cancers comme celui du rein ou le mélanome.

interleukine (IL) : protéine naturelle produite par le système immunitaire (notamment les lymphocytes) et qui agit sur le système immunitaire. Elle sert de messager entre les cellules du système immunitaire. Déficitaire en cas de cancer, elle est utilisée pour son traitement.

interruption volontaire de grossesse (IVG) : acte médical consistant à arrêter une grossesse en provoquant l'expulsion du fœtus.

interstitiel : correspond au tissu de soutien : tissu conjonctif et vaisseaux sanguins situés autour et entre les organes.

intestin : organe creux du tube digestif situé entre la sortie de l'estomac et l'anus. On distingue l'intestin grêle, le côlon et le rectum.

intestin grêle : partie du tube digestif faisant suite à l'estomac, qui se subdivise en duodénum, jéjunum et iléon. L'intestin grêle assure la digestion et l'absorption (passage dans le sang) des aliments.

intestin irritable : maladie de l'intestin caractérisée par une inflammation produisant douleurs, ballonnements, troubles du transit et spasmes.

intestinal : se dit de ce qui est en rapport avec l'intestin.

intertrigo : inflammation de la peau d'origine microbienne, située au niveau des plis, favorisée par la macération souvent secondaire au surpoids.

intima : couche interne des vaisseaux sanguins.

intolérance : réaction anormale d'un individu en présence d'un agent extérieur toléré par la plupart des personnes, comme une intolérance à un aliment.

intoxication : ensemble des troubles produit par l'action de toxiques ou de poisons dans un organisme.

intoxication alimentaire : intoxication provenant de l'ingestion d'aliments souvent pas frais ou avariés.

intraartérielle : se dit de ce qui s'administre directement dans une artère.

intraarticulaire : se dit de ce qui s'administre directement dans une articulation.

intracaverneux : se dit de ce qui s'administre directement dans les corps caverneux du pénis. Les injections intracaverneuses sont utilisées pour injecter des remèdes en cas d'impuissance masculine.

intradermique : se dit de ce qui s'administre directement dans le derme.

intradermo-réaction (IDR) : réaction cutanée au point d'injection intradermique d'une substance (tuberculine, allergènes…).

intrathécale : se dit de ce qui s'administre directement dans le liquide céphalorachidien.

intraveineux : se dit de ce qui s'administre directement dans une veine.

intron : fragment d'un gène (en principe eucaryote) situé entre deux exons. Les introns sont présents dans l'ARNm immature et absents dans l'ARNm mature. Fragment « non codant » du gène.

intubation : introduction d'un tube dans un conduit naturel du corps comme la trachée.

invalidante : se dit d'un trouble ou d'une maladie qui rend la personne malade inapte à mener une vie complètement « normale ».

invasif : deux sens possibles : se dit d'un examen ou un traitement qui va affecter l'organisme comme une incision ou l'introduction d'un instrument. parce qu'il nécessite par exemple une petite intervention chirurgicale – se dit d'un cancer qui a tendance à se propager dans l'organisme.

invasion tumorale (invasif) : envahissement des tissus par une prolifération tumorale.

investigateur : médecin dirigeant une étude clinique.

InVS : abréviation de « institut de veille sanitaire ».

iode : oligoélément assurant le fonctionnement de la glande thyroïde, du cerveau et des phanères. L'iode est présent dans le lait, la viande, le cresson, l'eau de mer et les algues.

iode radioactif (131) : élément radioactif émettant des rayonnements bêta et gamma.

ion : atome ou molécule dotés d'une charge électrique (à cause d'un ou plusieurs électrons manquants ou surnuméraires.

ionisant : qui est capable de provoquer une ionisation en libérant des ions.

ionisation : réaction chimique produisant des ions à partir d'atomes ou de molécules. Cela peut se produire spontanément ou être induit par des rayonnements.

ionocinèse : technique d'électrothérapie mise au point par le Dr Janet Jacques qui consiste à placer deux électrodes sur le corps d'une personne reliées à un générateur électrique spécial. Ce courant électrique va déclencher dans le corps des mouvements ioniques. Cet échange d'ions favorisera la respiration et les échanges nutritifs au niveau des tissus ce qui aurait un effet revitalisant. L'ionocinèse aurait aussi une action d'élimination de toxiques de l'organisme. Elle permettrait enfin d'introduire à travers la peau des médicaments, en visant l'organe tout en respectant le reste de l'organisme.

ionogramme : dosage (sanguin ou urinaire) du sodium, du potassium, du chlore et de la réserve alcaline.

IRA : abréviation de « insuffisance respiratoire aiguë » ou de « insuffisance rénale aiguë ».

IRC : abréviation de « insuffisance respiratoire chronique » ou de « insuffisance rénale chronique ».

iridium 192 : radio-élément émetteur de rayons bêta et gamma.

iridologie : basée sur le principe que l'iris est une représentation cartographique de l'ensemble du corps, cette technique grâce à la simple observation des iris des yeux permettrait de repérer les organes et les régions du corps en souffrance ce qui indiquerait l'origine des maladies et des troubles.

IRM : voir « imagerie par Résonnance Magnétique ».

irradiation : émission ou exposition d'un organisme à des radiations (rayonnement). Les irradiations sont utilisées en médecine à des fins thérapeutiques pour détruire les cellules cancéreuses d'une tumeur.

irradiation accélérée : type de radiothérapie permettant de diminuer le temps total de la radiothérapie et aussi d'en augmenter l'efficacité. Car plus une dose de rayonnements est réduite dans le temps, et plus son effet biologique augmente.

irradiation corporelle totale : irradiation complète de l'organisme réalisée préalablement à une greffe de moelle osseuse, afin d'obtenir la destruction des cellules malades.

irradiation flash : type de radiothérapie utilisée en traitement palliatif pour soulager une douleur osseuse, une compression ou autre.

irradiation hyperfractionnée : type de radiothérapie utilisant des fractionnements des doses administrées en faisant des séances plus rapprochées, 2 à 3 fois par jour. Cela permet d'obtenir un résultat semblable (voire meilleur) à la radiothérapie habituelle, mais avec des doses d'irradiation plus faibles.

irritation: inflammation légère.

IRSN: abréviation de « institut de radioprotection et de sûreté nucléaire ».

IS: abréviation de « In Situ ».

ischémie: diminution ou arrêt temporaire de l'apport sanguin artériel dans un territoire donné de l'organisme.

ischémie cérébrale: ischémie généralement localisée à une région du cerveau.

isoflavone: substance souvent rencontrée dans certaines plantes comme le soja, qui font partie de la famille des flavonoïdes et qui ont des propriétés proches des œstrogènes (phytœstrogène).

isoleucine: acide aminé.

isomère: se dit de deux molécules qui sont composées des mêmes atomes. Mais ceux-ci sont placés différemment dans l'espace ce qui leur confère des propriétés différentes. Selon la position des atomes, on parlera de molécule lévogyre ou dextrogyre selon qu'elle détournera la lumière vers la gauche ou vers la droite.

isothérapie: méthode thérapeutique dérivée de l'homéopathie qui utilise le « semblable » : germe, médicament, toxique, vaccin, organe, liquide organique… à dose infinitésimale afin de détoxiquer l'organisme ou de le rééquilibrer. On distingue **l'auto-Isothérapie** dont les souches proviennent du malade lui-même, et **l'Hétéro-Isothérapie** dont les souches ont des origines très variées: produits professionnels, allergènes, produits pharmaceutiques, animaux…

isotope: atome instable qui en se désintégrant émet un rayonnement comme le cobalt, ou l'iode 131.

ispaghul: (synonyme plantain rose ou psyllium indien) plante indienne riche en mucilages qui forment un gel non assimilable dans l'estomac. Elle procure ainsi un effet coupe-faim naturel grâce à son volume important, mais aussi une diminution de l'absorption des aliments au cours de la digestion ce qui est très intéressant dans les régimes amaigrissants. L'ispaghul régule aussi le transit intestinal, calme les inflammations intestinales et diminue les taux trop élevés de cholestérol et de triglycérides.

IST : abréviation de « infection sexuellement transmissible ».

IV : abréviation de « intraveineuse ».

IVG : abréviation de « interruption volontaire de grossesse ».

J, K

jambes sans repos : voir « syndrome des jambes sans repos ».

jaunisse : voir « ictère ».

jet lag : ensemble des troubles déterminés par un décalage horaire notamment à la suite d'un long trajet en avion.

jeun ou jeûne : privation partielle ou totale, volontaire ou non, de l'alimentation pendant un certain temps.

Jin Shin Do : technique d'acupression mise au point par la psychothérapeute américaine Iona Marsaa Teeguarden, qui vise à relâcher les tensions physiques et émotionnelles du corps par la pression simultanée de deux points d'acupuncture.

Jin Shi Jyutsu : ancienne technique orientale d'harmonisation de l'énergie vitale dans le corps, impliquant l'application des mains.

jus d'herbe de blé, d'orge verte... jus obtenu par pression d'herbes jeunes réputées pour leur forte concentration en chlorophylle. On leur prête des propriétés antioxydante et anti-inflammatoire, mais aussi dans la détoxication de l'organisme, dans la prévention des cancers, dans la production des globules rouges, etc.

K : signifie potassium.

kaolin : (synonyme : argile blanche) argile lavée par les eaux de pluie, utilisée comme pansement gastrique et intestinal.

Karnofsky (indice ou échelle de) : ensemble de test permettant d'évaluer l'état général d'un malade. Un taux bas est péjoratif, un taux élevé est considéré comme normal.

kawaratake : champignon japonais qui aurait des propriétés anticancéreuses.

kératine : protéine présente dans les phanères responsable de leur consistance dure.

kératite : inflammation de la cornée de l'œil.

kératose : affection de la peau ou d'une muqueuse produisant un épaississement de la couche cornée.

kinésiologie : thérapie manuelle développée par le Dr Goodheart, fondée sur le principe que toute perturbation (physique, chimique, psychologique, émotionnelle) perturbe le tonus musculaire. Les tests musculaires permettent de découvrir l'origine du trouble, de rétablir la circulation de l'énergie et par là de libérer les stress cellulaires (déprogrammation) créés par les événements marquants de la vie.

kinésithérapeute : auxiliaire médical pratiquant la kinésithérapie.

kinésithérapie : discipline paramédicale qui utilise les mouvements actifs ou passifs, à des fins de rééducation : massages, gymnastique, rééducation...

Kirlian Semyon : électricien russe ayant conçu un appareil émettant un très faible courant électrique (champ électrique à haute fréquence pendant un très court instant) capable de « photographier » les corps énergétiques. D'autres n'y voient qu'un simple artéfact de laboratoire.

Knapp (points de) : ensemble de points situés sur des émergences nerveuses et découverts par Georgia Knapp. Au niveau de ces points se trouve une accumulation de toxines. Leur massage permet l'évacuation de ces toxiques et un rééquilibrage de l'organe correspondant au point.

kola : arbre africain dont les graines ou « noix » auraient des vertus tonifiantes tant au point de vue physique, intellectuel ainsi que sexuel.

Korsakoff (syndrome de) : ensemble de symptômes comprenant des troubles du comportement, de la mémoire, une désorientation temporo-spatiale, une polynévrite... survenant après un syndrome de Gayet Wernicke ou d'emblée en première intention, qui est dû à une carence en vitamine B1 souvent dans le cadre d'une intoxication éthylique chronique.

Korsakovienne : méthode homéopathique, contemporaine de celle d'Hahnemann, qui se distingue par une préparation des dilutions en flacon unique et qui possède des caractéristiques spécifiques comme la présence de toutes les dilutions intermédiaires dans le médicament et l'imposition d'un temps de dynamisation important, ce qui lui confère une activité profonde et durable.

Kousmine Catherine (1904-1992) : médecin d'origine russe ayant beaucoup œuvré sur l'alimentation saine (notamment les huiles), et ayant fondé la médecine orthomoléculaire.

kudzu : plante possédant de propriétés décontractantes musculaires, mais qui serait également active sur le sevrage du tabac, de l'alcool et autres drogues. Son action passerait par le système nerveux central, notamment l'épiphyse.

kundalini : terme sanskrit qui désigne une énergie remontant le long de la colonne vertébrale depuis le sacrum jusqu'à la tête, et qui est représentée colmme deux serpents enroulés autour d'un bâton central.

kyste : tuméfaction quelquefois inflammatoire, constituée d'une cavité liquidienne ou semi-liquidienne isolée de l'extérieur. Il s'agit généralement d'une tumeur bénigne, qui peut dans certaines situations se transformer en cancer comme en cas de kyste mammaire.

kystique : en rapport avec un kyste.

L

LA : abréviation de « leucémie aiguë ».

lacrymal : en rapport avec les larmes.

lactase : enzyme qui détruit le sucre du lait, le lactose puis le coupe en deux autres sucres : le galactose et le glucose.

lactation : allaitement.

lactico deshydrogénase (LDH) : enzyme présente dans le sang, qui est augmentée en cas de nécrose tissulaire.

lactobacillus : germes bactériens présents dans la flore normale de l'homme.

lactulose : substance qui est obtenue par transformation chimique du lactose (sucre) et qui stimule le transit intestinal et donc l'élimination des selles.

lait de jument : le lait de la jument est celui dont les caractéristiques se rapprochent le plus du lait de la femme. Il contient les acides aminés essentiels, des acides gras polyinsaturés, des immunoglobulines, des ferments des enzymes naturelles et de nombreux autres nutriments.

laitage : produit laitier.

Lakovsky Georges : scientifique russe ayant vécu en France, qui inventa une méthode de soin par les ondes. Pour lui la vie est née d'une vibration, elle est entretenue par les vibrations et meurt en l'absence de vibration.

laminaire : algue brune utilisée classiquement pour couper la faim et donc faciliter la perte de poids. Cette algue est également remarquable par sa composition riche en vitamines, en acides aminés, en phytohormones et surtout en iode.

lampe de sel : bloc de sel gemme ferrugineux évidé en son centre pour y placer une ampoule électrique. Elle permettrait d'éliminer les ondes nocives émises par les appareils électriques mais surtout de produire des ions négatifs sains pour la santé.

Langerhans (ilôts de) : partie du pancréas constituée d'amas disséminés qui fabrique l'insuline.

lanoline : huile naturelle présente dans la laine du mouton qui aurait une action bénéfique pour la peau.

laparoscopie : (synonyme de « coelioscopie ») examen endoscopique qui permet de visualiser l'ensemble de la cavité abdominale et tous ces organes : foie, vésicule biliaire, pancréas, intestin…

laparotomie : incision chirurgicale consistant à ouvrir la paroi abdominale pour avoir accès à la cavité abdominale. On parle aussi de « laparotomie exploratrice » en cas de laparotomie dans un but uniquement diagnostic (recherche de la cause d'une maladie). Lorsqu'elle est réalisée pour effectuer un traitement chirurgical, on parle de « laparotomie thérapeutique ».

LARC : abréviation de « Long Acting Reversible Contraception » ce qui correspond aux moyens de contraception réversibles d'une durée d'action supérieure à 3 mois.

larmoiement : sécrétion abondante de larmes.

laryngé : qui est en rapport avec le larynx.

laryngectomie : ablation du larynx par voie chirurgicale. On distingue la laryngectomie totale ou partielle.

laryngite : inflammation du larynx.

laryngoscope : instrument comportant un petit miroir, un long manche et une source lumineuse permettant d'examiner le larynx.

laryngoscopie : examen de la cavité du larynx effectué à l'aide d'un endoscope.

larynx : partie des voies aériennes supérieures située à la partie moyenne du cou et comportant les cordes vocales.

laserthérapie : traitement réalisé à l'aide d'un rayon laser.

latence (temps de) : en cancérologie – temps mis par le cancer entre la formation de sa première cellule cancéreuse et les premières manifestations de la maladie.

latent : se dit d'une lésion qui est présente et qui n'évolue pas – se dit aussi d'une maladie dont les symptômes ne sont pas apparus.

lavande « vraie » : plante utilisée sous forme d'huile essentielle utilisée pour son effet sédatif et antiseptique.

lavement : thérapie consistant à introduire un liquide par l'anus dans le but d'effectuer un nettoyage interne des intestins.

laxatif : se dit d'une substance capable d'accélérer le transit intestinal et de combattre les problèmes légers de constipation.

LB : abréviation de « lavement baryté ».

LCR : abréviation signifie : « liquide céphalo-rachidien », liquide circulant autour du cerveau et de la moelle épinière.

LDH : abréviation de « lacticodéshydrogénase ».

LDL : abréviation de « low density lipoprotein » ou « lipoprotéine de basse densité ».

LDL-cholestérol : correspond au mauvais cholestérol.

Le Fol : chirurgien dentiste français, ayant mis au point une formule (les trois acides de Le Fol) à base de trichloro acétique, de tribromo-acétique et de trifluoroacétique, qui constituerait un véritable traitement de terrain et par ce biais, aurait une action bénéfique sur les cancers.

lécithine de soja : extraite de la graine, est constituée de phospholipides, qui sont les éléments constitutifs essentiels des membranes des cellules (y compris les neurones). Elle favoriserait aussi la régulation du taux de cholestérol (en augmentant le « bon cholestérol » en en diminuant le « mauvais cholestérol ») et limiterait la formation des plaques d'athérome, responsables des maladies cardio-vasculaires.

LED : signifie « Lupus Erythèmateux Disséminé ».

légionellose : (synonyme : « maladie des légionnaires ») maladie infectieuse due à une bactérie produisant des symptômes proches de la grippe pulmonaire et pouvant être mortelle.

légumineuses : légumes faisant partie du groupe des féculents. Ce sont : les lentilles, les petits pois, les haricots blancs, les pois chiches, les fèves et le soja.

léiomyome : tumeur bénigne constituée par la prolifération de cellules musculaires lisses. Le plus fréquent est le léiomyome utérin, souvent appelé « myome » ou, à tort, « fibrome ».

léiomyosarcome : sarcome (tumeur cancéreuse) constitué de cellules musculaires lisses plus ou moins différenciées.

lente : œuf de pou.

lèpre : maladie infectieuse due au bacille de Hansen.

leptine : hormone sécrétée par les adipocytes et qui diminue l'appétit.

lepton : particule fondamentale de la matière, qui constitue les électrons, les neutrons et les protons au même titre que les quarks.

lésion : zone de tissu anormale – altération morphologique décelable qui peut être la cause ou la conséquence d'un processus pathologique.

lésion lytique : zone pathologique d'un os vue sur les radiographies sous la forme de trous dans l'os et pouvant provoquer des fractures.

lésion précancéreuse : lésion bénigne qui peut se transformer en cancer à plus ou moins long terme.

lésionnel – lésionelle : en rapport avec une lésion.

leucémie : (synonyme de « leucose » et de « cancer du sang ») affection maligne aiguë ou chronique se caractérisant par une prolifération des globules blancs (leucocytes) et de leurs cellules souches au niveau de la moelle osseuse – cancer de cellules de la moelle osseuse.

leucémie aiguë lymphoïde (LAL) : type de leucémie provenant de la prolifération cancéreuse des précurseurs des lymphocytes du sang avec perte de leur différenciation, ce qui explique le caractère « aigu » c'est-à-dire rapide de son évolution.

leucémie aiguë myéloïde (LAM) : type de leucémie provenant de la prolifération cancéreuse des précurseurs des polynucléaires du sang avec perte de leur différenciation, ce qui induit le caractère « aigu » c'est-à-dire rapide de son évolution.

leucémie lymphoïde chronique (LLC) : type de leucémie provenant de la prolifération cancéreuse des précurseurs des lymphocytes.

leucémie myéloïde chronique (LMC) : type de leucémie provenant de la prolifération cancéreuse des précurseurs des polynucléaires sans perte de la différenciation, ce qui explique le caractère « chronique » c'est-à-dire plus lent de son évolution.

leucine : acide aminé.

leucocyte (synonyme de « globule blanc ») : cellule sanguine qui aide le corps à combattre les infections et d'autres maladies. Les globules blancs (leukos = blanc) recouvrent trois familles de cellules : les monocytes, les lymphocytes et les polynucléaires (granulocytes).

leucocytose : augmentation anormale du nombre des globules blancs dans le sang. Cela traduit souvent une infection.

leucocyturie : présence anormale de globules blancs dans les urines qui en sont normalement dépourvues. Une certaine tolérance est toutefois admise pour un petit nombre de globules blancs dans les urines.

leucopénie : baisse importante et anormale du nombre des globules blancs dans le sang.

leucoplasie : irritation de la muqueuse de la bouche, de la langue, de la joue, du pharynx ou du larynx qui apparaît comme une tache blanchâtre indurée, peu douloureux et saignant facilement. Sa survenue est favorisée par certains facteurs irritants (tabac, alcool, lésions dues aux prothèses dentaires). Il s'agit d'une lésion précancéreuse.

leucorrhée : perte blanches – écoulement anormal blanchâtre ou jaunâtre par la vulve.

leucose : prolifération maligne des éléments d'une des lignées sanguines dans la moelle osseuse, avec ou sans passage des éléments anormaux dans le sang.

leucotriène : substance libérée par les macrophages et les globules blancs et intervenant dans les processus immunitaires et en particulier, les processus d'hypersensibilité immédiate.

lévodopa : médicament donné en cas de maladie de Parkinson à base de Dopa.

lévogyre : substance ayant la caractéristique de dévier la lumière vers la gauche.

levure : champignon microscopique de la classe des blastomycètes, constitué d'une seule cellule et se reproduisant par bougeonnement.

levure de bière : champignon microscopique présent dans le moût de bière, riche en acides aminés essentiels, en vitamines (notamment du groupe B), en minéraux (surtout phosphore, potassium et fer). Elle permet la reconstitution de la flore et l'élimination des toxines.

Leydig (cellules de) : catégorie de cellules du testicule responsable de la sécrétion de l'hormone testostérone.

LH : abréviation de « luteinizing hormone » ou « hormone lutéotrope » secrétée par l'hypophyse, favorisant la sécrétion d'hormones stéroïdes masculines (testostérone) ou féminines (oestrogènes et progestérone) et permettant le déclenchement de l'ovulation.

LH-RH : « luteizing hormone relasing hormone » ou « gonadolibérine » : hormone sécrétée par l'hypothalamus qui stimule la synthèse de FSH et de LH par l'hypophyse.

Li : symbole chimique du lithium.

libido : désir sexuel ou intérêt porté à l'acte sexuel.

lichen : modification de la peau ou d'une muqueuse constituée de papules violacées et sèches pouvant induire des épaississements.

ligature : acte de passer un lien noué autour d'un conduit, d'un vaisseau ou d'un organe.

ligature des trompes : acte chirurgical consistant à ligaturer les trompes de Fallope d'une femme dans un but de contraception. Ce geste est généralement irréversible, ce qui induit donc une stérilité définitive.

lignée : descendance.

lignine : principal composant du bois avec la cellulose.

like : suffixe anglais signifiant « comme ». On parle de substance hormono-like pour signifier qu'une substance a les mêmes propriétés qu'une hormone.

limbique : voir « système limbique ».

lingual : en rapport avec la langue.

lipase : enzyme sécrétée par le pancréas et libérée dans le tube digestif au moment de la digestion.

lipasémie : taux de lipase dans le sang.

lipide : synonyme de « graisse » dont font partie le cholestérol et les triglycérides.

lipome : tumeur bénigne développée à partir du tissu graisseux (adipocytes), pouvant quelquefois dégénérer en cancer.

liposarcome : sarcome (cancer) constitué de cellules adipeuses plus ou moins différenciées.

lipothymie : malaise passager.

liquide céphalo-rachidien (LCR) : liquide circulant autour du cerveau (méninges) et de la moelle épinière.

liquide séminal : synonyme de « sperme ».

lithiase : synonyme de « calcul » – formation de sable ou de morceaux de pierre dans une glande ou un réservoir naturel (rein, bile, etc.).

lithiase biliaire : calcul situé dans la vésicule biliaire.

lithiase rénale : calcul situé dans un rein.

lithiase salivaire : calcul situé dans une glande salivaire.

lithium : oligoélément intervenant à dose pondérale comme psychotrope régulateur de la fonction psychique ; et à dose infime comme régulateur du stress et de l'anxiété.

lithothamne : petite algue calcaire, riche en vitamines du groupe B et C en calcium parfaitement assimilable mais aussi en magnésium, en fer et en oligo-éléments. Elle possède de remarquables propriétés anti-acides.

lithothérapie : traitement à l'aide de pierre. Du grec lithos qui signifie « pierre », la lithothérapie utilise l'énergie des pierres selon leur couleur et leur composition, pour équilibrer et harmoniser l'organisme.

lithotritie extracorporelle : traitement des calculs urinaires à l'aide d'ultrasons traversant le corps et qui les pulvérisent en petits morceaux faciles à éliminer par les voies naturelles.

LMC : abréviation de « leucémie myéloïde chronique ».

LNC : abréviation de « ligue nationale contre le cancer ».

lobe : partie d'organe individualisé par une limite nette comme un sillon ou une scissure.

lobectomie : excision chirurgicale d'un lobe sur un organe.

local : circonscrit – qui ne concerne qu'une partie du corps. Terme utilisé pour qualifier une tumeur, un traitement ou une forme d'anesthésie, par exemple.

localisé : en cancérologie, se dit d'un cancer qui n'a pas dépassé les limites de l'organe atteint.

locus niger : (synonyme de « substance noire ») : groupe de cellules nerveuses qui se trouve dans le cerveau, au niveau du tronc cérébral et qui intervient dans le contrôle des mouvements automatiques.

lombaire : en rapport avec la région des lombes, c'est-à-dire la partie postérieure du corps située entre les côtes et le bassin.

lombalgie : douleur lombaire.

longueur d'onde : espace ou distance entre deux oscillations d'une vibration.

LP : abréviation de « libération prolongée ».

Lp : abréviation de « lipoprotéine ».

LPPR : abréviation de « Liste des Produits et Prestations Remboursables ».

lucite : réaction cutanée bénigne liée à une allergie au soleil.

lumbago : douleur liée au déplacement d'une vertèbre lombaire – terme employé quelquefois aussi pour indiquer simplement une douleur lombaire.

luminothérapie : traitement par la lumière. Ce traitement intéresse particulièrement la dépression saisonnière.

lupus érythémateux aigu disséminé (LEAD) ou lupus érythémateux disséminé (LED) : maladie auto-immune caractérisée par des lésions cutanées, des douleurs articulaires, une fatigue et un amaigrissement.

lux : unité de mesure pour l'éclairement.

luxation : déplacement de deux surfaces articulaires, qui se retrouvent de ce fait en position anormale.

lycopène : anti-oxydant de la famille caroténoïde, pigment qui donne la couleur rouge aux légumes. Il est présent essentiellement dans les tomates, le pamplemousse rose, la pastèque et la goyave.

Lyme (maladie de) (synonyme Borreliose) : maladie due à la bactérie borrelia qui induit des arthrites récidivantes précédées d'un érythème chronique migrateur.

lymphangite : inflammation d'un vaisseau lymphatique avec l'apparition d'une rougeur, d'un gonflement voire d'une douleur.

lymphatique (ganglion) : voir « ganglion lymphatique ».

lymphatique (système) : le système lymphatique est composé d'un ensemble de ganglions et vaisseaux lymphatiques.

lymphatique (vaisseau) : canal dans lequel circule la lymphe au sortir des divers organes et tissus, et qui la conduisent jusqu'aux ganglions.

lymphe : liquide naturel incolore, circulant dans les vaisseaux lymphatiques avant de rejoindre le sang veineux près du cœur.

lymphocyte : catégorie de globules blancs qui joue un rôle central dans le système immunitaire notamment dans la lutte contre les infections et les maladies. Il existe plusieurs familles de lymphocytes.

lymphocyte B : (B de Bone marrow, moelle osseuse) catégorie de lymphocytes (globule blancs) qui ont pour rôle principal la production d'anticorps.

lymphocyte T (T de thymus) : catégorie de lymphocyte « thymodépendant » c'est-à-dire que leur maturation se fait sous l'influence du thymus.

lymphoedème : (synonyme de « gros bras » et d'« œdème lymphatique ») rétention de liquide (œdème) dans les tissus suite à une obstruction des vaisseaux lymphatiques et qui occasionne un gonflement sous la peau. Ce phénomène peut apparaître au bras après une chirurgie pour cancer du sein, ou à la jambe après une opération ou une radiothérapie.

lymphoïde : se dit des organes où sont fabriqués les lymphocytes : moelle osseuse, ganglion lymphatique, thymus, amygdales, appendice…

lymphome : (synonyme de hématosarcome) prolifération maligne des lignées cellulaires lymphocytaires et histiocytaires – comprend la maladie de Hodgkin et les lymphomes non Hodgkinien (lymphosarcome, réticulosarcome et maladie de Brill-Simmers) – contrairement aux leucémies, les cellules cancéreuses demeurent au niveau ganglionnaire et n'envahissent pas la circulation sanguine.

lymphome non-hodgkinien : voir « lymphome ».

lympho-prolifératif (syndrome) : terme regroupant toutes les affections caractérisées par une prolifération maligne de cellules appartenant à la lignée lymphoïde, se trouvant à des stades de différenciation variable.

lymphosarcome : variété de lymphome malin se développant dans les ganglions et parfois dans les tissus lymphoïdes.

lyse : destruction, dissolution des tissus.

lysine : variété d'acide aminé.

lysosome : organite présent dans le cytoplasme des cellules.

lytique : qui est en rapport avec une lyse.

M

MAC: abréviation de « médecine alternative et complémentaire ».

maca (synonyme de ginseng péruvien), sa racine très riche en acides gras essentiels stimule la mémoire, l'énergie, le système immunitaire et le système hormonal, via l'hypophyse et l'hypothalamus, ce qui lui procure une action modulatrice sur les glandes endocrines.

macération : solution réalisée en laissant reposer une plante (tout ou partie) à froid dans de l'eau, du vin, de l'alcool ou de l'huile, pendant un temps plus ou moins long (plusieurs heures), afin d'en extraire les principes curatifs solubles.

macération glycérinée : macération avec de la glycérine, de jeunes tissus végétaux comme les bourgeons ou les pousses macérés. En général, après filtration, le produit est dilué au 1/10e dans un mélange d'eau, d'alcool et de glycérine – technique utilisée pour la gemmothérapie.

macroangiopathie : atteinte de gros vaisseaux sanguins pouvant entraîner un infarctus.

macrobiotique : mode d'alimentaire autant que philosophie fondée sur le principe chinois du yin et du yang.

macrolides : famille d'antibiotique.

macronutriments : catégorie de nutriments correspondant aux minéraux comme le magnésium ou le calcium.

macrophage : variété de globule blanc (histiocyte) engagé dans les processus de phagocytose c'est-à-dire d'absorber un corps étranger, une cellule ou des déchets.

macroscopie : qui se voit à l'œil nu, par opposition à microscopique (qui se voit au microscope).

macula : partie centrale de la rétine qui permet la vision des détails et des couleurs.

macule : lésion rouge non saillante de la peau et disparaissant à la pression.

magnésium : minéral (oligoélément) ayant un rôle important dans de très nombreuses réactions de l'organisme. Il intervient notamment sur la fatigue, les crampes, le stress et autres troubles nerveux.

magnétisme : phénomène physique où interviennent des forces d'attraction ou de répulsion d'un objet sur un autre par l'intermédiaire de charges électriques. Ce terme intéresse en premier lieu les aimants et les champs magnétiques. Puis par extension, il fut donné au thérapeute agissant par l'intermédiaire de don énergétique aux malades, dans le but de les soigner. On parle aussi de magnétisme dans le sens : force d'attirance entre deux personnes.

magnétite : oxyde de fer, constituant naturel des aimants, qui s'oriente dans les champs magnétiques et qui se trouvent dans certaines parties du corps humain. Elles permettraient aux sourciers d'avoir une sensibilité exacerbée concernant les variations du champ magnétique terrestre.

magnétothérapie : thérapie basée sur l'application d'aimants sur le corps afin de soulager une douleur ou un problème de santé.

maharishi : méditation transcendantale destinée à diminuer son stress mais surtout à développer son potentiel mental et physique.

maïtaké : champignon japonais qui est un immunostimulant puissant. Mais aussi il permet la régulation du stress (adaptogène), les glandes hormonales et le métabolisme général de l'organisme. Il apporte ainsi l'équilibre au corps.

mal (grand ou petit) : comitialité (épilepsie) qui se traduit par des crises généralisées convulsives (grand mal) ou des crises limitées comme les absences ou les myoclonies (petit mal).

mal comitial : voir « mal ».

mal de mer : synonyme de pélagisme. Nausées voire vomissement déclenchées par les mouvements d'un bateau en mer.

mal de tête : (synonyme de « céphalée ») douleur à la tête – voir « migraine »

malabsorption : mauvaise digestion des aliments aboutissant à leur non-assimilation par les intestins. La cause peut provenir d'un problème intestinal ou d'une insuffisance digestive par manque d'enzymes.

maladie : état morbide résultant d'une agression et des réactions de l'organisme à cette agression. L'étude des maladies constitue la « pathologie ».

maladie auto-immune (MAI) : maladie atteignant un organe ou un tissu due à l'agression des anticorps de l'organisme qui le considèrent à tort comme étranger.

maladie d'Addisson : (synonyme d'insuffisance cortico-surrénale) maladie due à une insuffisance de fonctionnement des surrénales.

maladie de Basedow : (synonyme d'hyperthyroïdie) maladie due à un excès de fonctionnement de la thyroïde.

maladie de Biermer : (synonyme de « anémie de Biermer » et de « Biermer ») gastrite atrophique avec anémie caractérisée par une diminution importante du nombre des globules rouges due à une carence en vitamine B12 avec augmentation de sécrétion de la Gastrine.

maladie de Crohn : voir « Crohn ».

maladie de Cushing : (synonyme de « Cushing », de « syndrome de Cushing » ou de « hypercorticisme ») maladie des glandes surrénales avec hypersécrétion de corticoïdes.

maladie de Dupuytren : épaississement et racourcissement de l'aponévrose induisant des nodules et une flexion progressive et irréversible des doigts en commençant par les 5e et 4e.

maladie de Hodgkin : voir « lymphome ».

maladie de Lyme : voir « Lyme ».

maladie de Parkinson : voir « Parkinson ».

maladie de Raynaud : trouble circulatoire survenant par crises souvent déclenchées par le froid et qui induit une ischémie suivie d'une cyanose des extrémités (généralement les doigts).

maladie de Vaquez : sorte de polyglobulie liée à un syndrome myéloprolifératif.

maladie génétique : voir « maladie héréditaire ».

maladie héréditaire : maladie transmise par le père (spermatozoïde) ou la mère (ovule) et qui existe dès la conception.

maladie monogénique : maladie héréditaire produite par des mutations dans un seul gène.

maladie opportuniste : maladie survenant à la suite d'une déficience immunitaire de l'organisme comme une infection lors du sida.

maladie plurigénique ou multigénique : maladie héréditaire nécessitant la présence de mutations sur plusieurs gènes pour survenir par opposition aux maladies monogéniques.

maladie sexuellement transmissible (MST) : maladies infectieuses se transmettant par les relations sexuelles.

maladie vénérienne : voir « maladie sexuellement transmissible ».

malaise vagal : (synonyme de « lypothymie vagale » ou « syncope vagale ») ensemble de troubles (nausées, vertiges, transpiration…) liés à une stimulation excessive du pneumogastrique (parasympathique).

malaria : paludisme.

maldigestion : digestion incomplète d'un aliment – trouble de la digestion haute (estomac, foie, voies biliaires, pancréas) – digestion lente et pénible.

malignité : caractère méchant et péjoratif d'une maladie ou de son évolution qui évoque un cancer.

malin – maligne : synonyme de cancer pouvant envahir les tissus environnants et générant des métastases – par opposition à bénigne.

malléole : tubérosité existantes de chaque côté (interne et externe) de la cheville.

malnutrition : ensemble des troubles causés par une insuffisance ou un excès de nutriments – se dit surtout des pathologies induites par la sous-alimentation due à un défaut d'apport ou une malabsorption.

malocclusion : défaut de fermeture.

malocclusion dentaire : mauvaise fermeture de la bouche due à de mauvaises positions des dents.

malposition : se dit de ce qui se trouve dans un mauvais emplacement.

mamelle : sein chez la femme.

mammaire : se dit de ce qui a rapport avec le sein.

mammectomie : (synonyme de « mastectomie ») opération chirurgicale qui consiste à enlever partiellement ou totalement un sein afin de traiter un cancer.

mamelon : extrémité du sein où se réunissent les canaux galactophores et donc par où s'écoule le lait. Le mamelon est entouré d'une zone pigmentée arrondie appelée l'aréole.

mammite : (synonyme de mastite inflammation des glandes mammaires).

mammographie : radiographie aux rayons X des seins.

mammotome : appareil permettant un prélèvement d'une zone suspecte d'un sein, par aspiration à l'aide d'une aiguille.

mandibule : maxillaire inférieur – partie inférieure et mobile de la mâchoire.

mandibulaire : qui se réfère à la mandibule.

mandrin : tige métallique amovible placée dans le canal d'une aiguille à injection – appareil servant à dilater le vagin.

manganèse : oligoélément intervenant sur les allergies, les os, la formation du sang, le système hormonal et le pancréas. Il est présent dans les céréales complètes, les germes de blé et de riz, les légumes, le miel (surtout le miel brun), le pollen, les noix, le jus d'avoine et les fruits séchés.

maniaque : se dit d'une personne atteinte de manie.

manie : état pathologique se caractérisant par une surexcitation générale et permanente.

manipulateur : technicien responsable du maniement des appareils de radiologie ou de radiothérapie.

manipulation génétique : intervention sur le matériel génétique (génome).

mantra : formule ou prière destinée à la protection ou à soulager certains troubles dans l'hindouisme et le boudisme.

MAPA : abréviation de « monitorage ambulatoire de la pression artérielle » – technique de surveillance de la tension artérielle d'une personne sur 24 heures à l'aide d'un appareil portable.

marge : se dit en chirurgie des bords de la pièce opératoire enlevée. Les marges sont dites « saines », lorsque le cancer ne les atteint pas. Elles sont « dites » positives lorsque le cancer les atteint.

marge de sécurité : zone que le chirurgien enlève autour de la tumeur afin de limiter les risques de récidive.

marjolaine : plante aromatique ayant des propriétés antiseptiques et relaxantes.

marqueur : se dit d'un élément permettant de dépister une substance, une tumeur ou autre, sur lequel il se fixe.

marqueur tumoral : substance spécifique secrétée par les cellules cancéreuses et libérée dans le sang. Ces marqueurs peuvent être dosés sur une simple prise de sang et permettent le dépistage ou le suivi de cancers.

marron d'Inde (écorce) : riche en hétéroside coumarinique (l'esculoside) actif sur le tonus veineux et la résistance capillaire, mais aussi en flavonoïdes connus pour leurs actions anti-inflammatoires et vasoconstrictrices. Le marron d'Inde est ainsi indiqué en cas de crises hémorroïdaires, mais aussi de troubles veineux ou lymphatiques.

marrube blanc : plante présentant de nombreuses propriétés bénéfiques sur le système respiratoire : fluidification des sécrétions bronchiques, antitussif, anti-inflammatoire, broncho-dilatateur il est indiqué dans le bronchites, les trachéites, l'asthme…

marteau : osselet de l'oreille interne.

martial : en rapport avec le fer.

Maruyama (vaccin de) : vaccin mis au point par le Professeur japonais Maruyama contre le cancer. Il y aurait ainsi deux sortes de vaccins Maruyama : le « A » et le « B » que l'on administre alternativement par voie sous-cutanée.

masculinisation : synonyme de « virilisation » – développement de caractères masculins chez une femme.

massage : acte à visée thérapeutique consistant à presser, frotter, pétrir, manipuler à l'aide de ses mains une zone du corps pathologique – technique visant à relaxer les muscles et d'obtenir une bonne détente.

massage californien : massage psycho-corporel basé sur de grands mouvements lents et enveloppants afin que la personne prenne conscience de son schéma corporel.

massage chinois : massage des points d'acupuncture.

massage japonais : voir « shiatsu ».

massage Nuad Bo Rarn : voir « massage thaïlandais », art ancestral.

massage suédois : massage consistant en des frottements et des compressions à des endroits précis pour obtenir une détente musculaire et ligamentaire tout en stimulant l'organisme afin qu'il se rééquilibre de lui-même.

massage thaïlandais : (synonyme « massage thaï ») massage énergétique associant des postures traditionnelles de yoga et des massages suivant la circulation énergétique du corps dans les Sen ou Nadis. Il relance la circulation de l'énergie, des liquides corporels et il permet l'assouplissement du corps.

masse musculaire : somme des muscles chez une personne.

masséter : muscle de la mâchoire permettant la mastication. Il est situé dans l'angle externe du maxillaire inférieur.

masseur-kinésithérapeute : voir « kinésithérapeute ».

massothérapie : thérapie employant le massage.

mastectomie : résection chirurgicale partielle ou totale d'un sein.

mastite : voir « mammite ».

mastocytes : variété d'histiocytes, qui sont des cellules normalement présentes dans les ganglions, la rate, la moelle osseuse et le tissu conjonctif.

mastodynie : douleur dans les seins.

mastoïde : formation osseuse située à la partie inférieure de l'os temporal, juste en arrière de l'oreille.

mastoïdite : inflammation de la mastoïde, os situé en arrière de l'oreille.

mastoïdectomie : acte chirurgical consistant en une trépanation de la mastoïde en cas de mastoïdite aiguë.

mastopathie : terme imprécis désignant toutes les anomalies, toutes les modifications et toutes les maladies du sein.

mastose : gonflement et inflammation des seins.

matière médicale : ensemble des substances servant de médicaments.

matité : se dit d'une zone dont le son obtenu à la percussion est mat.

matrice : utérus.

mauve : plante dont les mucilages ont une action bénéfique sur la constipation mais aussi calment les inflammations du côlon (colites).

maxillaire : qui est en rapport avec la mâchoire.

MCJ : abréviation de « maladie de Creuzfeldt-Jakob ».

MCO : abréviation de « médecine, chirurgie, obstétrique ».

MDMA : ectasy.

méat : orifice d'un conduit naturel.

méat urinaire : orifice de sortie de l'urètre (canal urinaire provenant de la vessie) à l'extrémité de la verge chez l'homme et de la vulve chez la femme.

mèche : morceau de gaze ou de tissu placé dans une plaie ou une cicatrice pour évacuer les sérosités ou le pus. Cette technique évite les fermetures trop rapides de la plaie ce qui induirait la survenue d'abcès ou autre infection interne.

méchage : acte de poser une mèche.

Meckel (diverticule de) : diverticule naturel parfois présent sur l'intestin grêle.

méconium : matières fécales verdâtres émises naturellement par le nouveau-né après la naissance.

médecin conventionné : médecin ayant conclu un accord avec les caisses d'Assurance maladie.

médecin à exercice particulier (MEP) : médecin pratiquant des médecines naturelles : acupuncture, homéopathie, ostéopathie, mésothérapie…

médecin expert : expert médical.

médecine alternative : (synonyme de « médecine parallèle », de « médecine douce » et de « médecine naturelle ») ancien terme désignant l'ensemble des médecines naturelles par opposition à la médecine conventionnelle.

médecine alternative et complémentaire (MAC) : nouvelle dénomination des médecines naturelles dans le sens qu'elles sont tantôt complémentaires des traitements conventionnels, tantôt elles sont alternatives, lorsque la médecine conventionnelle n'a pas de solution à proposer.

médecine anthroposophique : médecine basée sur les enseignements du philosophe allemand Rudolph Steiner qui considère l'homme dans sa totalité physique et spirituelle.

médecine complémentaire : thérapie qui est choisie en plus de la médecine conventionnelle – terme également donné pour la « médecine alternative ».

médecine conventionnelle : (synonyme d'« allopathie ») : médecine basée sur les approches modernes des maladies, des traumatismes, et de leurs traitements.

médecine douce : voir « médecine parallèle ».

médecine énergétique : médecine basée sur la circulation des énergies dans le corps et la constitution énergétique de l'être humain – le but étant de rééquilibrer l'énergie de l'organisme afin de relancer les processus naturels d'autoguérison.

médecine esthétique : spécialité médicale consistant à améliorer l'aspect de certaines régions du corps.

médecine factuelle : médecine basée sur des preuves scientifiques irréfutables.

médecine hermétique : médecine grecque de l'Antiquité qui se référait aux écrits de Hermès, le dieu de la médecine.

médecine holistique : médecine considérant la personne dans son ensemble (corps, esprit et émotion).

médecine indienne : médecine venant de l'Inde, basée sur les techniques de l'Ayurvéda et du yoga.

médecine naturelle : voir « médecine alternative ».

médecine naturopathique (synonyme de « naturopathie ») : Ensemble des thérapies naturelles : nutrition, hygiène de vie, phytothérapie, massages, etc. dont le but est de rééquilibrer l'organisme.

médecine non conventionnelle : médecine ne faisant pas partie de la médecine conventionnelle – médecine naturelle.

médecine nouvelle : nom donné par le médecin allemand Ryke Geerd Hamer à sa méthode basée sur l'origine émotionnelle des cancers.

médecine parallèle : voir « médecine alternative ».

médecine prédictive : partie de la médecine qui étudie les risques d'apparition d'une maladie génétique chez une personne.

médecine quantique : voir « quantique ».

médecine spagyrique : voir « médecine hermétique ».

médecine tibétaine : médecine proche de la médecine chinoise qui utilise les principes des 5 éléments, mais aussi comme thérapie des plantes, des moxas, des massages, la diététique et des mantras.

médecine traditionnelle chinoise (MTC) : médecine ancestrale provenant de Chine qui intervient sur l'énergie du corps (le Qi) dans les méridiens, grâce à l'acupuncture, le Do-In, le Qi Gong, les moxas, le massage (tuina), la phytothérapie et l'alimentation. Son principe consiste à rétablir l'harmonie des énergies qui sont en interaction dans le corps humain. Ces énergies sont symboliquement représentées par les cinq éléments (eau, bois, feu, terre et métal).

média : tissu médian de la paroi d'un vaisseau sanguin.

médiastin : région du corps humain située au milieu de la cavité thoracique entre les deux poumons contenant le cœur, l'œsophage, la trachée, le thymus, l'aorte et le canal thoracique.

médiastinal : qui se réfère au médiastin.

médiastinoscopie : examen endoscopique qui étudie le médiastin.

médiateur chimique : voir « neurotransmetteur ».

médiateur chimique de l'inflammation : substance dont la libération locale va déclencher le processus inflammatoire.

médical : qui est en rapport avec la médecine.

médicament : substance possédant une action préventive ou curative sur une maladie.

médication orale : traitement pris par la bouche.

méditation : technique mentale de concentration permettant de faire le vide dans son esprit mais aussi d'apporter la détente, l'activation de la circulation énergétique et l'ouverture spirituelle.

médullaire : qui se rapporte à la moelle osseuse, à la moelle épinière et à la partie centrale des glandes.

médulloblastome : tumeur maligne apparaissant surtout chez les enfants à partir de cellules primitives du système nerveux, dans la partie de la boîte crânienne qui contient le cervelet et le tronc cérébral.

méga... : préfixe équivalent à un million – signifiant aussi « de grande taille ».

mégacôlon : dilatation d'une partie du côlon qui s'accompagne d'une constipation opiniâtre.

mégadolichocôlon : dilatation et allongement du côlon.

mégalomanie : état pathologique de surestimation de ses capacités avec une recherche excessive de puissance et de gloire.

méiose : division cellulaire des gamètes (ovules et spermatozoïdes) induisant réduction du nombre de chromosomes par deux. Mélaena : hémorragie rectale constituée de sang noir (digéré) et malodorant.

mélanine : pigment brun foncé ou noir, présent normalement dans la peau et les cheveux qui leur procure leur coloration. Il augmente sous l'effet des rayons ultraviolets. Il est présent également à titre pathologique dans des tumeurs dites « mélaniques ».

mélanome : tumeur composée de cellules capables de sécréter de la mélanine et qui siège au niveau de la peau et de l'œil. On distingue les mélanomes bénins : naevus naevo-cellulaires et les mélanomes malins, anciennement naevo-carcinomes. Mais, le terme de mélanome tend maintenant à être employé pour désigner uniquement les mélanomes malins.

mélatonine : hormone fabriquée par l'épiphyse à partir du tryptophane. Elle régule la chronobiologie (rythme biologique) de l'organisme ainsi que le sommeil. Elle a également des actions antimutagène et antiradicalaire. La mélatonine commanderait les glandes du thymus, de la rate et du pancréas qui sont des organes importants pour les défenses de l'organisme.

méléna : (synonyme de « méloena ») élimination par l'anus de selle noire visqueuse, nauséabonde correspondant à du sang digéré.

mélilot : plante indiquée pour ses actions sur les troubles veineux (anti-coagulant), l'anxiété et les inflammations oculaires.

mélisse : plante utilisée pour ses actions sédatives sur les troubles nerveux : nervosité, émotivité, palpitations, insomnie, spasmes digestifs, colite, etc.

méloena : voir « méléna ».

melphalan : substance de synthèse utilisée comme chimiothérapie pour certains cancers.

mémoire : capacité de se rappeler.

mémoire cellulaire : informations enregistrées par notre corps à la suite de traumatismes physiques ou psychiques.

mémoire de l'eau : voir « Benveniste ».

méninge : enveloppe du cerveau. Il existe trois membranes : la dure-mère, l'arachnoïde et la pie-mère.

méningiome : tumeur habituellement bénigne, constituée d'une prolifération lente de cellules méningées : les méningoblastes.

méningite : inflammation des enveloppes (méninges) entourant le cerveau, liée le plus souvent à une infection par un virus ou une bactérie.

ménopause : arrêt définitif du fonctionnement des ovaires entraînant la suppression des règles et des ovulations (stérilité).

ménorragie : survenue de règles trop abondantes, souvent hémorragiques.

menstruations : synonyme de « règles » de la femme, c'est-à-dire de saignements vaginaux survenant en fin de cycle.

mental : se dit de ce qui a rapport à l'esprit, la pensée, l'intelligence.

menthe : plante herbacée dont les feuilles ont un effet calmant notamment sur le tube digestif. Sous forme d'huile essentielle, elle améliore la digestion, les fermentations intestinales et est aussi antiseptique.

MEP : abréviation de « médecin à exercice particulier » ce qui correspond généralement aux homéopathes, acupuncteurs, ostéopathes, etc.

mercaptopurine : substance de synthèse utilisée comme chimiothérapie pour certains cancers.

méridien : sorte de canaux par où circule l'énergie d'après la médecine traditionnelle chinoise.

mésenchymateux (se) : en rapport avec le mésenchyme.

mésenchyme : jeune tissu donnant naissance au tissu conjonctif et aux éléments constitutifs du sang.

mésoderme : feuillet embryonnaire donnant naissance au tissu de soutien, aux muscles, aux organes génitaux et urinaires, au système cardio-vasculaire, aux éléments du sang…

mésothéliome : tumeur bénigne ou maligne de la plèvre (double enveloppe entourant les poumons) souvent à la suite d'une exposition à l'amiante.

mésothérapie : technique mise au point par le Dr Michel Pistor consistant à injecter dans le derme et l'hypoderme (mésoderme) de petites quantités de médicaments allopathiques souvent mélangés à de la procaïne. Cette technique permettrait de potentialiser et de prolonger l'action de ces produits tout en diminuant leurs effets secondaires comparativement à la voie orale.

MET : abréviation de « Méningo-Encéphalite à Tiques ».

métabolique : se dit des processus qui transforment les substances chimiques à l'intérieur de l'organisme.

métabolisé : transformé.

métabolisme : ensemble des réactions chimiques qui ont lieu à l'intérieur de l'organisme, pour subvenir à ses besoins en énergie, mais également à la formation, à l'entretien, à la réparation des tissus, et à l'élaboration de certaines substances : hormones, anticorps, enzymes... Le métabolisme comprend deux phases : le catabolisme qui est la phase de dégradation, et l'anabolisme qui est la phase de construction.

métabolite : substance intervenant dans le métabolisme.

métamorphose : changement de forme, d'apparence.

métaplasie : anomalie acquise de tissu résultant de la transformation d'un tissu normal en un tissu d'aspect, de structure et de fonction différentes.

métaplasique : se dit d'un tissu ayant subi une métaplasie.

métastase cancéreuse (synonyme : tumeur ou cancer secondaire) : localisation nouvelle d'un cancer dite « tumeur secondaire », formée de cellules cancéreuses provenant de la tumeur dite « primitive » située à distance et résultant de la migration de cellules tumorales par voie sanguine ou lymphatique.

métastatique : se dit de ce qui est en rapport avec une métastase.

métaux lourds : plutôt dénommés maintenant « éléments traces métalliques », ensemble de métaux et de métalloïdes comme le mercure, le plomb, le cadmium… réputés toxiques.

météorisme : présence de gaz dans les intestins provoquant le gonflement souvent désagréable de l'abdomen.

méthadone : substance utilisée en substitution de drogue lors des périodes de sevrage.

méthionine : acide aminé soufré qui favorise la différenciation cellulaire.

méthode Billings : méthode à visée contraceptive consistant à surveiller la qualité de la glaire du col utérin chez la femme, celle-ci devenant filante lors des périodes de fertilité.

méthode Feldenkrais : Techniques d'apprentissage du mouvement juste pour que la personne prenne conscience de son corps et développer une meilleure intégration psychique et physique.

méthode Mézières : voir « Mézières ».

méthode Pilates : ensemble d'exercices physiques mis au point par Joseph Pilates dans le but d'équilibrer et d'harmoniser les contractions musculaires. Cette technique réunit des concepts occidentaux (musculaire) et orientaux (contrôle corporel et fluidité).

méthode Rosen : technique manuelle basée sur la relaxation et l'écoute du corps dans le but d'éveiller la conscience émotionnelle de la personne.

méthode Trager : technique basée sur le mouvement dans le but d'atteindre l'esprit par l'intermédiaire du corps.

méthotrexate : substance de synthèse utilisée dans la chimiothérapie de certains cancers.

méthylcholanthrène : hydrocarbure cancérogène.

métrite : inflammation de l'utérus généralement due à une infection.

métrorragies : hémorragies vaginales survenant entre les périodes de menstruations (régles) normales.

Mézières : méthode manuelle mise au point par Françoise Mézières (1909 – 1991) consistant en étirements, assouplissements, détente musculaire, massages, mobilisation, respiration, en prenant l'organisme dans son ensemble.

Mg : symbole chimique du magnésium.

MG : abréviation de « médecin généraliste ».

MICI : abréviation de « maladie inflammatoire chronique de l'intestin ».

microangiopathie : maladie atteignant les petits vaisseaux (capillaires) notamment ceux des yeux, des reins et des nerfs.

microbe : terme général regroupant l'ensemble des germes : bactéries, virus, **levures… susceptibles d'induire des infections.**

microcalcification : calcification de petite taille (souvent inférieure à 0,5 mm) comme celles vues sur les mammographie. Une microcalcification peut être normale, bénigne ou maligne.

microglobuline bêta 2 (Mb2) : petite protéine présente dans le sang dont le taux est anormal en cas de myélome (élevé ou abaissé).

microgramme : unité de mesure équivalent à un millionième de gramme.

micro-immunothérapie : traitement consistant à utiliser des substances de l'immunité (interférons, interleukines…) et des extraits d'ADN ou d'ARN à doses infimes.

microkinésithérapie : technique manuelle de micropalpation, mise au point par les kinésithérapeutes Daniel Grosjean et Patrice Bénini, dans les années 80. Elle permet de détecter les traces laissées par les agressions dans les différents tissus de l'organisme et de relancer les processus d'autocorrection.

micron : unité de mesure équivalent à un millionième de mètre.

micronutriment : substance élémentaire retrouvée après la dégradation complète d'un aliment. Ce sont les vitamines, les oligoéléments et les minéraux.

micronutrition : spécialité étudiant l'action des micronutriments sur le corps et s'en servant comme moyen thérapeutique.

micro-organisme : organismes invisibles à l'œil nu et visibles uniquement au microscope. On distingue comme micro-organismes les bactéries, les virus, les champignons…

microscope : appareil permettant de visualiser les objets, les cellules et les microbes de petite dimension.

microscopique : se dit de ce qui ne peut être vu qu'au microscope.

miction : action d'uriner, permettant de vider la vessie de ses urines.

mictionnel : se dit de ce qui est en rapport avec la miction.

miel : substance sucrée fabriquée par les abeilles à partir du nectar des fleurs. Le miel aurait des effets antibactériens (désinfectant) et cicatrisants. Il serait aussi un excellent reconstituant général grâce à ses nutriments facilement assimilables par l'organisme.

MIG : abréviation de « mission d'intérêt général ».

migraine : douleur d'origine vasomotrice ne touchant qu'un côté de la tête qui s'accompagne parfois de nausées et de vomissements.

millepertuis : plante aux petites fleurs jaunes contient de l'hypéricine, de la pseudohypéricine et de l'amentoflavone. Ce serait ces substances qui procureraient au millepertuis ses vertus antidépressives notamment sur les déprimes légères.

minéraux : substance solide et cristalline, qui contribuent à la construction et au fonctionnement du squelette, des muscles et des organes. Ce sont le calcium, le phosphore, le magnésium, le sodium…

mitochondrie : organite présent dans toutes les cellules et dont le rôle principal est d'assurer la fabrication de l'énergie par la production d'ATP.

mitomycine : antibiotique utilisé également comme chimiothérapie.

mitose : division de la cellule mère en deux cellules filles. La mitose comporte quatre phases, la prophase, la métaphase, l'anaphase et la télophase.

mitotique : se dit de ce qui est en rapport avec la mitose.

mitrale : se dit de ce qui se rapporte à la valve mitrale du cœur, c'est-à-dire de la valve située en l'oreillette gauche et le ventricule gauche.

ml : abréviation de millilitre.

Mn : symbole chimique du manganèse.

mnésique : ce qui est en rapport avec la mémoire.

MNI : abréviation de « Mononucléose infectieuse ».

Mo : signifie « Molybdène ».

mobilisation : action de faire bouger ou de changer de place ou de position une personne malade.

moelle épinière : partie du système nerveux central, située au niveau de la colonne vertébrale.

moelle osseuse : tissu graisseux situé au centre des os qui produit les globules blancs, les globules rouges et les plaquettes. Il s'agit d'un tissu hématopoïétique (hémato = sang et poiein = faire).

moi : en psychologie, le moi correspond au siège de la conscience mais également de manifestations inconscientes.

Moirot Michel (1912-1997) : médecin français pour qui le cancer était d'origine psychosomatique

mole : signifie « molécule-gramme » : unité de quantité (masse) de matière – correspond à la masse de 6,022 x 10^{23} molécules de la substance étudiée.

molécule : petite masse de matière constituée d'atomes réunis par des liaisons chimiques.

mongolien (ienne) : personne atteinte de mongolisme.

mongolisme : affection caractérisée par un retard mental et des malformations diverses, associés à la présence d'un chromosome surnuméraire sur la 21e paire (trisomie).

monoclonal : qualificatif employé pour désigner une population de cellules qui descend d'une même cellule initiale (cellule mère), et qui sont donc rigoureusement identiques constituant ainsi des clones.

monocyte : variétés de globules blancs, fabriqués au niveau de la moelle osseuse et circulant dans le sang. Ils peuvent présenter des fonctions de macrophages.

monoinsaturé : voir « acide gras monoinsaturé ».

monomère : composé constitué de molécules simples, par opposition aux polymères.

mononucléose infectieuse (MNI) : maladie infectieuse due au virus d'Epstein Barr se traduisant par une fièvre, une angine, une forte augmentation des monocytes, des ganglions et quelquefois une éruption cutanée.

monozygotes : jumeaux provenant d'un seul œuf fécondé (zygote) par un seul spermatozoïde. Ils comportent donc exactement la même constitution génétique.

montagnes (mal des) : voir « mal d'altitude ».

MOP : abréviation de « médecin à orientation particulière » synonyme de MEP.

Morathérapie : technique mise au point par Franz Morell et Erik Rasche, utilisée en médecine énergétique, mais aussi en dentisterie et en allergologie. Elle permet de détecter et de lever les « blocages » gênant la guérison. Elle oriente les diagnostics et permet d'effectuer des soins grâce à des ondes électromagnétiques sélectionnées.

morbide : se dit de ce qui se rapporte à une maladie ou un état pathologique.

morbidité : état d'une personne en situation de maladie. Et en épidémiologie, la morbidité correspond au nombre de personnes souffrant d'une maladie donnée pendant un temps donné. L'incidence (nouveaux cas) ou la prévalence (la somme de tous les cas) sont les deux manières habituellement utilisées pour exprimer la morbidité d'une maladie.

morphine : alcaloïde extrait de l'opium.

morphinique : se dit d'un dérivé de morphine.

morphologie : étude de la structure et de la forme générale.

mort cérébrale : voir « mort encéphalique ».

mort encéphalique (synonyme de « mort cérébrale ») : arrêt définitif et irréversible des fonctions cérébrales généralement suite à un arrêt de l'irrigation du cerveau. Cet arrêt est objectivé par un tracé d'EEG plat.

mort subite du nourrisson : mort inopinée et inattendue d'un nourrisson qui semblait en bonne santé et dont la cause du décès demeure inexpliquée même après une autopsie.

mortalité : nombre de décès par unité de temps.

morue (huile de foie de) : produit naturel très riche en vitamines A et D et en acides gras essentiels.

MRP : abréviation de « mouvement respiratoire primaire ».

MST : abréviation de « maladie sexuellement transmissible ».

MTC : abréviation de « médecine traditionnelle chinoise ».

mucilage : substance végétale constituée de grosses molécules liées à des gommes, qui gonfle au contact de l'eau. Elle se fixe sur les muqueuses, leur procurant ainsi protection et soulagement de leur inflammation. Au niveau de l'intestin, les mucilages ralentissent l'absorption des aliments et accélèrent le transit.

mucineux : tissu contenant des cellules productrices de mucine.

mucite : inflammation d'une muqueuse, comme la muqueuse buccale lors d'une candidose ou dans les suites d'une chimiothérapie.

mucolytique : qui permet la fluidification des sécrétion (du nez, des bronches…).

mucoviscidose : maladie héréditaire caractérisée par la présence d'un mucus trop visqueux secrété par les glandes et entraînant des troubles digestifs et respiratoires.

mucus : substance sécrétée par les cellules des muqueuses qui tapisse les organes creux (tube digestif, bronches, ...) et qui leur sert de protection.

multidisciplinarité : nombreux spécialistes travaillant ensemble.

multifactoriel : se dit lorsque qu'il est nécessaire d'avoir le concours de plusieurs facteurs pour produire un effet.

multifocal : se dit de ce qui se produit dans différents endroits à la fois.

muqueuse : tissu, membrane tapissant les organes internes (comme le tube digestif, les bronches, l'utérus, la bouche...). Elle assure la protection de l'organe ainsi que la fabrication de mucus.

muqueuse buccale : membrane qui tapisse la bouche.

muqueuse intestinale : membrane qui tapisse l'intestin.

muscade (noix de) : fruit sec pouvant stimuler la digestion et faciliter l'élimination naturelle.

muscle : organe ayant la capacité de se contracter.

musicothérapie : thérapie basée sur la musique qui grâce à la vibration du son vise à provoquer une réponse positive chez la personne.

mutagène : se dit d'une substance ou d'une action qui peut provoquer une mutation du génome, c'est-à-dire de l'ADN. Les agents mutagènes sont souvent cancérigènes.

mutagenèse : Processus par lequel les gènes d'un organisme vont être modifiés de manière stable et héréditaire.

mutant : se dit d'un organisme changé par une mutation génétique héréditaire, induite (par un mutagène) ou construite (par manipulation génétique).

mutation : changement intervenu dans la séquence ou la structure de l'ADN.

mutationnel : se dit de ce qui est en rapport avec les mutations.

myalgie : signifie « douleur musculaire ».

myasthénie : maladie neurologique caractérisée par une grande faiblesse musculaire surtout à l'effort et évoluant par poussées.

mycose : infection due à un champignon microscopique. On parle aussi de candidose, lorsque le champignon s'appelle le candida albicans (champignon le plus fréquemment rencontré).

mycotique : se dit de ce qui est rapport avec une mycose.

mydriase : dilatation de la pupille.

myéline : constituant principal des gaines isolant et entourant certaines fibres nerveuses.

myélogramme : prélèvement de moelle osseuse au niveau du sternum ou de l'os iliaque en vue d'une analyse microscopique.

myéloïde : se dit de ce qui se rapporte aux précurseurs des trois lignées de sang (globules rouges, globules blancs, plaquettes) dans la moelle osseuse.

myélome : tumeur maligne développée au niveau de la moelle osseuse qui est caractérisée par une prolifération de plasmocytes (sorte de lymphocytes). La maladie se manifeste au niveau des os, souvent en de multiples localisations.

myélo-prolifératif (syndrome) : ensemble des maladies caractérisées par une prolifération d'une ou plusieurs lignées hématopoïétiques de la moelle osseuse.

myocarde : muscle constituant la presque totalité de la paroi du cœur.

myocardite : inflammation du myocarde.

myoclonie : Série de contractions musculaires brèves, rapides et involontaires.

myofasciite à macrophage : maladie récente responsable de douleurs musculaires, de fatigue et de fièvre. Les prélèvements musculaires retrouvent une importante concentration en macrophages (cellules immunitaires).

myoglobine : protéine située dans le tissu musculaire, contenant du fer, comme l'hémoglobine, et qui sert à fixer l'oxygène.

myome : voir « léiomyome ».

myope : se dit d'une personne atteinte de myopie.

myopie : trouble se caractérisant par une mauvaise vision à distance dû à défaut de convergence des rayons lumineux. La vision de près est par contre conservée.

myorelaxant : se dit d'une substance ou d'une technique capable d'induire une myorelaxation, une décontraction musculaire.

myorelaxation : relaxation, décontraction, relâchement musculaire.

myothérapie (ou brachy-myothérapie) : thérapie manuelle mise au point par le Dr Jan Polak de type mobilisation visant à traiter les contractures post-traumatiques qui sont à la base de nombreuses maladies.

myothérapie de Bonnie Pruden : technique consistant à exercer des pressions sur des points musculaires précis dans le but d'obtenir un relâchement musculaire et une soulagement des douleurs.

myrrhe : gomme résineuse provenant d'un arbrisseau du désert, son huile essentielle possède des actions tonifiantes, antiseptiques, anti-inflammatoires, et cicatrisantes.

myrte : plante méditerranéenne présentant des actions astringentes, tonifiantes et antiseptiques. Elle est employée en usage externe pour guérir les maladies de peau, et en usage interne pour soigner les troubles digestifs.

myrtille (baies de) : riches en anthocyanosides et en tanins, les baies améliorent la circulation sanguine notamment la microcirculation. Mais aussi les pigments contenus dans ces baies améliorent la vision nocturne.

myrtille (feuilles de) : riches en glucosides flavoniques, les feuilles stimulent les éliminations naturelles et donc sont efficaces sur les douleurs et les rhumatismes articulaires. Les décoctions de feuilles de myrtilles pourraient avoir une action favorable sur le diabète.

myxoïde : se dit d'un tissu riche en substances muqueuses et qui ont macroscopiquement un aspect gélatineux.

N

N : symbole chimique de l'azote.

N-Acetyl cystéine : substance qui est précurseur du glutathion, détoxiquante et anti-oxydante. Elle aurait aussi un effet fluidifiant sur les sécrétions muqueuses et relancerait le système immunitaire.

Na : signifie « sodium ».

Na Cl : formule chimique du sel, ou chlorure de sodium.

NACRe : abréviation de « réseau national alimentation, cancer, recherche ».

Naessens Gaston : chercheur ayant mis au point le 714-X (Camphoriminium C1), constitué de camphre chargé d'une molécule d'azote, de sels minéraux et de 18 oligoéléments qui renforcerait le système immunitaire et serait capable de lutter contre le cancer et le sida.

naevo-carcinome : voir « mélanome ».

naevus : malformation cutanée ayant cliniquement l'aspect d'une tumeur. Il s'agit en fait d'une variété d'hamartome.

nanisme : taille anormalement petite par rapport aux personnes du même âge.

nanoparticule : particule ultrafine dont le diamètre est inférieur à 100 nm.

nanotechnologie : technologie employant les nanoparticules.

narcissisme : attention exagérée qu'une personne porte à elle-même.

narcolepsie : besoin brusque et irrésistible de dormir.

narcotique : substance procurant des effets sédatifs, euphorisants ou calmants.

nasopharynx (synonyme de « rhinopharynx ») : région anatomique qui englobe le nez et la gorge.

natrémie : taux du sodium sanguin.

naturopathie : (voir « médecine naturopathique ») médecine non conventionnelle dont le précurseur fut Sebastien Kneipp (1821-1897). Elle utilise des remèdes et des techniques naturels (alimentation, compléments alimentaires, plantes, lithothérapie, hydrothérapie, balnéothérapie…) qui est basée sur la notion de terrain.

nausées : envie de vomir pouvant s'accompagner de contractions involontaires des muscles du pharynx, de l'estomac et de l'œsophage.

NDE : abréviation de « Near Death Experiency » ou Expérience de sortie du corps lors des états proches de la mort.

nébulisat : broyat de plantes séchées.

nécropsie : synonyme d'« autopsie ».

nécrose (cellulaire ou tissulaire) : ensemble des modifications qui aboutissent à la mort d'une cellule ou d'un tissu.

néo-angiogenèse ou angiogenèse : développement de nouveaux vaisseaux sanguins, d'une vascularisation supplémentaire comme c'est le cas des tumeurs cancéreuses.

néoadjuvant : traitement se faisant avant le traitement principal dans le but de le rendre possible ou/et d'en augmenter l'efficacité. Exemple : un traitement de chimiothérapie pour diminuer la taille d'une tumeur avant qu'elle ne soit opérée.

néoplasie : synonyme de « cancer » ou de « tumeur maligne ». On parle aussi de néoplasme malin.

néoplasme : signifie « tumeur » qui peut être maligne ou bénigne. Mais par extension le terme de néoplasme est employé le plus souvent pour un cancer. On parle également plus simplement de : « Néo ».

néovaisseau : nouveau (néo) vaisseau sanguin.

néovascularisation : développement de nouveaux (néo) vaisseaux sanguins.

néphrite : inflammation d'un rein.

néphroblastome (synonyme « tumeur de Wilms ») : cancer du rein qui survient en général chez l'enfant avant l'âge de cinq ans.

néphrologie : spécialité médicale qui s'intéresse aux reins.

néphropathie : terme général désignant les maladies du rein.

néphrotoxicité : se dit de ce qui est nocif (toxique) pour les reins.

nerf : sorte de câble qui relie le système nerveux à un organe.

nervosité : état d'excitation temporaire due à une tension nerveuse, à une angoisse, à un stress…

neural : se dit de ce qui se rapporte au système nerveux.

neuralthérapie : thérapie non conventionnelle consistant à effectuer des injections intradermiques sur des cicatrices suspectées d'induire des pathologies en bloquant la circulation énergétique à leur niveau.

neurasthénie : terme ancien indiquant un état de fatigue intense associé de troubles psychiques (tristesse, angoisses, indécision…).

neurinome (synonyme de schwannome) : tumeur bénigne formée par les cellules qui produisent la gaine de myéline au niveau des nerfs périphériques, crâniens ou rachidiens.

neuroblastome : tumeur maligne développée au niveau de la chaîne sympathique ou de ses ébauches embryonnaires situées dans la médullosurrénale (partie centrale de la glande surrénale).

neurochirurgie : spécialité de chirurgie qui s'intéresse aux maladies du système nerveux.

neurofibrome : tumeur des nerfs.

neurofibromyalgie : voir « fibromyalgie ».

neurogène : voir « douleur neuropathique ».

neurogenèse : naissance de nouveaux neurones. Une neurogenèse se produit dans le bulbe olfactif et l'hippocampe du cerveau humain.

neuroleptique : psychotrope sédatif qui agit en bloquant l'action de la dopamine. Comme médicaments, ils sont utilisés dans les états d'excitation et d'agitation psychique.

neurologique : se dit de ce qui a rapport avec le système nerveux.

neuromédiateur (synonyme neurotransmetteur) : molécule libérée par les neurones lorsqu'ils sont stimulés pour transmettre l'influx nerveux aux cellules voisines.

neurone : cellule nerveuse.

neuropathie : maladie des nerfs périphériques.

neuropathie diabétique : ensemble de troubles nerveux pouvant survenir au cours d'un diabète : troubles de la sensibilité, fourmillements, brûlures, picotements…

neuropathologie : correspond à l'étude anatomopathologique du tissu nerveux.

neurotransmetteur (synonyme « neuromédiateur ») : substance (médiateur chimique) permettant le transport de l'information d'un neurone à un autre au niveau des synapses. Il existe différents neurotransmetteurs : acétylcholine, adrénaline, noradrénaline, etc.

neurovégétatif : se dit de ce qui est en rapport avec le « système autonome » ou système végétatif.

neutron : particule élémentaire constituant le noyau des atomes.

neutropénie : diminution anormale du taux de polynucléaires neutrophiles (globules blancs) dans le sang.

névralgie : douleur survenant par accès dans le territoire d'un nerf sensitif.

névrite : inflammation d'un nerf.

névroglie ou « glie » : tissu de soutien (tissu interstitiel) du système nerveux central.

névrome : tumeur bénigne douloureuse, constituée de fibres nerveuses.

névrose : trouble psychique pouvant revêtir différents aspects : peur, angoisse, troubles du comportement… dont la personne a conscience mais qu'elle ne peut pas maîtriser.

NFS : abréviation de « Numération Formule Sanguine ».

Ni : symbole chimique du nickel.

niacine : synonyme de vitamine B3.

NICE : abréviation de « National Institut for Clinical Excellence ».

nickel : oligoélément intervenant sur le pancréas et le métabolisme des glucides – substance toxique sous forme métallique.

nicotanimide : synonyme d'acide nicotinique ou vitamine B3 ou vitamine PP.

nicotine : alcaloïde du tabac qui se volatilise sous la chaleur.

nitrate : composé azoté – sel de l'acide nitrique.

nitrite : composé azoté – sel de l'acide nitreux.

nitrosamine : substance cancérogène issue des nitrites et nitrates apportés par les aliments et transformés en nitrosamines par la flore intestinale.

NK : abréviation de « lymphocyte Natural Killer ».

NMDA : abréviation de « N-Méthyl-D-Aspartate ». Voir aussi « récepteur NMDA ».

NO : symbole chimique du monoxyde d'azote.

nocébo : effet négatif que produit, sur un individu, une substance dépourvue de tout principe actif (ne contenant que des principes inertes).

nociceptive : voir « douleur nociceptive ».

nodule : grosseur, renflement, noyau. Il peut être bénin ou malin.

noradrénaline : hormone fabriquée par la médullo-surrénale, provoquant la vasoconstriction des petites artères et des capillaires qui peut être responsable en cas d'excès, d'hypertension artérielle.

nosocomial : se dit des maladies infectieuses contractées à un établissement de santé.

nosode : remède homéopathique préparé à partir d'une humeur pathologique (pus, squame, sécrétion, sang, urines…).

nosologie : étude des caractéristiques des maladies et leur classement.

nosologique : se dit de ce qui se rapporte à la nosologie.

Nouab Bouran : voir « massage thaïlandais ».

nourrisson : bébé de l'âge de 1 mois jusqu'à l'âge de 2 ans.

noyau : principal organite d'une cellule. Il contient les chromosomes et est séparé du cytoplasme par une membrane.

nucléique : se dit de ce qui se réfère au noyau.

nucléique (acide) : voir « acide nucléique ».

nucléoside : unité structurale des acides nucléiques qui est constituée d'une base (adénine, guanine, thymine ou cytosine) associée à un glucide (ribose ou désoxyribose).

nucléotide : composant des acides nucléiques (ADN ou ARN) formé d'un nucléoside et d'un groupe phosphate.

numération formule sanguine (NFS) : examen consistant à compter le nombre des globules rouges, des globules blancs et des plaquettes présentes dans un millilitre de sang.

nutriment : substance de base, substance élémentaire obtenues après complète dégradation d'un aliment. ce sont, les acides aminés, les acides gras, le glucose, les vitamines, les oligoéléments, les minéraux…

nutrithérapie (synonyme de « thérapie orthomoléculaire ») : traitement utilisant certains aliments pour soigner différentes maladies.

nutrition : science qui étudie l'alimentation, les aliments ainsi que tous leurs aspects.

O : symbole chimique de l'oxygène.

OAP : abréviation d'« Œdème aigu du poumon ».

obèse : personne souffrant d'obésité.

obésité : excès de tissu graisseux entraînant une augmentation de poids de plus de 25 % par rapport au poids normal compte tenu de la taille.

obésité abdominale : accumulation de graisse principalement au niveau abdominal.

obésité androïde : obésité de type masculin se localisant principalement au niveau du ventre.

obésité gynoïde : obésité de type féminin se localisant principalement au niveau des hanches et des cuisses.

obnubilation : état d'apathie avec obscurcissement de l'esprit.

observance : respect des conseils d'utilisation d'un médicament et de la prescription du médecin.

obstétrical : se dit de ce qui est en rapport avec l'obstétrique.

obstétrique : spécialité médicale qui s'intéresse à la grossesse et à l'accouchement.

obstruction : blocage, entrave ne permettant pas le passage.

occipital : se dit de ce qui se rapporte à l'occiput.

occiput : os plat situé à la partie postérieure et inférieure de la tête.

occlusion : fermeture qui peut être naturelle ou pathologique.

occulte : se dit de ce qui est présent mais qui n'est pas visible à l'oeil nu.

oculaire : se dit de ce qui est en rapport avec l'œil ou les yeux.

oculiste : synonyme d'« ophtalmologiste » spécialiste des yeux.

odorat : sens par lequel il est possible de percevoir les odeurs.

œdème : gonflement, infiltration, accumulation anormale de liquide dans les tissus, situés dans une région du corps.

œdème de stase : voir « transsudat ».

œdème inflammatoire : oedème dû à la sortie anormale de plasma en dehors des vaisseaux sanguins, au cours d'un processus inflammatoire.

œil : organe de la vue.

œsophage : conduit reliant le pharynx à l'estomac. L'œsophage traverse le thorax.

œsophagoscopie : endoscopie de l'œsophage.

œstrogène : hormone sexuelle féminine fabriquée par les ovaires qui est prédominante pendant les 14 premiers jours du cycle. Il existe aussi des substances semblables qui sont fabriquées par les laboratoires pharmaceutiques et qui sont utilisées comme médicaments.

œstrogène-like : se dit d'une substance qui se présente « comme » (like) les œstrogènes.

œstroprogestatif : classe de médicaments qui contient soit des oestrogènes soit des progestatifs soit les deux comme la pilule contraceptive ou les traitements hormonaux de la ménopause (THS ou THM).

OGM : abréviation de « organisme génétiquement modifié », c'est-à-dire organisme dans lequel a été introduit un gène étranger, ou bien où a été supprimé un gène afin de modifier son patrimoine génétique afin qu'il exprime un caractère donné.

ohashiatsu : thérapie dérivée du Shiatsu dans laquelle le thérapeute exerce des pressions grâce au poids de son corps. Cette technique ne nécessite pas d'effort pour être réalisée ce qui est détendant pour le thérapeute. Il transmettra ensuite cet état de bien-être à son patient.

oligo-anurie : diminution voire disparition de la production d'urines par le rein.

oligodendrogliome : tumeur du système nerveux faisant partie de la famille des gliomes.

oligoélément : (le mot grec *oligos* signifie « peu ») substance d'origine minérale ou métallique (cuivre, zinc, nickel, argent, iode, silicium, manganèse…) existant naturellement à l'état de trace dans l'organisme, et dont la présence est indispensable à son bon fonctionnement.

oligothérapie : thérapie utilisant les oligoéléments.

olive (huile d') : huile particulièrement riche en acide gras essentiels : mono-insaturés et polyinsaturés (oméga 6 surtout et oméga 3).

olivier (feuilles d'olivier) : arbre méditerranéen dont les feuilles ont une action hypotensive, diurétique, laxative et hypocholestérolémiante.

OMC : abréviation de « Organisation Mondiale du Commerce ».

-ome : « suffixe » d'origine grecque, désignant : une tumeur maligne ou bénigne, comme par exemple : fibrome, sarcome, carcinome, épithéliome…

oméga 3 et 6 : abréviation pour « acide gras polyinsaturé oméga 3 ou 6 » acide gras polyinsaturé dont la première double liaison est située sur le 3e ou 6e atome de carbone – voir « acide gras polyinsaturé ».

OMIT : abréviation de « observation des médicaments et des innovations thérapeutiques ».

OMS : abréviation de « Organisation Mondiale de la Santé ».

onagre (huile) : riche en acides gras essentiels : acide linoléique et acide gammalinolénique, récurseurs des prostaglandines de type 1 et 3. Elle est utilisée lors des syndromes prémenstruels mais aussi de la sécheresse (peau et muqueuses) et de la sclérose en plaques (SEP).

oncogène : gène qui, lorsqu'il est « activé », est impliqué dans la transformation d'une cellule normale en cellule cancéreuse ainsi que dans le rythme des divisions cellulaires.

oncogenèse : synonyme de cancérogenèse : la formation d'une tumeur.

oncogénétique : ou génétique des cancer – branche de la génétique qui se rapporte aux cancers. Elle étudie ainsi les prédispositions génétiques des personnes à risque face aux cancers.

onco-hématologue : médecin spécialisé dans les maladies cancéreuses du sang et de la moelle osseuse (leucémies, lymphomes, myélomes).

oncologie : synonyme de « cancérologie » – spécialité médicale qui s'intéresse aux maladies cancéreuses.

oncologue : synonyme de « cancérologue » – médecin spécialisé en cancérologie (oncologie).

oncotest de Beljanski : test mis au point par le Professeur Mirko Beljanski qui permet de déterminer si une substance est cancérogène ou non.

ONDAM : abréviation de « objectif national des dépenses d'assurance maladie ».

onde : vibration, oscillation, mouvement cyclique, qui transmet différents phénomènes physiques, électriques, vibratoires ou sismiques (onde de choc).

onde de forme : onde produite ou modifiée par une forme.

onde électromagnétique : onde vibratoire dégagée par l'oscillation de champs magnétiques et électriques.

ONDPS : abréviation de « observatoire national de la démographie des professions de santé ».

ongle incarné : ongle dont un bord latéral s'enfonce dans les chair lors de sa croissance.

ophtalmologie : spécialité médicale qui s'intéresse aux yeux et à la vue.

ophtalmologiste : médecine spécialisée en ophtalmologie.

opoïde : classe thérapeutique constituée d'antalgiques puissants dérivés de l'opium.

opium : suc tiré du pavot.

or radioactif 198 : élément radioactif émettant des rayonnements bêta et gamma.

oral : se dit de ce qui est en rapport avec la bouche – se dit d'un médicament qui se prend par la bouche et qui est avalé, par opposition à la voie injectable (intramusculaire, intraveineuse, etc.).

orange amère (feuilles) : sous forme d'huile essentielle, elle présente des vertus pour la stimulation de l'appétit, pour lutter contre la nervosité et les troubles du sommeil, pour calmer les coliques et les aigreurs.

orchidectomie : ablation chirurgicale d'un testicule.

orchiépididymite : infection d'un testicule et de son épididyme.

orchipodexie : intervention chirurgicale consistant à abaisser un testicule qui n'était pas descendu naturellement dans les bourses lors de l'enfance.

orchite : infection d'un testicule.

oreille : organe de l'audition situé sur la face latérale de la tête.

oreillette : cavité cardiaque, au nombre de deux et située juste avant et en communication avec les ventricules.

oreillons : maladie infectieuse due à un virus qui se manifeste par une inflammation des glandes parotides et une fièvre, mais qui peut également atteindre d'autres organes notamment les testicules (orchite ourlienne) pouvant induire des atrophies testiculaires.

organe : partie individualisée du corps remplissant une fonction déterminée.

organes génitaux externes (OGE) : correspondent aux organes de la copulation : pénis, vulve et vagin.

organes génitaux internes (OGI) : correspondent aux organes de la reproduction : utérus, tropes, ovaires, testicules.

organique : se dit de ce qui se rapporte aux organes.

organisation mondiale de la santé (OMS) : organisation internationale créée en 1946, rattachée à l'ONU depuis 1948, et basée à Genève. Elle finance des programmes destinés à améliorer la santé des êtres humains dans le monde notamment par le biais de campagnes de vaccinations.

organite (intra-cellulaire) : structure (organe) située à l'intérieur du cytoplasme des cellules qui possèdent un rôle spécifique. Ce sont : les mitochondries, l'appareil de Golgi, le réticulum endoplasmique, les ribosomes…

organothérapie : traitement homéopathique fabriqué à partir d'organes frais, de glandes et de tissus prélevés chez l'animal reconnu sain (pas d'origine bovine).

orgelet : inflammation avec suppuration développée au niveau du bord d'une paupière.

ORL : abréviation de « oto rhino laryngologie », c'est-à-dire de la spécialité médicale traitant la région du nez, les sinus et la gorge.

orme (ulmus) : l'écorce de cet arbre présente d'importantes vertus contre les rhumatismes et le psoriasis. En usage externe, il est conseillé en cas de dermatoses.

oro-facial : se dit de ce qui en rapport avec la bouche et la face (visage).

oro-pharyngé : se dit de ce qui est en rapport avec la bouche et le pharynx.

orotate : sels minéraux de l'acide orotique, substance naturelle. Des laboratoires commercialisent des orotates, servant de support à divers oligoéléments ce qui leur procurerait une meilleure biodisponibilité et par là une meilleure efficacité.

ortho-bionomie : thérapie qui suit le principe selon lequel le corps s'auto-guérit. Pour cela, le thérapeute va aggraver le déséquilibre de la personne malade en accentuant la tension musculaire afin de déclencher les réflexes correcteurs du corps.

orthodontie : spécialité dentaire destinée aux traitements des malpositions des dents.

orthomoléculaire : thérapie consistant à apporter des suppléments en vitamines, oligoéléments, minéraux et autres… afin de corriger une pathologie ou un trouble.

orthopédie : spécialité chirurgicale traitant des problèmes osseux et articulaires.

orthophoniste : thérapeute spécialisé dans le traitement des troubles de la phonation, de la prononciation et de l'élocution.

orthoptiste : thérapeute spécialiste de la rééducation des yeux.

orthosiphon (feuilles) : appelé aussi thé de Java présente des vertus diurétiques puissantes ainsi que cholagogues.

orthothérapie : technique de massage et de kinésithérapie permettant de soulager les douleurs et les tensions musculaires.

ortie : plante riche en vitamines (B2, B5, acide folique…), minéraux (fer, silice, magnésium), oligo-éléments (cuivre, zinc…), acides aminés essentiels et protéines ce qui la rend particulièrement intéressante en cas de déminéralisation, de chute de cheveux, d'ongles cassants, etc.

ortie blanche : plante connue pour ses actions sur les reins (élimination de l'acide urique) et comme hémostatique (surtout lors des troubles menstruels).

oscillateur à ondes multiples : appareil mis au point par Georges Lakovsky pour traiter les maladies et notamment les cancers.

oscillation : mouvement de va-et-vient autour d'une position d'équilibre comme un pendule ou un poids pendu à ressort.

osmose : processus de diffusion entre deux solutions de concentration différente à travers une membrane semi-perméable. Les phénomènes osmotiques interviennent dans les échanges entre les cellules et le liquide extracellulaire.

ostéo- : préfixe signifiant « os ».

ostéoblaste : cellule des os qui construit le tissu osseux.

ostéocalcine : protéine produite par les ostéoblastes et intervenant dans la construction osseuse.

ostéochondrome : synonyme de « exostose ostéogénique » – tumeur bénigne ostéo-articulaire implantée à la surface des os principalement des os longs, dans une région proche d'un cartilage de conjugaison.

ostéoclaste : cellule des os qui résorbe le tissu osseux.

ostéocondensation : accumulation anormale de tissu osseux sur un os visible sur les radiographies.

ostéodouce : technique associant l'ostéopathie et l'énergétique dans le but de traiter les problèmes ostéoarticulaires.

ostéoïde : se dit d'une structure qui ressemble à l'os.

ostéolyse : destruction du tissu osseux par un processus pathologique (cancer, infection ou autre…).

ostéomalacie : maladie due à un défaut de la minéralisation de la trame osseuse due à une carence en vitamine D.

ostéome : tumeur bénigne du tissu osseux.

ostéomyélite : infection de la partie corticale d'un os, généralement due au staphylocoque doré.

ostéopathie : thérapie manuelle basée essentiellement sur des manipulations articulaires, principalement vertébrales, dans le but de lui redonner son équilibre ce qui permet de relancer les processus d'auto-guérison du corps – autre signification possible : affection des os.

ostéopathie crânienne : thérapie manuelle basée sur des manipulations des os du crâne en vue de les repositionner correctement et de permettre la bonne circulation du liquide céphalorachidien et du MRP (mouvement respiratoire primaire).

ostéoporose : maladie caractérisée par une diminution de la trame osseuse, provoquant une fragilisation des os qui deviennent cassants. L'ostéoporose peut être diffuse ou localisée. Elle est souvent retrouvée lors de la ménopause, de troubles hormonaux, d'immobilisation prolongée et de suite de traumatismes.

ostéoradionécrose : destruction osseuse due à un excès de rayons X.

ostéosarcome : tumeur maligne primitive des os.

otite : inflammation du tympan atteignant soit le conduit auditif (otite externe), soit la caisse du tympan (oreille moyenne).

ouïe : sens de l'audition.

ourlienne : se dit de ce qui est en rapport avec la maladie des oreillons.

ouverture temporelle : passage existant naturellement dans la trame du temps – d'après la théorie de Jean-Pierre Garnier-Malet – qui permettrait d'être en contact avec tous les temps (passé, présent et futur).

ovaire : glande féminine au nombre de deux, située dans le petit bassin où se développent les ovules et qui produit en partie les hormones sexuelles féminines (œstrogène et progestérone).

ovariectomie : ablation chirurgicale d'un ovaire. Lorsqu'il s'agit de l'ablation des deux ovaires, on parle alors de « ovariectomie bilatérale » ce qui correspond à une castration chirurgicale.

ovocyte : cellule germinale féminine présente dans l'ovaire provenant d'une ovogonie pour donner l'ovule.

ovulation : phénomène naturel qui correspond à l'expulsion de l'ovule mature par l'ovaire en vue de son éventuelle fécondation par les spermatozoïdes.

ovule : gamète (cellule) reproductrice de la femme, provenant d'un ovocyte et expulsée par l'ovaire au moment de l'ovulation. Un ovule est susceptible d'être fécondé par les spermatozoïdes.

oxalate de calcium : minéral fréquemment retrouvé dans les calculs des voies urinaires.

oxydant : substance pouvant produire une oxydation.

oxydation : (réaction inverse de la réduction) acquisition par une substance d'un atome d'oxygène. Mais aussi on parle d'oxydation en cas de réaction par laquelle un atome perd des électrons. Il devient alors oxydé.

oxydoréduction : réaction comportant à la fois une réaction d'oxydation et une réaction de réduction.

oxygénation : action de fixation de molécules d'oxygène sur une substance organique.

oxygénothérapie : traitement basé sur la fourniture d'oxygène à une personne (par masque, sonde, tente…).

oxyure : petit ver blanc de la famille des oxyuorideae, pouvant venir parasiter l'intestin humain.

oxyurose : infection de l'intestin par des oxyures.

ozone : variété d'oxygène dont la formule chimique est O_3.

ozonothérapie : traitement basé sur la fourniture d'un mélange d'ozone et d'oxygène à une personne (par injections, douches, lavements…).

P

P : symbole chimique du phosphore.

PA : abréviation de« Phosphatase Alcaline ».

pa kua : grille permettant de définir les secteurs favorables d'une maison selon son orientation et la date de sa construction.

PAC : abréviation de « Port a Cath ».

paget (maladie de) : affection cutanée précancéreuse du mamelon, plus rarement de la région vulvaire, évoluant vers une infiltration progressive du sein. A ne pas confondre avec la maladie osseuse de Paget.

palliatif (traitement) : se dit d'un traitement qui ne pourra pas guérir la personne de sa maladie, mais cependant qui pourra en freiner l'évolution ou en soulager les troubles comme les douleurs (par opposition à curatif).

palpation : action de palper destinée à apprécier les formations, les organes ou les tissus.

palpitation : perception inhabituelle des contractions cardiaques.

paludisme : maladie due à un parasite du sang : le plasmodium, transmise par piqûre de moustique et qui se rencontre dans les zones intertropicales.

pamplemousse : fruit utilisé lors de régimes amincissants parce que les fibres qu'il contient ont un effet coupe-faim, améliorent le transit intestinal mais diminuent aussi l'absorption intestinale des graisses et des sucres.

pamplemousse (extraits de pépins de) EPP : produit utilisé classiquement pour ses action anti-infectieuses.

panaris : inflammation localisée au pourtour des ongles d'un doigt.

pancréas : glande du tube digestif, située sous l'estomac qui fabrique des hormones (insuline et glucagon) ainsi que des enzymes responsables de la dégradation des aliments en fines particules.

pancréatectomie : ablation chirurgicale du pancréas.

pancréatite : inflammation du pancréas.

pandémie : grande épidémie touchant presque tous les habitants d'une même région très étendue voire du monde entier.

panthénol : synonyme de vitamine B5.

pao pereira : plante amazonienne dont le Pr Beljanski tira une substance antitumorale, immunostimulante et protectrice du système nerveux.

papaye : fruit exotique dont la pulpe riche en pectine et en cellulose à la réputation de réduire l'absorption des graisses dont principalement le mauvais cholestérol.

papaye fermentée : forme fermentée de la papaye présente un très important pouvoir antioxydant mais aussi stimulant de l'immunité.

papillomatose : affection caractérisée par la présence de verrues et papillomes bénins.

papillomavirus Humain (PVH) : virus responsable de lésions cutanées et de cancers, notamment de cancers du col de l'utérus.

papillome : tumeur bénigne développée sur la peau ou sur les muqueuses.

papule : petite surélévation circonscrite (souvent arrondie) de la peau ou d'une muqueuse.

paraben ou parabène : conservateur synthétique utilisé dans de nombreux produits de beauté qui est soupçonné de favoriser certains cancers (notamment du sein) et la stérilité masculine.

paradontose : rétraction et perte du tissu de soutien des dents.

paralysie : diminution ou abolition de la motricité d'une région de l'organisme (un membre par exemple) liée à une atteinte du système nerveux.

paramètre : élément intervenant dans l'évaluation d'une situation, par exemple l'état d'un malade.

paranéoplasie (paranéoplasique) : ensemble de troubles provenant d'une substance sécrétée par le cancer.

paranéoplasique : voir « syndrome paranéoplasique ».

paranoïa : trouble caractériel de nature psychotique caractérisé par une méfiance et une susceptibilité excessive.

paranoïaque : se dit d'une personne atteinte de paranoïa.

paraplégie : paralysie des deux membres inférieurs, voire également de troubles sphinctériens (urinaire ou fécaux).

paraplégique : se dit d'une personne atteinte de paraplégie.

parasite : organisme animal ou végétal qui vit aux dépens d'un autre organisme vivant.

parasitémie : mesure du nombre de parasites présents par unité de sang (ml, dl ou l).

parasitologie : spécialité médicale qui traite des parasites.

parasitose : maladie due à un parasite.

parasympathicotonie : synonyme de vagotonie – état produit par une hyperexcitabilité du nerf vague (parasympathique) se traduisant par des troubles vasomoteurs et une tendance aux malaises et à la constipation.

parasympathique : se dit de ce qui se rapporte au système parasympathique – partie du système nerveux autonome qui ralentit le cœur, dilate les vaisseaux sanguins, accélère le transit intestinal et diminue le tonus sphinctérien (par opposition au sympathique encore appelé orthosympathique).

parathyroïde : glande au nombre de quatre, situées au niveau du cou et accolées à la thyroïde, qui secrète la parathormone, servant au contrôle du taux du calcium circulant dans le sang.

parentérale (alimentation) : alimentation s'effectuant par une autre voie que la voie digestive habituelle : par injection sous-cutanée, intra-musculaire ou intra-veineuse (par opposition à entérale).

pariétal : se dit de ce qui est rapport avec une paroi.

Parkinson (maladie de) : maladie neurologique due à une dégénérescence d'une région du cerveau (corps strié et locus niger) induisant un déficit en dopamine qui est responsable de troubles notamment de tremblement et de rigidité.

parotide : importante glande salivaire située en arrière de la mâchoire (maxillaire inférieur), sous l'oreille.

particule : élément des atomes, constituant le noyau (neutrons et protons) ou en orbite autour du noyau (électrons).

passiflore : plante connue pour son action bénéfique sur la nervosité, le stress et surtout le sommeil.

pathognomonique : se dit d'un symptôme dont la seule présence suffit à poser le diagnostic d'une maladie.

pathologie : partie de la médecine qui étudie les maladies d'un point de vue clinique et anatomique.

pathologique : se dit de ce qui est en rapport avec une maladie.

pathologiste : synonyme de « anatomo-pathologiste » – médecin spécialisé en anatomopathologie.

Pauling Linus (1901-1994): chimiste et physicien américain, double prix Nobel, qui s'intéressa à l'action de la vitamine C dans le cancer.

pavillon (de l'oreille) : partie visible de l'oreille à l'extérieur.

PBH : abréviation de « Benign prostatic hyperplasia » terme anglais qui signifie adénome de la prostate.

PCE : abréviation de « Polyarthrite chronique évolutive » ancien dénomination de « Polyarthrite Rhumatoïde » (PR).

PCR : abréviation de « protéine C réactive » – substance augmentée dans le sang, en cas d'inflammation quelque part dans l'organisme, comme lors d'une infection, un rhumatisme, un cancer, une irritation intestinale…

PCRD : abréviation de « programme de recherche et de développement ».

pdc : abréviation de « perte de connaissance ».

pectoral : se dit de ce qui a rapport avec la poitrine ou les voies respiratoires.

pédiatrie : spécialité médicale qui s'intéresse aux enfants jusqu'à l'âge de 16 ans.

pédiculose : maladie due aux poux.

pédicure : thérapeute qui soigne les pieds.

pelade : chute de cheveux ou de poils en plaques plus ou moins étendues.

pelvien : se dit de ce qui est en rapport avec le pelvis ou petit bassin.

pelvis : synonyme de « petit bassin » – partie du corps correspondant à la partie basse de l'abdomen qui contient la vessie et les organes génitaux de la femme.

pénicilline : famille d'antibiotiques.

pensée positive : ensemble de techniques utilisant la force d'une pensée sur un mode optimiste, constructif et valorisant afin d'améliorer la situation d'une personne ou qu'elle atteigne un but ou un résultat.

pensée sauvage : plante (parties aériennes fleuries) connue pour son action bénéfique sur la peau.

peptide : protéine constituée de plusieurs acides aminés.

per os : synonyme de « par oral ».

percolation : technique, variante de la distillation, où de la vapeur d'eau est envoyée sous pression dans le végétal pressé.

percutané : se dit de ce qui se fait par absorption à travers la peau.

perfuser : pratiquer une perfusion.

perfusion intraveineuse : synonyme de « goutte à goutte » – injection lente d'un médicament liquide dans une veine (circulation sanguine) sur une durée plus ou moins prolongée.

péri- : préfixe qui signifie « ce qui entoure », « ce qui est autour ».

périarthrite scapulo-humérale (PSH) : inflammation des tissus musculo-tendineux « autour » de l'articulation.

périarticulaire : se dit de ce qui entoure une articulation.

péricarde : enveloppe qui entoure le cœur.

péricardite : inflammation du péricarde.

périfocal : se dit de ce qui entoure un foyer infectieux.

périménopause : période de plusieurs années qui précède la ménopause. Elle se caractérise par une sécrétion hormonale perturbée et une fréquence des règles ralentie.

périmètre crânien : mesure du tour de tête.

périnéal : se dit de ce qui est en rapport avec le périnée.

périnée : région du corps située entre le pubis et le sacrum.

périphérique : se dit de ce qui est située dans une région éloignée du centre, par opposition à central.

péristaltisme : ensemble de contractions motrice et naturelle d'un organe creux comme les intestins.

péritoine : membrane tapissant la plus grande partie de la cavité abdominale.

péritonéale : se dit de ce qui est en rapport avec le péritoine.

péritonite : inflammation du péritoine et par extension de l'ensemble de la cavité abdominale, ce qui constitue une urgence médicale.

perlèche : infection de la commissure des lèvres produisant des fissures.

perlinguale (absorption) : se dit de l'absorption d'un remède qui s'effectue sous la langue.

per-opératoire : signifie « pendant » une opération.

perruque : chevelure (postiche) réalisée en cheveux artificiels ou naturels.

personne de confiance : personne désignée par la personne malade pour qu'elle l'accompagne dans ses démarches, ses consultations et ses soins.

perte de connaissance : disparition souvent brutale des relations conscientes d'une personne avec ce qui l'entoure, pendant un temps variable.

PET : abréviation anglaise de « Positon Emission Tomography », méthode diagnostique d'imagerie médicale.

PET-scan : voir « tomographie à émission de positrons »

pH : abréviation de « Potentiel Hydrogène ». C'est un paramètre exprimant l'acidité d'une solution en fonction de sa concentration en ions H^+. Une solution est neutre avec un pH à 7, en dessous de ce chiffre la solution est acide et au-dessus elle est alcaline.

phagocyte : cellule capable de réaliser une phagocytose : polynucléaires, monocytes, macrophages. Elles interviennent ainsi dans la défense de l'organisme.

phagocytose : absorption de particules solides (substance nutritive, mais aussi corps étranger, microbes, autre cellule) par une cellule qui sont ensuite digérées.

phallus : pénis en érection.

phanère : formation épidermique apparente : cheveux, poils et ongles.

pharmacie : science qui consiste à concevoir, fabriquer, contrôler et dispenser les médicaments.

pharmacocinétique : étude du devenir des médicaments dans l'organisme.

pharmacologie : étude des médicaments et de leur emploi.

pharmacopée : registre contenant la description des médicaments.

pharmacovigilance : spécialité visant à la surveillance des effets indésirables secondaire à l'usage de médicaments.

pharyngite : inflammation du pharynx.

pharynx : petit organe faisant partie des voies aéro-digestives, qui assure le passage de l'air vers les poumons et des aliments vers l'oesophage.

phénotype : ensemble des caractères apparents d'un individu dus essentiellement aux facteurs héréditaires (génotype) et les autres par le milieu.

phénylalanine : acide aminé.

phénylbutazone : composé chimique de la classe des anti-inflammatoires, utilisé comme traitement contre la fièvre et l'inflammation.

phénylcétonurie : maladie génétique due au déficit d'une enzyme hépatique qui conduit à l'accumulation de produits toxiques dans l'organisme responsables de retard mental et parfois moteur.

phéochromocytome : tumeur généralement bénigne de la médullo-surrénale

Philadelphie (chromosome) : chromosome souvent observé chez les sujets atteints de leucémie myéloïde chronique (LMC) ou à risque d'en présenter une. Il se caractérise par un raccourcissement des deux bras longs du chromosome 22.

phlébite : signifie « inflammation de veine », mais en fait ce terme est souvent employé pour « thrombophlébite » ou « thrombose » qui signifie formation d'un caillot dans une veine.

phlegmon : suppuration caractérisée par la diffusion de pus dans le tissu sous-cutané ou le tissu conjonctif.

phobie : névrose caractérisée par des peurs irraisonnées et obsédantes pour des objets ou des situations banales.

phosphatase : enzyme dérivé de l'acide phosphorique. Il en existe principalement de deux types : les phosphatases alcalines augmentées dans les pathologies hépatiques ou osseuses, et les phosphatases acides augmentées dans les pathologies prostatiques.

phosphatémie : taux de phosphates dans le sang.

phosphore : oligoélément qui intervient, sur le métabolisme osseux avec le calcium et la vitamine D, la formation des cellules cérébrales et la production d'énergie.

phosphorylation : ajout d'un groupement phosphate sur un acide aminé.

photon : particule d'énergie lumineuse.

photophobie : peur irraisonnée de la lumière vive.

photothérapie : traitement basé sur l'exposition plus ou moins longue à une forte luminosité, notamment pour lutter contre les troubles dépressifs saisonniers.

phototype : classification des différents types de peau en fonction de leur sensibilité aux UV.

phylogenèse : étude du développement généalogique des espèces.

phylogénétique : qui se rapporte à la phylogenèse.

phylogénie : science qui reconstitue les relations de parenté entre les espèces.

physiothérapie : traitement utilisant des agents naturels : chaleur, lumière, électricité, eau, climat, altitude…

phytochimique (substance) : substance présente dans certains végétaux, leur procurant des vertus thérapeutiques.

phytœstrogène : catégorie de phyto-hormone contenant des œstrogènes.

phyto-hormone : substances chimiques présentes au sein de certaines plantes dont la composition est très proche d'hormone naturelle de l'organisme (œstrogène ou progestérone …). On les retrouve notamment dans les isoflavones et les lignanes.

phytothérapie : traitement utilisant l'action des plantes médicinales.

pigment : substance colorée présente dans les cellules auxquelles elle confère leur couleur.

pigmentaire : se dit dit de ce qui est en rapport avec un pigment.

pigmentation : coloration produite par l'accumulation (normale ou non) de pigments dans des cellules.

pigmenté : se dit de ce qui est coloré, de ce qui possède un pigment.

Pilates : voir « méthode Pilates ».

piloselle : plante connue pour ses actions diurétique, cholérétique et spasmolytique.

pilule : préparation pharmaceutique de petite taille, dure et arrondie. Par extension signifie également « pilule contraceptive ».

pilule contraceptive : remède constitué d'œstroprogestatif permettant de suspendre la fertilité de la femme.

pilule du lendemain : remède hormonal pouvant être pris dans les jours suivant un rapport sexuel non protégé afin d'éviter la fécondation ou la nidation de l'ovule.

pin (bourgeons de) : sous forme d'huile essentielle participe au traitement des grippes, des rhumes, des bronchites et de la toux.

pissenlit : plante connue pour son action hépatique et diurétique.

pityriasis : trouble caractérisé par une fine desquamation de la peau.

pityriasis versicolor : sorte de pityriasis dû à un champignon, généralement de candida albicans.

PL : abréviation de « **Ponction Lombaire** » – ponction par piqûre au niveau de la colonne vertébrale lombaire en vue de prélever un échantillon de liquide céphalorachidien à des fins d'analyse.

placebo : substance inactive mais qui agit grâce à un mécanisme psychologique.

placebo (effet) : effet bénéfique produit sur un individu, par une substance dépourvue de tous principes actifs.

placenta : organe reliant le fœtus à l'utérus de sa mère pendant la grossesse servant aux échanges nutritifs.

plancher pelvien : ensemble des muscles du petit bassin qui soutiennent les organes (vessie, utérus, etc).

plaque d'athérome : dépôts graisseux qui se déposent sur la paroi interne d'une artère et pouvant à la longue l'obstruer.

plaque sénile : synonyme de « plaque amyloïde » – substance amyloïde se déposant anormalement sous forme de plaques, autour des neurones en cas de maladie d'Alzheimer.

plaquette : synonyme de « thrombocyte » – élément figuré du sang jouant un rôle important dans la coagulation du sang.

plasma : partie liquide du sang, qui véhicule les globules rouges, les globules blancs et les plaquettes.

plasma de Quinton : voir « sérum de Quinton » – concentré d'eau de mer utilisé à des fins thérapeutiques.

plasmocyte : cellule dérivée des lymphocytes B (catégorie de globules blancs) qui produit les anticorps.

plasmocytome : tumeur composée de plasmocytes malins.

platinant : voir « alkylant ».

pleural : se dit de ce qui est en rapport avec la plèvre.

pleurésie : inflammation de la plèvre avec ou sans épanchement.

plèvre : double enveloppe formant une cavité virtuelle qui entoure chaque poumon.

plexus solaire : ensemble de cellules et de fibres nerveuses situées au niveau de l'abdomen entre le sternum et le nombril.

plombage dentaire : synonyme d'« amalgame dentaire ».

pluridisciplinaire : se dit de ce qui associe des professionnels de diverses disciplines ou spécialités.

pluripotente : cellule pouvant se transformer en de nombreuses cellules présentes dans l'organisme – mais pas en toutes – contrairement aux cellules totipotentes.

pneumologie : spécialité médicale s'intéressant aux poumons et l'arbre respiratoire dans son ensemble.

pneumonectomie : ablation chirurgicale d'un poumon.

pneumonie : inflammation d'un poumon.

pneumopathie : affection d'un poumon.

pneumothorax : présence anormale d'air dans la plèvre.

PNL : abréviation de « Programme Neuro-Linguistique ».

Poconéol : nom commercial donné à des complexes constitués de plantes amazoniennes à dilution homéopathique sélectionnées par le Père Bourdoux.

podologie : spécialité médicale s'intéressant aux pieds.

podologue : thérapeute pratiquant la podologie.

poids moléculaire : poids d'une molécule-gramme d'un corps.

point d'acupuncture : endroit particulier présent sur les méridiens d'acupuncture (médecine traditionnelle chinoise) qui est piqué lors du traitement.

poison du fuseau : produit de chimiothérapie qui empêche la formation des microtubules indispensables à la mitose comme les taxanes ou taxol.

polarité : propriété que possède une cellule ou un organisme vivant de posséder deux pôles de charge opposée (positive et négative).

polio : abréviation courante de « poliomyélite ».

poliomyélite : maladie infectieuse contagieuse due à un virus et induisant des lésions nerveuses au niveau de la moelle épinière.

pollakiurie : envie fréquente d'uriner.

pollen : aliment de croissance récolté par les abeilles sur les fleurs, riche en acides aminés, protéines, minéraux, vitamines, enzymes… Il possède des actions tonifiantes et régénératrices.

poly… : préfixe qui signifie « plusieurs ».

polyadénite : inflammation simultanée de plusieurs ganglions lymphatiques.

polyadénome : synonyme : polype adénomateux – mot provenant de l'association des mot « polype » et « adénome », indique une tumeur bénigne d'une glande.

polyadénome villeux : synonyme de tumeur villeuse – association de plusieurs adénomes dont la surface présente de nombreuses villosités. sur toute ou sur une partie de la surface de son étendue. (Corrélat : tumeur villeuse).

polyamine : substance biologique présentant plusieurs groupements « amines » issus principalement de la dégradation des protéines.

polyarthrite rhumatoïde : maladie auto-immune atteignant les articulations.

polychrome : se dit de ce qui présente plusieurs couleurs.

polyglobulie : augmentation du nombre des globules rouges présents dans le sang circulants.

polyinsaturé : voir « acide gras polyinsaturé ».

polykystique : se dit de ce qui présente plusieurs kystes.

polymérase : enzyme qui stimule la fabrication de polymères à partir de monomères.

polymères : corps chimiques comme le glycogène ou l'amidon, résultant de l'assemblage de plusieurs monomères.

polynévrite : inflammation souvent dégénérative de plusieurs nerfs périphériques.

polynucléaire : cellule possédant plusieurs noyaux – variété de globules blancs fabriquée par la moelle osseuse (lignée granulocyte). On distingue les polynucléaires neutrophiles, basophiles et éosinophiles.

polynucléose : présence d'un nombre anormalement élevé de polynucléaires dans le sang circulant.

polype : tumeur généralement bénigne qui forme une excroissance, plus ou moins pédiculée, à la surface d'une muqueuse. Un polype peut dégénérer en tumeur maligne.

polypeptide : polymère composé d'acides aminés.

polyphénol : substance antioxydante contenue dans certains aliments comme le thé et le vin rouge et qui présente des effets bénéfiques sur la santé.

polyplasie : présence d'un ou plusieurs organes surnuméraires en situation normale ou non.

polypnée : accélération du rythme (fréquence) respiratoire.

polypoïde : se dit de ce qui ressemble à un polype.

polypose : maladie souvent familiale caractérisée par la présence de polypes multiples comme dans les fosses nasales ou le tube digestif et qui constitue souvent un état précancéreux.

polyradiculonévrite: atteintes inflammatoires de plusieurs racines nerveuses de la colonne vertébrales et des nerfs périphériques correspondants.

pomme: fruit présentant une action stimulante sur l'élimination urinaire des déchets (grâce à son sorbitol) mais aussi sur le transit intestinal (grâce à sa richesse en fibres, la pectine). Elle aurait aussi une action anticholestérolémiante.

pompe à injection: appareil porté par un malade, qui lui injecte le produit de perfusion dans une veine ou dans une « chambre » de manière progressive et prolongée, pendant qu'il vaque à ses occupations.

ponction: opération qui consiste à pratiquer une petite ouverture dans un tissu ou un organe pour en faire sortir un liquide, normal ou pathologique.

ponction – biopsie: prélèvement d'un fragment de tissu ou d'organe à l'aide d'un trocart ou d'une aiguille en vue de son examen histologique.

ponction lombaire: (PL) prélèvement de liquide céphalorachidien par piqûre au niveau de la colonne vertébrale lombaire, en vue de son analyse.

port-à-cath (PAC): synonyme de « chambre implantable ».

porteur sain: personne hébergeant (porteur) un germe dans son organisme sans manifester aucun signe de maladie.

positivité: atome ayant perdu un électron – dans une analyse biologique: présence d'anticorps liés à une maladie.

post-: préfixe signifiant « après ».

post-mictionnel: se dit de ce qui se produit après une miction.

postopératoire: se dit de ce qui se produit après une intervention chirurgicale.

post-prandial: se dit de ce qui se produit après un repas.

posturologie: spécialité s'intéressant au positionnement du corps.

potassium : minéral présent dans l'organisme, antagoniste du sodium et favorisant l'élimination des liquides et des déchets. Il intervient également dans les échanges intercellulaires, la conduction nerveuse et la contraction musculaire.

pou : insecte hématophage (*pediculus humanus*) vivant sur le corps et de les cheveux des êtres humains.

pouls : battements perçus par palpation au niveau des artères en relation avec les battements cardiaques.

PPS : abréviation de « Produit de Protection Solaire » ou encore de « Programme personnalisé des soins ».

PR : abréviation de « polyarthrite rhumatoïde ».

pranayama : technique dérivée du Yoga qui permet le contrôle de l'énergie grâce à des exercices de respiration.

prébiotiques : substances alimentaires (souvent hydrate de carbone) qui stimulent le développement de la flore intestinale bénéfique pour la santé.

précancéreux : se dit de toute lésion présentant un risque élevé de cancérisation.

précancérose : état présentant un risque élevé de cancérisation.

précurseur : se dit de ce qui « précède », de ce qui est en avant-garde – se dit aussi d'une substance à partir de laquelle une autre substance sera produite.

prédisposition : facteurs présents chez une personne augmentant son risque de développer une maladie donnée.

prednisone : hormone de la famille de la cortisone.

prèle : (*equisetum arvense*) plante riche en minéraux et en particulier silicium. Elle présenterait aussi des activités hémostatique et diurétique.

prélèvement : action consistant à prendre ou à extraire un peu de substance, de liquide ou de tissu.

prémédication : prise de médicament avant une opération pour faciliter l'anesthésie.

presbyacousie : baisse de l'audition due au vieillissement.

presbyte : personne atteinte de presbytie.

presbytie : baisse de la vue, liée à une baisse de l'accommodation due au vieillissement.

préservatif (masculin ou féminin) : dispositif en caoutchouc fin et élastique appliqué sur le pénis ou dans la cavité vaginale lors d'un rapport sexuel dans un but contraceptif.

pressothérapie neumatique : thérapie basée sur le gonflement d'un manchon qui compresse un membre dans le but d'en éliminer l'œdème.

prévalence : nombre de personnes atteintes d'une maladie déterminée à un moment donné dans une population ciblée.

prévention : ensemble des mesures destinées à éviter l'apparition d'une maladie ou à prévenir les séquelles ou une récidive d'une maladie.

priapisme : érection permanente et douloureuse survenant en dehors de tout stimuli sexuel.

prick test : test consistant à rechercher les allergènes d'une personne en piquant légèrement la peau à l'endroit où a été déposée préalablement une goutte du produit suspect. Ensuite, l'étude de la réaction cutanée locale permettra de déterminer si la personne est ou non allergique au produit testé.

primaire (cancer) : synonyme de « cancer primitif » – tumeur maligne où se sont développées les premières cellules cancéreuses.

primitif (cancer) : voir « primaire ».

probiotiques : aliments apportant des bactéries vivantes, qui vont suppléer la flore intestinale comme les lactobactéries et les bifidobactéries.

procaryote : se dit d'une cellule ne possédant pas de noyau et n'ayant qu'un seul chromosome.

proctologie : spécialité traitant les maladies du rectum et de l'anus.

procubitus : position allongée et couchée sur le ventre.

prodrome : signe annonciateur d'une pathologie.

progestatif : médicament dérivé de la progestérone, hormone féminine.

progestérone : hormone féminine produite par les ovaires prédominante pendant la seconde moitié du cycle.

Programmation neuro-linguistique (PNL) : ensemble de techniques destinées à une bonne communication et aux changements bénéfiques. Elle s'intéresse aux représentations de la réalité, aux croyances, aux valeurs et aux ressources que présente chaque personne.

progression : évolution de la maladie non contrôlée par un traitement.

prolapsus : descente d'un organe ou d'une partie d'organe.

prolifération : multiplication incontrôlée et excessive de cellules donnant naissance à une tumeur.

promoteur (gène promoteur) : séquence de gènes présent sur un chromosome qui commande à un gène d'entrer en fonction (comme un oncogène).

pronostic : prévision de l'évolution d'une maladie basée sur la situation du malade.

pro-oncongène : précurseur d'un oncogène.

pro-oxydant : effet inverse d'un antioxydant – effet néfaste (oxydation) pour les organismes vivants produits par les radicaux libres.

prophylaxie : prévention.

propolis : substance résineuse collectée par les abeilles sur les plantes servant à la construction et la désinfection de la ruche. En plus de ses actions antiseptiques (antibactérienne, antifongique, antivirale), la propolis serait également fortifiante, antioxydante, anti-inflammatoire et anti-tumorale.

prostaglandine : substance produite par les tissus et organes ayant des propriétés particulières importantes sur l'immunité, l'inflammation, l'allergie...

prostate : organe masculin situé sous la vessie et traversé par l'urètre. Cette glande formée de trois lobes fabrique une sécrétion qui se mélange aux spermatozoïdes qu'elle nourrit.

prostate Specific Antigen (PSA) : marqueur tumoral permettant le diagnostic et le suivi de cancer de la prostate.

prostatectomie : ablation chirurgicale de la prostate.

prostatite : inflammation de la prostate.

protéase : enzyme qui peut détruire certaines protéines.

protéine : synonyme de « protide » – macromolécule composée d'acides aminés, indispensable pour la constitution, l'entretien, le renouvellement et le fonctionnement de l'organisme. Elles constituent les enzymes, les hormones, les chromosomes, l'hémoglobine, les immunoglobines... Elles sont le constituant principal des cellules (50 % de leur poids sec). Les protéines, les glucides et les lipides sont les trois principaux constituants de nos aliments.

protéine C réactive (PCR) : voir « PCR ».

protéine de Bence Jones : protéine anormale présente dans les urines en cas de myélome.

protéinogramme : dosage après floculation d'une cinquantaine de protéines présentes dans le sang, permettant un bilan de l'état général de l'organisme d'une personne et de ses principales fonctions...

protéinorachie : taux de protéines dans le LCR.

protéinurie : taux de protéines dans les urines.

protéome : correspond à l'ensemble des protéines induisant des effets (actions) au sein de l'organisme.

protéus : bactérie souvent responsable d'infection urinaire.

prothèse : dispositif artificiel servant à remplacer un membre, une partie de membre ou un organe absent ou que l'on a enlevé.

prothrombine : protéine fabriquée par le foie servant à la coagulation du sang.

prothrombine (taux de) : examen sanguin dosant la prothrombine synthétisée par le foie et intervenant dans la coagulation du sang. Cet examen permet de surveiller certains traitements anticoagulants (antivitaminiques K).

protide : voir « protéine ».

proto-oncogène : gène normalement présent dans le génome intervenant dans le contrôle de la division cellulaire.

protocole : ensemble du déroulement d'un traitement : choix des médicaments, mode d'administration, doses, durées, fréquence, chronologie…

proton : particule élémentaire de charge positive contenue dans le noyau de l'atome.

protonthérapie : radiothérapie faisant appel à l'utilisation de protons produits par un accélérateur de particules. La protonthérapie permet des irradiations très précises de la zone à traiter.

provitamine : substance qui est un précurseur d'une vitamine.

pruneaux (jus) : jus réalisé à partir de prunes séchées, qui a des vertus régulatrices de la fonction intestinale.

prurigineux : se dit de ce qui présente des démangeaisons.

prurit : démangeaison.

PSA : signifie « Antigène Prostatique Spécifique », c'est-à-dire un marqueur tumoral de la prostate.

PSA : abréviation de l'anglais « Prostata specific antigen », un marqueur spécifique de la prostate. L'augmentation du taux sanguin des PSA évoque une anomalie de la prostate qui peut être bénigne ou maligne.

pseudo-tumeur inflammatoire : formation d'allure tumorale provenant d'un processus inflammatoire.

PSH : abréviation de « Périarthrite scapulo-humérale », c'est-à-dire inflammation des muscles entourant l'articulation de l'épaule.

psoriasis : maladie de peau bénigne mais chronique, caractérisée par des lésions rouges et squameuses prédominant au niveau des coudes, des genoux et du cuir chevelu.

psychanalyse : thérapie qui consiste à interpréter ses rêves et ses actions pour comprendre les causes profondes de ses agissements et approcher son inconscient.

psychanalyste : thérapeute proposant une cure psychanalytique.

psychiatre : médecin spécialiste des maladies mentales et leurs traitements : médicaments et/ou psychothérapie.

psychisme : ensemble des processus conscients et inconscients, relevant de l'esprit.

psychologue : thérapeute diplômé réalisant des psychothérapies mais ne prescrivant pas de médicaments.

psycho-oncologie : spécialité de psychologie s'intéressant aux malades atteints d'un cancer et à leur entourage.

psycho-oncologue : spécialiste de psycho-oncologie.

psychose : ensemble de maladies mentales où les malades ne reconnaissent pas le caractère pathologique de leur comportement. Le psychotique n'est pas conscient de sa maladie, contrairement à la personne atteinte de névrose, qui se rend compte du caractère anormal de son trouble.

psychosocial : se dit de ce qui est en rapport avec les facteurs émotionnels et la vie en société.

psychosomatique : se dit de ce qui se rapporte aux troubles ou maladies liées ou aggravées par des facteurs émotionnels.

psychothérapeute : thérapeute non détenteur d'un diplôme officiel proposant des psychothérapies. Une réglementation de la profession est maintenant en cours.

psychothérapie : technique visant à traiter les troubles psychiques.

psychotique : personne atteinte de psychose.

psychotrope : substance naturelle ou synthétique modifiant le fonctionnement psychique : stimulants, sédatifs ou régulateurs.

PTH : abréviation de « Parathormone ».

ptose : descente ou positionnement anormalement bas d'un organe.

PTT : abréviation de « protocole temporaire de traitement ».

pubalgie : douleur de la région du pubis.

pubien (ne) : se dit de ce qui est en rapport avec le pubis.

pubis : région triangulaire située dans le bas du petit bassin, juste au-dessus des os iliaques.

puce à ADN : puce permettant de repérer les mutations génétiques sur un ADN.

pulpectomie : ablation du tissu central des testicules sans enlever l'enveloppe. Cette intervention permet de diminuer le taux d'hormones mâles notamment lors de cancer du testicule.

pulsatile : se dit de quelque chose qui bat, qui élance.

PU-PH : abréviation de « professeur des universités – praticien hospitalier ».

purique (base) : voir « base purique ».

purpura : ensemble de petites taches rouges provenant de petites fuites sanguines sous-cutanées qui ne s'effacent pas à la pression.

purulent : se dit de ce qui contient du pus.

pus : substance provenant d'une nécrose tissulaire et caractérisée par la présence d'un grand nombre de polynucléaires altérés.

pustule : soulèvement épidermique contenant un liquide purulent.

PVH : abréviation signifiant : « Papillomavirus Humain », germe responsable de certains cancers, dont le cancer du col de l'utérus.

pycnose : lésion irréversible du noyau des cellules présente lors de la mort cellulaire.

pyélonéphrite : inflammation d'un rein.

pyogène : se dit de ce qui provoque la formation de pus.

pyridoxine : synonyme de vitamine B6.

pyrimidique (base) : voir « base pyrimidique ».

pyrosis : sensation de brûlure partant de l'estomac et remontant le long de l'œsophage parfois jusqu'à la gorge et la bouche et qui est due à des remontées acides provenant de l'estomac.

pyrothérapie : technique utilisant la fièvre pour traiter certaines maladies.

pyurie : présence de pus dans les urines.

Q

qi : voir « chi » – en médecine traditionnelle chinoise signifie : énergie vitale du corps.

qi gong : voir « chi gong ».

qsp : abréviation utilisée dans les préparations pharmaceutiques pour signifier « quantité suffisante pour » et à la suite est indiquée la quantité finale désirée.

quadrantectomie : opération chirurgicale consistant à enlever une partie d'un sein (un quadrant) pour traiter un cancer du sein.

quadriplégie : synonyme de « tétraplégie » – paralysie des quatre membres d'une personne.

quanta (théorie des) : théorie émise par Planck selon laquelle l'énergie rayonnante présente comme la matière, une structure discontinue sous forme de grains ou quanta.

quantique : se dit de ce qui se rapporte au quanta.

quantum : quantité minimale d'énergie pouvant être émise, propagée et absorbée.

quark : particule fondamentale de la matière (avec les leptons) qui participe à la constitution des protons et des neutrons.

queue de cheval (syndrome) : ensemble de troubles neurologiques et sphinctériens liés à une compression des nerfs du bas de la colonne vertébrale.

quinolones : famille d'antibiotiques.

quinquina : plante dont l'écorce permet de lutter contre la fièvre et de traiter le paludisme. De plus il stimule l'organisme et l'appétit.

R

RA : abréviation de « rétrécissement aortique » – c'est-à-dire rétrécissement situé au niveau de la valve aortique du cœur, à la sortie du ventricule gauche.

rachi-anesthésie : perte de la sensibilité de la moitié inférieure du corps réalisée par l'injection d'un anesthésique dans la région lombaire (dans le liquide céphalo-rachidien).

rachidien : se dit de ce qui est en rapport avec la colonne vertébrale.

rachis : synonyme de « colonne vertébrale ».

rachitisme : maladie due à une carence de l'organisme en vitamine D. Elle est responsable de fractures, d'un mauvais développement dentaire et de troubles de la croissance chez les enfants.

rad : unité de dose absorbée, provenant d'un rayonnement ionisant équivalent à 100 ergs.

radiation : émission de particules ou de rayonnement, ionisant ou non dont certaines peuvent induire des mutations génétiques.

radiation ionisante : radiation qui produit des ions.

radical libre : on parle plus souvent de **« radicaux libres »** que de radical libre. Ce sont des particules chimiques toxiques, produites par l'action de l'oxygène (oxydation) qui sont capables d'induire des dégradations plus ou moins importantes au niveau de l'organisme. Lorsqu'ils sont en excès, ils sont responsables du vieillissement et de certaines maladies.

radicaux libres : voir « radical libre ».

radiesthésie : technique de recherche de diagnostic et de traitement grâce à l'utilisation d'un pendule ou autre instrument. Méthode également utilisée par les sourciers.

radio- : préfixe signifiant « rayonnement ».

radioactif : se dit des matériaux qui émettent des rayonnements électromagnétiques (X ou gamma) ou corpusculaire (alpha et bêta) ou les deux.

radioactivité : faculté que possèdent certaines substances à émettre des particules capables d'agir sur les corps qu'elles traversent. Les dommages produits sont proportionnels à l'intensité et à la durée de l'exposition.

radiofréquence : technique qui permet de « griller » les tumeurs grâce à des émissions d'ondes radio-électriques.

radiographie : technique d'imagerie médicale – examen utilisant de faibles doses de rayons X pour visualiser l'intérieur de l'organisme et d'en faire des clichés.

radio-immuno diagnostic : technique qui utilise des anti-corps monoclonaux marqués à l'iode 131 ou au Technétium 99 qui vont se fixer sur les antigènes de la tumeur.

radiologie : spécialité médicale qui utilise des rayonnements (rayons X, ultrasons et autres) dans le but d'étudier une région du corps ou un organe et d'en réaliser des images.

radiologue : médecin spécialisé en imagerie médicale (radiologie).

radionique : science qui étudie les propriétés énergétiques des ondes de formes.

radio-oncologue : synonyme de « radiothérapeute » – médecin spécialiste de l'emploi des rayons dans le traitement des cancers.

radiorésistance : se dit d'une tumeur, d'un tissu ou d'une cellule qui ne peut pas être altéré (ou très peu) par les rayonnements ionisants.

radiosensible : se dit d'une tumeur, d'un tissu ou d'une cellule qui peut être altéré par les rayonnements ionisants.

radiothérapeute : synonyme de « radio-oncologue ».

radiothérapie : traitement qui utilise des appareils émettant des radiations (rayons X, rayons gamma, électrons, protons et neutrons) principalement contre les tumeurs. On distingue : la **radiothérapie externe** qui consiste à irradier une tumeur à travers la peau et les tissus ; et la **radiothérapie interne** ou curiethérapie qui consiste à placer une substance ionisante dans la tumeur elle-même.

radis noir : (*raphanus sativus*) plante potagère présentant d'importantes actions hépatobiliaires.

radium : élément radioactif utilisé en radiothérapie. Il se désintègre en émettant un rayonnement alpha et un rayonnement gamma.

radon : gaz radioactif naturel présent dans certaines régions et infestant les caves et les parties basses des habitations.

raisin (marc de) : résidu obtenu après pressage des grappes présente d'intéressantes propriétés éliminatrices et antioxydantes.

raisin (pépins de) : particulièrement riche en OPC (Oligomères Pro Cyanolidiques) les pépins de raisin sont d'excellents antioxydants mais ils ont démontré leur efficacité dans les pathologies veineuses et artérielles mais aussi dans les processus du vieillissement.

randomisation : sélection aléatoire (tirage au sort) d'échantillons des malades, les uns recevant le traitement standard, les autres non.

randomiser : se dit d'un essai clinique où le traitement est tiré au sort pour chaque patient.

Rath Matthias : médecin ayant poursuivi les travaux du Professeur Linus Pauling, pour qui 90 % des décès par le cancer sont dus à l'existence de métastases. Pour lutter contre elles, il a mis au point un protocole composé de lysine, sélénium, proline, acides aminés, polyphénol et vitamines.

rawfolia vomitoria : plante africaine qui régule l'équilibre hormonal. Le Pr Beljanski lui a également découvert une action antitumorale notamment contre les cancers hormonosensibles, seul ou en association avec chimiothérapie (mais pas avec l'hormonothérapie).

Raynaud (maladie de) : troubles vasomoteurs des extrémités survenant par poussées.

rayon : voir « radiothérapie » – terme souvent employé pour « rayonnement ».

rayon cosmique : rayonnement naturel provenant de l'environnement extra-terrestre, constitué principalement de protons et de particules alpha.

rayon gamma: rayonnement (photons) émis par une source radioactive et utilisé dans certaines radiothérapies.

rayon tellurique: rayonnement naturel provenant de la planète Terre.

rayon X: rayonnement utilisé à faible dose comme imagerie médicale pour le diagnostic des maladies (radiologie) et à forte dose pour le traitement des tumeurs (radiothérapie).

rayonnement: voir « radiation ».

rayonnement ionisant: rayonnement capable de détériorer l'ADN des cellules qu'ils atteignent et ainsi de détruire les cellules.

RCH: abréviation de « Recto-Colite Hémorragique ».

RE: abréviation de « récepteur (hormonal) aux œstrogènes ». On parle de RE+ (positif) ou RE– (négatif) selon que ce type de récepteur est présent ou non sur la membrane des cellules cancéreuses.

réaction inflammatoire: voir « inflammation ».

réadaptation: période d'acclimatation lors du retour à la vie normale après une maladie.

réanimation: ensemble de geste, de techniques et de traitements visant en urgence à rétablir les fonctions vitales d'une personne.

rebirth: méthode de développement personnel, destiné à revivre le traumatisme émotionnel de la naissance afin de se libérer et de s'épanouir aussi bien affectivement qu'intellectuellement.

reboutage: ensemble de techniques et de massages issues de connaissances ancestrales.

récepteur hormonal: substance (protéine) située sur la membrane des cellules qui détecte et capte les hormones présentes dans la circulation sanguine (comme les œstrogènes ou la progestérone en cas de cancer du sein) ce qui va déclencher une réaction biologique au niveau de la cellule (principalement une prolifération cellulaire).

récepteur NMDA: récepteur situé sur la membrane des neurones, impliqués dans le circuit de la sensibilité et notamment de la douleur.

récessif : se dit d'un caractère nécessitant la présence de deux gènes pour pouvoir s'exprimer.

recherche clinique : branche de la pharmacologie destinée à connaître les effets des médicaments dans l'organisme.

rechute : synonyme de « récidive » – reprise de la maladie après une période de rémission complète.

récidive : voir « rechute ».

reconnexion : technique destinée à remettre un individu en relation avec toutes ses dimensions.

reconstruction : opération généralement chirurgicale qui vise à réparer une région ou un organe lésé.

rectite : inflammation du rectum.

rectocèle : descente ou hernie d'une partie du rectum dans le vagin.

rectocolite : inflammation simultanée du rectum et du côlon.

rectocolite hémorragique (RCH) : maladie inflammatoire du rectum et du côlon probablement d'origine auto-immune.

rectoscopie : examen endoscopique du rectum en passant par l'anus.

recto-sigmoïdoscopie : examen endoscopique du rectum et du côlon sigmoïde en passant par l'anus.

rectum : partie terminale du côlon (gros intestin) situé entre le côlon pelvien et l'anus.

récurrence (d'un cancer) : réapparition d'un cancer après un temps pendant lequel le cancer avait apparemment disparu (période de rémission).

Redon : voir « drain de Redon ».

réducteur : se dit de substances qui ont la propriété de désoxyder une molécule (réduire).

réduction : réaction par laquelle une molécule perd un atome d'oxygène (inverse de l'oxydation) ; mais aussi par laquelle une molécule capte un ou plusieurs électrons. Elle devient alors réduite.

rééducation ergothérapique : voir « ergothérapie ».

réflexologie : synonyme de « réflexothérapie » – thérapie manuelle visant par la stimulation de zones réflexes, à stimuler ou à réguler certaines fonctions organiques.

réflexologue : thérapeute pratiquant la réflexothérapie.

réflexothérapie : voir « réflexologie ».

reflux gastro-œsphagien (RGO) : remontée d'acidité et/ou d'aliments acides provenant de l'estomac vers l'œsophage et la bouche.

réfractaire : se dit d'une maladie non contrôlée par les traitements.

régénération tissulaire : processus conduisant à la reconstitution d'un tissu après sa destruction partielle.

régime : mode d'alimentation.

régime ancestral : voir « régime Seignalet ».

régime crétois : voir « régime méditerranéen ».

régime d'éviction des polyamines : Les polyamines jouant un rôle important dans la prolifération des cellules cancéreuses, leur éviction permet des régressions intéressantes des tumeurs. et la transformation maligne en affectant la synthèse des protéines et de l'ADN.

régime dissocié : régime amaigrissant interdisant l'association des glucides (sucres) et des lipides (graisses).

régime hépatique : régime alimentaire constitué essentiellement d'aliments faciles à digérer pour le foie.

régime hyperprotéiné : régime amaigrissant basé sur une alimentation riche en protéines.

régime méditerranéen : régime alimentaire à l'image de celui suivi par les habitants de la Crète qui leur procurait santé et vigueur jusqu'à un âge avancé.

régime Okinawa : régime alimentaire et mode de vie à l'image de celui suivi par les habitants d'Okinawa au Japon, qui leur procurait santé et vigueur jusqu'à un âge avancé.

régime paléolithique : voir « régime Seignalet ».

régime sans sel : régime alimentaire éliminant le plus possible le sel, principalement en cas de problème cardiaque, rénal ou de prise prolongée de cortisone.

régime Seignalet : ou « Régime ancestral » mis au point par le Dr Seignalet consistant à manger des aliments crus et le moins cuits possibles, et à éliminer les laitages et le gluten.

régime selon les groupes sanguins : régime alimentaire établi par le Dr Peter J. D'Adamo qui décrit différentes alimentations en fonction du groupe sanguin des personnes.

règles : en gynécologie, synonyme de « menstruations » – période de saignement gynécologique normal survenant en début de cycle.

réglisse : plante riche en saponines (glycyrrhizine, glucosides flavoniques, oxycoumarine...) utilisée essentiellement pour ses actions anti-inflammatoires sur le tube digestif.

régression : diminution de la taille d'une tumeur.

régulateur (gène) : gène déterminant la production d'une substance par une cellule.

régurgitation : remontée d'aliments dans la bouche, sans nausées, ni effort de vomissement.

réhabilitation : voir « réadaptation ».

reiki : mot japonais provenant de REI qui signifie « univers » et KI pour « énergie ». Le reiki correspond donc à l'énergie universelle. Il s'agit d'une méthode de guérison naturelle fondée dans les années 20 par le Dr Mikao Usui, et basée sur le magnétisme des mains pour obtenir le rétablissement de la circulation énergétique du corps et ainsi rétablir le bien-être général de la personne.

reine des près : (Ulmaire) plante riche en dérivés salicylés ayant des propriétés antipyrétiques, anti-inflammatoires et antalgiques.

réinsertion : voir « réadaptation ».

rejet de greffe : ensemble des réactions développées par un hôte contre un greffon ce qui peut aboutir à la destruction complète de celui-ci.

relaxation : technique destinée à obtenir un relâchement des tensions musculaires et psychiques pour parvenir dans la vie courante à réagir de façon plus détendue.

Rem : unité de dose d'irradiation au niveau du tissu, équivalent au Rad.

remède : médicament.

reminéralisant (e) : se dit d'une substance apportant des minéraux et des oligoéléments utiles pour l'organisme.

rémission : disparition apparente de tous les signes d'une maladie.

réplication : processus d'autoreproduction d'une molécule d'ADN en deux molécules filles exactement semblables à l'originale.

répresseur : se dit d'une protéine qui réprime le fonctionnement d'un gène.

réprimé : se dit d'un gène ou d'une fonction de gène qui ne peut pas s'exprimer en raison d'une répression.

reprotoxique : se dit d'une substance ou autre, nuisibles pour la reproduction humaine.

requin (huile de foie) : riche en alkylglycérols (AKG), est un excellent immunostimulant et présente d'intéressantes activités antitumorales.

résection : intervention chirurgicale qui consiste à enlever tout ou partie d'un tissu, d'un organe ou d'un membre. On parle alors de résection partielle ou totale.

réséquer : opération qui consiste à enlever tout ou partie d'un tissu, d'un organe ou d'un membre.

résistance (au traitement) : non sensibilité des cellules, d'un germe, d'une tumeur au traitement employé ce qui aboutit à une inefficacité du traitement. Pour la radiothérapie on parle de **radiorésistance**, pour la chimiothérapie de **chimiorésistance,** pour l'immunothérapie d'**immunorésistance**, pour l'antibiothérapie d'**antibiorésistance**...

résistant : se dit lorsqu'un traitement est inefficace contre une maladie.

résolutif : se dit de ce qui soulage la douleur, calme les inflammations ou/et élimine les engorgements. Et d'un point de vue psychologique, se dit de ce qui solutionne les conflits et les chocs émotionnels.

résorption : phénomène aboutissant à la disparition d'un produit, d'une tumeur, d'un corps étranger, etc.

respiration : fonction permettant les échanges gazeux.

respiratoire : se dit de ce qui est en rapport avec la respiration.

ressource : en PNL : ensemble des capacités et des moyens souvent inusités, que possède une personne et qui peuvent lui permettre de surmonter une situation difficile.

resvératrol : antioxydant (polyphénol) présent particulièrement dans la peau du raisin rouge, les framboises et les mûres. Il serait également un agent antifongique et anticancéreux puissant.

rétention d'eau : accumulation d'eau dans l'organisme pouvant être liée à divers facteurs (circulatoire, rénaux, cardiaques…) et responsable de gonflement, d'œdème et de prise de poids.

réticulocyte : élément jeune des globules rouges.

réticulosarcome : sarcome de certains macrophages dits cellules réticulaires.

rétine : membranes situées au fond de l'œil et permettant la vision. Elle est formée de cellules nerveuses réceptionnant les sensations visuelles qui sont reliées au nerf optique.

rétinoblastome : cancer de la rétine, souvent héréditaire.

rétinol : synonyme de « vitamine A ».

rétinopathie : affection de la rétine.

rétrovirus : catégorie de virus appartenant à la famille des retroviridae possédant un ARN sphérique entoure d'une membrane.

réunion multidisciplinaire : voir « staff ».

rêve éveillé : technique qui explore les images symboliques émergeant d'une personne alors qu'elle se trouve en état de relaxation profonde.

réversion : retour à la normale.

révulsif : se dit de ce qui décongestionne un organe.

RGO : abréviation de « reflux gastro-oesophagien ».

RH : abréviation de « récepteur hormonal ». On parle de RH + (positif) ou RH – (négatif) selon qu'il y a ou non présence de ce type de récepteur sur la cellule.

RH2 : potentiel d'oxydo-réduction. Une substance est réductrice si elle a un RH2 de 0 à 28 et oxydée entre 28 et 42.

rhabdo-myosarcome : sarcome constitué par la prolifération de cellules musculaires striées plus ou moins différenciées.

Rhésus (Rh) : nom donné à un des systèmes sanguins.

rhinite : synonyme de « rhume » – inflammation de la muqueuse nasale appelée rhume dans le langage courant.

rhinite allergique : inflammation de la muqueuse nasale liée à une réaction allergique.

rhino-pharyngite : inflammation à la fois de la muqueuse nasale et de la muqueuse pharyngée.

rhizarthrose : arthrose située sur les doigts.

rhubarbe : plante classiquement utilisée comme laxatif. Elle aurait également des vertus stimulantes sur les reins.

rhumatisme : ensemble des manifestations douloureuses situées au niveau des articulations et des structures périarticulaires.

rhumatologie : spécialité médicale qui traite les maladies rhumatismales.

rhume de hanche : inflammation de la hanche touchant les enfants entre 3 et 10 ans. La guérison survient généralement en quelques semaines sans laisser de séquelles.

rhume des foins : rhinite allergique aux pollens de graminés.

rhume : voir « rhinite ».

ribes nigrum : nom latin du cassis.

riboflavine : synonyme de « vitamine B2 ».

ribonucléïque : voir « acide ribonucléique » ou « ARN ».

ribose : sucre entrant dans la constitution des nucléosides de l'acide ribonucléique.

ribosome : organite présent dans le cytoplasme des cellules au niveau duquel se réalise la synthèse des protéines.

rifampicine : antibiotique utilisé dans le traitement de la tuberculose et qui possède des propriétés antivirales.

risque : voir « facteur de risque ».

RM : abréviation de « rétrécissement mitral » c'est-à-dire rétrécissement de la valve mitrale située au niveau du cœur entre l'oreille gauche et le ventricule gauche.

Ro : abréviation signifiant « résistivité » qui est exprimée en ohms, mesure la propriété conductrice ou isolante d'une substance.

romarin : plante renommée pour ses vertus sur la sphère digestive : cholérétique, cholagogue, antispasmodique… Elle est aussi diurétique et détoxifiante ce qui la rend utile en cas de rhumatisme.

rose : fleur dont les extraits présentent des actions tonifiantes sur la circulation sanguine.

Rosen : voir « méthode Rosen ».

ROT : abréviation de « Réflexe Ostéo-Articulaire ».

rougeole : maladie infectieuse éruptive, fébrile et contagieuse survenant essentiellement dans l'enfance et qui est due à un virus (morbillivirus).

RP : abréviation pour « récepteur hormonal à la progestérone ». On parle de RP + (positif) ou RP– (négatif) selon qu'il y a ou non présence de ce type de récepteur sur la membrane cellulaire.

rubéole : maladie infectieuse éruptive, fébrile et contagieuse survenant essentiellement dans l'enfance et qui est due à un virus (rubivirus).

Rx : abréviation utilisée pour « radio ou radiographie ».

S

S : symbole chimique du soufre.

saburrale (langue) : langue plutôt sèche et épaissie et recouverte d'un enduit blanchâtre ou jaunâtre.

sacré : se dit de ce qui est en rapport avec l'os sacrum.

SADAM : abréviation de « syndrome d'algo-dysfonctionnel de l'appareil manducateur » c'est-à-dire un problème de l'articulé dentaire ce qui entraîne un déséquilibre des articulations temporo-maxillaires.

safran : (crocus sativus) épice stimulant de l'appétit, de la digestion, du système immunitaire et de l'état général.

salivation : sécrétion de salive dans la bouche.

salmonelle : bactérie. On distingue 2 groupes de salmonelles : celles responsables des fièvres typhoïdes et paratyphoïdes et les salmonelles mineures, plus fréquentes responsables de gastro-entérites.

salmonellose : maladie due au salmonelle.

salpingite : inflammation de la trompe de Fallope.

sang : liquide biologique circulant dans les vaisseaux sanguins et qui est constitué de plasma et d'éléments : les globules blancs ou leucocytes, les globules rouges ou hématies et les plaquettes.

saprophyte : se dit des micro-organismes vivant normalement dans un organisme sans l'incommoder, voire en coopérant avec lui.

sarcoïdose : maladie ressemblant à la tuberculose, pouvant se généraliser à tous l'organisme.

sarcome : tumeur maligne provenant du tissu conjonctif comme les os, les muscles, les tissus hématopoïétiques...

sarcome de Kaposi : proliférations de cellules cancéreuses au niveau de la peau, des muqueuses et/ou des organes internes qui se manifestent avec l'apparition de tâches violettes.

sarcome ostéogénique : synonyme d'« ostéosarcome » ou sarcome des os.

sassafras : plante présentant essentiellement des actions sur les troubles digestifs, les flatulences et les troubles du transit.

saturé : voir « acide gras saturé ».

sauge : plante riche en flavonoïdes stimulant sur les surrénales. Elle est couramment utilisée pour les troubles circulatoires et vasomoteurs.

saule (écorce) : arbre dont l'écorce est riche en dérivés salicylés. Il est donc très intéressant comme anti-inflammatoire (sur les rhumatismes) et antipyrétique (en cas d'état infectieux).

saumon (huile de) : huile riche en certains acides gras essentiels polyinsaturés caractéristiques (EPA et DHA) qui permet de réguler le cholestérol, les triglycérides et ainsi de prévenir l'athérosclérose et les maladies cardiovasculaires.

saw palmetto (baies de) : ses baies sont utilisées pour lutter contre l'inflammation dans les pathologies veineuses (hémorroïdes, jambes lourdes) mais également de la sphère génito-urinaire (prostate, cystite).

SC : abréviation de « sous-cutané ».

scanner : synonyme de « Tomodensitométrie » (TDM), examen pratiqué avec une émission de rayons X réalisant des coupes rapprochées d'un organe ou d'une région du corps. L'utilisation d'un produit de contraste (à base d'iode) peut permettre d'améliorer la qualité des images.

scapulo-huméral (articulation) : articulation de l'épaule.

scarlatine : maladie infectieuse, fébrile et contagieuse due au streptocoque hémolytique.

schizophrène : personne atteinte de schizophrénie.

schizophrènie : psychose de cause non déterminée, produisant une dissociation de la personnalité.

Schüssler (sels de) : thérapie mise au point par le médecin allemand Schussler qui, au XIXe siècle, et basée sur l'utilisation de sels minéraux inorganiques présents dans le sang, et dont les déficiences sont responsables des maladies.

schwannome : synonyme de « neurinome » – tumeur bénigne constituée d'une prolifération de cellules de Schwann (cellules située autour des cellules nerveuses).

sciatalgie : douleur du nerf sciatique.

sciatique (nerf) : nerf partant du bas de la colonne vertébrale lombaire et descendant le long de la jambe jusqu'au pied – par extension : douleur du nerf sciatique, liée généralement à une compression.

scintigraphie : examen utilisant des marqueurs faiblement radioactifs pour visualiser des organes et des lésions éventuelles. Les scintigraphies : osseuse et thyroïdienne sont les plus fréquemment utilisées.

sclérodermie : maladie auto-immune atteignant la peau.

sclérose : synonyme de « fibrose » – durcissement anormal d'un tissu, dû à une augmentation des fibrilles (collagène) du tissu conjonctif.

sclérose en plaques (SEP) : maladie du système nerveux central d'origine mal déterminée (probablement auto-immune) atteignant l'adulte jeune et caractérisée par une démyélinisation des nerfs.

scoliose : déformation pathologique de l'axe de la colonne vertébrale.

scorbut : maladie due à une carence en vitamine C.

scrotum : peau enveloppant les testicules.

Se : symbole chimique du sélénium.

séborrhée : augmentation anormale des sécrétions sébacées de la peau.

secondaire (cancer) : voir « métastase ».

sécrétion : production d'une substance particulière par un tissu ou une glande.

secte : ensemble d'individus obéissant à la même doctrine.

sédatif : se dit d'un médicament qui calme.

sédentarité : insuffisance d'activité physique.

sédimentation (vitesse de) : séparation sous l'influence de la pesanteur, du sang en ses composants liquide (plasma) et solide (globules) : la partie solide se dépose au fond du tube et la partie liquide surnage. Une augmentation de la vitesse de sédimentation peut indiquer l'existence d'une maladie.

Seignalet : voir « régime Seignalet ».

sel de l'Himalaya : sel fossile extrait de mines de l'Himalaya qui posséderait des vertus pour la santé et la croissance.

sélénium : oligo-élément et antioxydant puissant, qui joue un rôle important dans la détoxication des métaux lourds.

self : terme anglais signifiant « auto ».

selles : matières fécales.

sels de Schüssler : voir « Schüssler ».

sels minéraux : voir « minéraux ».

séminal : se dit de ce qui est en rapport avec le sperme.

séminomateux : se dit de ce qui se rapporte au séminome.

séminome : tumeur développée aux dépends des cellules germinales des glandes génitales (ovaire et testicules).

sémiologie : partie de la médecine qui étudie les signes des maladies.

séné : plante active sur la motricité intestinale.

sénescence : synonyme de « vieillissement » – modifications habituelles de l'organisme observées lorsqu'une personne prend de l'âge.

sénologue : médecin spécialisé dans la prise en charge des maladies du sein.

sensitive Gestalt Massage (SGM) : thérapie basée sur un ensemble de mouvements précis dans le but d'obtenir de la détente et un apaisement.

sensoriel : se dit de ce qui se rapporte aux sens.

SEP : abréviation de « sclérose en plaques ».

septicémie : maladie liée à un envahissement du sang par un germe.

septum : cloison.

séquelle : effet secondaire, trace, handicap laissé par un traitement, une maladie ou un accident pouvant persister longtemps, parfois définitivement.

séquençage : détermination de l'ordre des composants sur une macromolécule.

séreux : se dit de ce qui a l'apparence du sérum.

seringue : petite pompe qui sert à envoyer ou aspirer des liquides dans le corps.

séroconversion : apparition d'anticorps dans le sang contre un antigène donné.

Sérocytol® : nom de fabrication de globulines (anticorps anti-organes) qui vont réguler le fonctionnement de l'organe visé.

sérologie : analyse de sang qui recherche les anticorps présents dans le sang contre un germe déterminé.

séropositivité : présence d'anticorps spécifiques contre un germe déterminé, ce qui peut indiquer l'existence d'une maladie due à ce germe.

sérotonine : neurotransmetteur secrété par certaines cellules du tube digestif et du cerveau qui est connu pour ses actions sur l'anxiété, le moral, la douleur et le sommeil.

sérum : partie liquide du sang qui apparaît après la coagulation de celui-ci.

sérum de Quinton : concentré d'eau de mer particulièrement riche en minéraux et oligoéléments.

setron (anti 5HT3-R) : classe médicamenteuse utilisée contre les nausées et les vomissements de la chimiothérapie.

sevrage : action de se priver d'un produit de manière brutale chez une personne dépendante : alcool, tabac, drogue...

sexologie : thérapie organique et psychologique qui s'intéresse à la recherche des causes et les traitements médical et psychologique des troubles sexuels.

SFC : abréviation de « syndrome de fatigue chronique ».

SGA : abréviation de « streptocoque bêta hémolytique du groupe A », qui est une bactérie pouvant être responsable d'angines.

SGM : abréviation de « Sensitive Gestalt Massage ».

shiatsu : signifie « pression du doigt » en japonais – thérapie énergétique suivant les principes de la Médecine traditionnelle chinoise, qui utilise les pouces et les paumes de mains pour presser certains points d'acupuncture dans le but de rééquilibrer la circulation énergétique de l'organisme et ainsi relancer ses processus d'auto-guérison.

shiitaké : champignon japonais utilisé classiquement comme régénérant et tonifiant. Il aurait également des vertus antitumorales et immunostimulantes.

Si : symbole chimique du « silicium ».

sida : abréviation de « Syndrome Immuno Défience Acquise ».

sidérémie : taux de fer dans le sang.

sidéropénie : baisse anormale du taux de fer dans le sang.

sidérose : synonyme de « hémosidérose » – dépôt anormal de fer dans les tissus.

sigmoïde : partie terminale du gros intestin en forme de « S » d'où son nom.

sigmoïdoscopie : coloscopie (endoscopie) de la partie terminale du gros intestin (des 60 derniers centimètres).

signe : manifestation anormale – trouble – observée par le patient ou par le médecin.

signe climatérique : troubles liés à la ménopause (climatère) : bouffées de chaleur, troubles dépressifs, troubles du sommeil, troubles de l'humeur, prise de poids, etc.

silicate : sel de l'acide silicique, dérivé de la silice.

silice : minéral intervenant dans la fixation du calcium sur les os mais aussi sur la minéralisation des ongles, des cheveux et de tout le tissu conjonctif.

silicone : substance gélatineuse utilisée pour la fabrication de prothèse du sein.

sinus : cavité tapissée d'une muqueuse qui est creusée dans un os. Il existe plusieurs sinus au niveau de la face : sinus frontal, ethmoïdal, maxillaire, sphénoïdal qui communiquent avec les fosses nasales.

sinusite : inflammation des sinus.

sirop : médicament liquide sucré à consommer par voie orale.

site implantable : petite boîte placée sous la peau de la poitrine qui est reliée à une veine par un tuyau fin et qui sert pour les perfusions de chimiothérapie.

SLA : abréviation de « sclérose latérale amyotrophique ».

smoothie : cocktails de fruits frais intéressants pour leurs apports en vitamines, minéraux et oligoéléments.

SMR : abréviation de « Service Médical Rendu ».

SNA : abréviation de « système nerveux automatique (ou autonome) » synonyme de système nerveux végétatif.

SNC : abréviation de « système nerveux central ».

SNV : abréviation de « système nerveux végétatif » synonyme de système nerveux automatique (ou autonome).

SOD : abréviation de « superoxyde dismutase ».

sodé : se dit de ce qui contient du sodium.

sodique : se dit de ce qui est rapport avec le sodium.

sodium : minéral important de l'organisme qui joue un rôle important dans la transmission de l'influx nerveux et l'équilibre hydrique de l'organisme.

soin curatif : traitement ayant pour but de guérir le malade.

soin palliatif : traitement ayant pour but de soulager le malade de ses troubles, lorsqu'une guérison n'est plus possible.

soja : plante riche en protéines, en isoflavones (précurseurs hormonaux), en fer, en fibres et en vitamines qui préviendrait l'ostéoporose, réduirait le risque de cancer du sein, agirait sur les maladies cardiovasculaires mais aussi les troubles liés à la ménopause.

soja (huile de) : huile riche en acides gras polyinsaturés.

soja (lécithine de) : extrait de la graine, remarquablement riche en phospholipides qui sont les éléments constitutifs des membranes cellulaires. Elle permettrait également la régulation du taux de cholestérol.

Solomides (Jean) : chercheur français de l'institut Pasteur, inventeur des « Physiatrons Synthétiques » (PS) constitués de péroxydes (substances riches en oxygène) qui auraient des effets anticancéreux.

somatique : se dit de ce qui concerne le corps par opposition au psychisme.

somatique (cellule) : correspond aux cellules de l'organisme autres que les cellules germinales.

somatostatine : hormone sécrétée au niveau du tube digestif, agissant sur le foie, le pancréas, l'hypophyse, la thyroïde et le tube digestif.

somatothérapie : ensemble des techniques corporelles utilisées dans un but thérapeutique.

somatrophine : hormone secrétée par le lobe antérieur de l'hypophyse qui stimule la croissance et règle l'équilibre nutritionnel.

sommeil paradoxal : phase de sommeil profond, caractérisée par des mouvements oculaires.

somnanbulisme : activité motrice anormale survenant pendant le sommeil.

somnifère : psychotrope sédatif aidant au sommeil.

somnolence : état de fatigue et d'assoupissement.

sonde : tige pleine ou creuse, rigide ou souple, servant à explorer, à évacuer, à aspirer ou à injecter dans l'organisme.

sonographie : synonyme d'« échographie » ou d'ultrasonographie.

sonothérapie : thérapie basée sur les sons.

sophrologie : thérapie utilisant les états modifiés de conscience.

soporifique : se dit de ce qui fait dormir.

SOR : abréviation de « Standard, Option et Recommandation ».

sorbitol : extrait de la fécule de pommes de terre et de l'amidon de maïs, utilisé pour son pouvoir sucrant.

sortie du corps : état donnant l'impression que la conscience est sortie du corps physique.

souche : voir « cellule souche ».

souci : voir « calendula ».

soufre : oligoélément important pour la santé de la peau (et des phanères), pour la régénération du cartilage articulaire et dans les défenses immunitaires.

sourcier : personne capable de détecter l'endroit d'une source par radiesthésie.

sous-cutané : se dit de ce qui est sous la peau.

sous-maxillaire (glande) : glande salivaire située en dessous de la mâchoire.

spagyrie : thérapie basée sur l'utilisation des principes actifs (chimiques et énergétiques) des plantes passant par trois étapes : fermentation, distillation, calcination.

spasme : contraction brusque et involontaire.

spasmophilie : ensemble de troubles à l'origine mal déterminée, comportant des spasme, des contracture, de la nervosité, etc.

spécifique : se dit d'un élément évocateur d'une cause ou d'une maladie.

spéculum : instrument permettant d'ouvrir et de maintenir ouvertes des cavités naturelles afin de les examiner.

spermatozoïdes : cellules sexuelles (germinales) mâles matures et donc aptes à féconder l'ovule.

sphincter : muscle circulaire entourant un orifice et qui en assure la fermeture ou l'ouverture.

spino-cellulaire : se dit de ce qui est en rapport avec les cellules de la couche profonde de la peau et des muqueuses.

spirométrie : examen mesurant les volumes pulmonaires et les débits respiratoires.

spiruline : algue bleue riche en protéines, fer, bêtacarotène, vitamines, minéraux, acides gras essentiels, sélénium, iode, etc. qui permet de pallier aux carences et qui est source de vitalité. Elle serait aussi très utile pour détoxiquer l'organisme.

splénectomie : ablation chirurgicale de la rate.

splénomégalie : augmentation de volume de la rate.

spondylarthrite ankylosante : maladie rhumatismale induisant une raideur progressive et douloureuse, de l'ensemble de la colonne vertébrale.

spondylite : inflammation d'une vertèbre.

sporadique : se dit d'une maladie qui atteint des individus isolément.

spray : voir « aérosol-doseur ».

squalène : substance issue de l'huile de requin, mais aussi en moindre quantité de l'huile d'olive, précurseur de la DHEA, une hormone naturelle ralentissant le vieillissement de l'organisme.

squame : fine lamelle épidermique qui se dessèche et se détache de la peau.

SRO : abréviation de « soluté de réhydratation orale ».

SSIAD : abréviation de « service de soins infirmiers à domicile ».

SSR : abréviation de « soins de suite et de réadaptation ».

stade : période de l'évolution d'une maladie. Le stade d'un cancer est établi en fonction du grade, de la classification TNM et de l'examen histologique de la tumeur cancéreuse. Il permet de déterminer la situation évolutive d'un cancer à un moment donné.

stade d'évolution ou stage évolutif : synonyme d'« extension » ou d'« évolution ».

stadification : attribution d'un stade à une maladie, généralement un cancer, en fonction de différents examens.

stading : détermination du stade d'une maladie, en général cancéreuse.

staff : réunion des médecins de différentes spécialités en vue de consulter des dossiers de patients et discuter de la meilleure orientation thérapeutique à lui proposer.

standard (traitement) : traitement validé par des essais thérapeutiques pour une maladie déterminée à un stade évolutif établi.

staphylocoque : bactérie souvent responsable d'infection cutanée (staphylocoque doré).

stase : ralentissement ou arrêt d'un courant circulatoire (sang, liquide) entrainant une congestion.

stase lymphatique : ralentissement ou arrêt partiel de la circulation lymphatique.

stase veineuse : ralentissement ou arrêt de la circulation veineuse.

statines : catégorie de médicaments indiqués en cas d'hypercholestérolémie.

stéatose : surcharge en graisses des cellules d'un organe.

Steiner Rudolph (1861-1925) : philosophe et penseur autrichien, fondateur de l'anthroposophie.

stent : du nom de son inventeur (Dr Stent) maillage en métal introduit à l'intérieur d'une artère rétrécie en vue de la maintenir ouverte.

stéréotaxie : technique de guidage par radiographie lors d'une biopsie.

stérile : se dit de ce qui ne contient pas de microbe, mais aussi se dit d'une femme ou d'un homme qui ne peut pas avoir d'enfant.

stérilet : dispositif intra-utérin à visée contraceptive en empêchant la nidation.

stérilisation : action de rendre stérile.

stérilité : situation d'absence de tout germe vivant ; mais aussi situation où un individu n'est pas capable de procréer.

sternum : os plat médian situé sur la face antérieure du thorax.

stéroïde : se dit d'un ensemble de substances dérivées des hormones de la cortico-surrénale et des hormones sexuelles.

STH : abréviation de « Somatotrophine Hormone » qui correspond à l'hormone de croissance.

stigmate : signe ou marque indiquant qu'une personne est malade sans plus de précision.

stimulant : se dit de ce qui active…

stimuline : hormone d'origine hypophysaire qui stimule d'autres glandes endocrines donc qui stimule la production des hormones que celles-ci secrètent.

stomachique : se dit de ce qui stimule la digestion.

stomatologie : spécialité de médecine qui s'intéresse à la bouche et aux dents.

stomie : intervention chirurgicale créant une dérivation externe d'un conduit naturel à la peau. Par exemple une ***colostomie***, va faire déboucher le côlon au niveau de la peau (créant un anus artificiel).

stomisé : se dit d'une personne porteuse d'une stomie.

strabisme : défaut dans la convergence des axes des deux yeux.

streptocoque : bactérie responsable d'infections comme les angines et qui doivent être traitées par des antibiotiques.

stress : terme anglosaxon utilisé pour désigner l'état réactionnel d'une personne face un traumatisme, une agression, un surmenage…

stress oxydatif : phénomène engendré par l'agression des radicaux libres.

stretching : gymnastique basée sur l'étirement du corps et destinée à son assouplissement.

stroma : ensemble entourant un tissu ou une cellule, constitué d'une structure et d'un liquide nourricier.

strontium 89 : substance radioactive utilisée en médecine pour soulager les douleurs osseuses.

strontium 90 : isotope radioactif émettant des rayons bêta purs.

sub- : préfixe qui signifie « sous ».

subconscient : se dit de ce qui se trouve en-dessous du seuil de la conscience.

sublingual : se dit de ce qui est situé sous la langue.

subutex : remède utilisé en substitution de drogue lors les périodes de sevrage.

sucre : synonyme de « glucide » et d'« hydrate de carbone » – catégorie de substances naturelles ou de synthèse composées de carbones, d'hydrogène et d'oxygène. Le sucre le plus commun est le glucose mais il y a aussi le galactose, le mannose, le maltose, etc.

sudorifique : se dit de ce qui fait transpirer.

suicide : synonyme d'« autolyse » – acte destiné à se donner la mort.

suintement : écoulement lent d'un liquide.

sujet à haut risque : sujet fortement prédisposé à la survenue d'une maladie.

sulfamide : famille d'antibiotiques.

sulfamide hypoglycémiant : famille d'antidiabétiques oral.

suppuration : formation de pus.

surcharge cellulaire ou tissulaire : accumulation anormale dans une cellule ou un tissu, d'une substance qui y est présent à l'état normal.

surdité : perte de l'audition partielle ou totale.

surinfection : infection survenant au cours d'une infection et produite par un autre germe.

surmenage : activité excessive pouvant conduire à un état d'épuisement.

surmoi : en psychanalyse, partie de la psychisme d'une personne dont le rôle est de juger son Moi.

surpoids : synonyme d'obésité – poids excessif d'une personne.

surrénale : glande endocrine située au niveau du pôle supérieur du rein et qui produit des hormones (cortisol, adrénaline, testostérone…).

surrénalectomie : intervention qui enlève une glande surrénale.

suturer : recoudre.

symbiose : association de deux organismes, tirant profit l'un de l'autre.

symbiotique : se dit d'une substance réunissant des pré et des probiotiques.

symbole : réalité abstraite.

symbolique : se dit de ce qui se réfère aux symboles – la symbolique des maladies représente leur explication – leur origine – d'un point de vue psychologique.

sympathicothérapie : technique visant à stimuler des zones réflexes endonasales pour traiter des troubles ou des maladies.

sympathicotonie : synonyme de neurotonie – déséquilibre dû à un excès du système sympathique.

sympathique : un des deux éléments du système nerveux autonome qui agit dans le sens de l'accélération : accélération du cœur…

symphyse : réunion de deux partie qui sont séparées.

symptomatologie : ensemble des symptômes en rapport avec une maladie.

symptôme : signe (trouble) par lequel la maladie se manifeste.

synapse : zone de contact entre deux cellules nerveuses (neurones) ou entre une cellule nerveuse et une autre cellule.

synapse : connexion entre deux neurones.

synchronicité : selon Carl Jung – survenue de deux événements sans liens entre eux, mais dont l'association prend un sens pour la personne.

syncope : perte de conscience.

syndrome : ensemble des symptômes caractérisant une affection.

syndrome d'apnée du sommeil : consiste en des pauses respiratoires nocturnes entraînant des réveils fréquents et des baisses de l'oxygénation (hypoxie) de l'organisme. Elles s'accompagnent généralement de ronflements.

syndrome de Raynaud : maladie caractérisée par des spasmes vasculaires douloureux au niveau des doigts souvent déclenchés par des changements de température.

syndrome des jambes sans repos : trouble neurologique qui est responsable d'un besoin irrésistible de bouger les jambes principalement durant la nuit.

syndrome métabolique : ensemble de maladies liées à un mauvais métabolisme de l'organisme : surpoids, diabète, hypertension artérielle, troubles cardiovasculaires…

syndrome paranéoplasique : ensemble des troubles dus à des sécrétions anormales produites par la tumeur.

syndrome prémenstruel : ensemble de troubles anormaux survenant au moment des règles (menstruations) : irritabilité, tension mammaire, rétention d'eau…

synergie : se dit de substances ou de facteurs dont l'association produit un effet plus important que l'association de leurs effets pris séparément.

synthèse : fabrication d'une molécule ou d'une substance.

système HLA : ensemble des groupes tissulaires dans un organisme, établi selon les critères sérologiques et génétiques. Il existe 4 gènes HLA : A, B, C et D qui sont situés sur le chromosome 6.

système immunitaire : ensemble des cellules et des organes de l'organisme jouant un rôle de défense de l'organisme contre les éléments étrangers.

système limbique : ensemble des structures cérébrales primitives qui jouent un rôle dans les émotions (peur notamment), l'apprentissage et la mémoire : l'hippocampe, l'amygdale (du cerveau), le cortex singulaire antérieur…

système lymphatique : voir « lymphatique » – ensemble comportant les vaisseaux et les ganglions lymphatiques.

système nerveux autonome (ou automatique) : synonyme de « système nerveux végétatif » – partie du système nerveux qui assure le maintien et l'entretien des fonctions vitales. Il comporte deux systèmes antagonistes : le sympathique et le parasympathique.

système nerveux central : ensemble formé par l'encéphale (cerveau) et la moelle épinière.

système nerveux végétatif : voir « système nerveux autonome ».

système vagal : système nerveux parasympathique.

systémique : se dit de ce qui affecte l'ensemble de l'organisme.

systole : période de contraction du cœur.

T

T3 : signifie Triiodothyroxine qui est une hormone thyroïdienne.

T4 : signifie Thyroxine qui est une hormone thyroïdienne.

TA : abréviation de « Tension Artérielle » ; mais aussi de « Tentative d'Autolyse », c'est-à-dire tentative de suicide.

tabagisme : intoxication liée à la consommation de tabac.

tachyarythmie : rythme cardiaque accéléré et irrégulier.

tachycardie : accélération anormale du rythme cardiaque.

taenia : ver cestode parasite de l'homme.

taï chi chuan : art martial chinois basé sur un ensemble de mouvement très lents afin d'améliorer la souplesse – par opposition à la force – dans le but de faire circuler harmonieusement l'énergie du corps (chi).

tanin : substance (phénol associé à un sucre) qui présente un effet astringent utilisé pour limiter les excès de sécrétions (bronchites, diarrhées, leucorrhées...).

taurine : acide aminé soufré utile pour l'absorption du magnésium.

taux : dans les analyses biologiques, synonyme de « concentration » – quantité d'une substance dans un volume défini de liquide biologique.

TCA : abréviation de « Temps de Céphaline Activée ».

TCC : abréviation de « Thérapie Comportementale et Cognitive ».

TCK : abréviation de « Temps de Céphaline Kaolin ».

TCMH : abréviation de « Teneur Corpusculaire Moyenne en Hémoglobine ».

TDM : abréviation de « Tomodensitométries – synonyme de "scanner" ».

technique Alexander : technique de rééducation destinée à effectuer des mouvements harmonieux sans tension musculaire.

technique de cohérence cardiaque : technique à base de respiration et de concentration permettant la régulation du rythme cardiaque, la gestion du stress, etc.

technique du ganglion sentinelle : voir « ganglion sentinelle ».

technique vibratoire : utilisation de l'énergie à des fins thérapeutiques comme les couleurs, les rayonnements, la musique, le magnétisme…

tégument : tissu recouvrant un organisme comme la peau.

teigne : infection du cuir chevelu dû à un champignon.

teinture mère (TM) : solution obtenue après macération d'une substance végétale sèche dans de l'alcool à 60°.

télomère : extrémité des chromosomes, dont la longueur diminue à chaque division cellulaire.

temporal : se dit de ce qui se réfère à l'os temporal ou au lobe temporal du cerveau.

tendinite : inflammation d'un tendon d'origine traumatique ou rhumatismale.

tennis elbow : voir « épicondylite ».

tension : synonyme de pression, de résistance d'une paroi à un liquide ou un gaz qu'elle contient.

tension artérielle : pression du sang sur les parois artérielles.

TEP ou PET-scan : abréviation de « tomographie d'émission à positons ».

tératogène : se dit de ce qui provoque des malformations chez les fœtus.

tératome : tumeur formée de tissus multiples dont certains d'apparence – tumeur non séminomateuse du testicule.

terrain : en médecine naturelle, désigne la constitution au sens large d'une personne avec ses forces et ses faiblesses.

test aux algues : ancien examen de sang en médecine naturelle utilisant les algues pour évaluer le risque inflammatoire et tumoral d'une personne.

test de Heitan Lagarde : voir « Heitan Largarde ».

test neuropsychologique : test évaluant les fonctions cérébrales supérieures, surtout cognitives d'une personne.

testicule : organe situé dans les bourses chez l'homme, qui fabrique les spermatozoïdes et l'hormone mâle testostérone.

testostérone : hormone mâle sécrétée par les testicules et qui stimule le développement des caractères masculins.

tétanie : ensemble de contractures localisées principalement aux extrémités et dues à un trouble du métabolisme du calcium.

tétra- : préfixe qui signifie « quatre ».

tétraplégie : synonyme de quadriplégie – paralysie des quatre membres d'une personne.

TGNS : abréviation de « tumeur germinale non séminomateuse du testicule ».

TGO : abréviation de « Transaminase Glutamique Oxalacétique ».

TGP : abréviation de « Transaminase Glutamique Pyruvique ».

thalassothérapie : ensemble de thérapies utilisant le milieu marin : air, eau, algue, climat…

thé vert (feuilles ou boutons) : riche en polyphénols (puissants antioxydants) possède d'importantes actions anti-inflammatoires et préventives de certains cancers. Il participerait aussi à l'élimination des toxines, la combustion des graisses et l'élimination des rétentions d'eau.

thérapeutique : se dit de ce qui fait partie des traitements.

thérapie : traitement.

thérapie autologue : méthode qui consiste à soigner un malade en utilisant ses propres cellules (modifiées et réinjectées).

thérapie comportementale et cognitive : thérapie qui a pour but de modifier les comportements nuisibles pour les remplacer par d'autres plus adéquates.

thérapie génique : méthode thérapeutique qui vise à modifier les gènes, par exemple : introduire un gène normal dans une cellule en remplacement d'un gène anormal (hérédité) ou ayant subi une mutation.

thérapie manuelle : traitement que le thérapeute effectue à l'aide de ses seules mains.

thérapie neuromusculaire : thérapie basée sur la pression forte de points du corps (sièges de tension) afin de diminuer la douleur.

thérapie psycho-comportementale : thérapie utile en période de crise. Elle recherche et solutionne les problématiques limitantes.

thermalisme : synonyme de « crénothérapie » – ensemble des traitements effectués lors de « cure thermale », c'est-à-dire des traitements à base d'eau médicinale.

thermographie : méthode de mesure de la chaleur qui rayonne de diverses parties de l'organisme.

thermosensible : se dit de ce qui est sensible à la chaleur, ou de ce qui peut être détruit par la chaleur.

thiamine : vitamine B1.

THM : abréviation de « traitement hormonal de la ménopause ».

thoracoscopie : examen du thorax et surtout de la cavité pleurale à l'aide d'un tube optique (endoscope) introduit par une petite ouverture réalisée chirurgicalement.

thorax : partie du corps limitée par les vertèbres, les côtes, le sternum et le diaphragme et contenant les poumons et le cœur.

thrombocyte : synonyme de « plaquette », famille de cellules sanguines jouant un rôle important dans la coagulation du sang.

thrombocytopénie : voir « thrombopénie ».

thrombopénie : diminution du nombre des plaquettes dans le sang, ce qui peut favoriser la survenue d'un saignement voire d'une hémorragie.

thrombophlébite : inflammation d'une veine accompagnée de thrombose.

thrombose : présence d'un caillot sanguin (thrombus) à l'intérieur d'un vaisseau sanguin ou dans une cavité du cœur. Ce caillot peut être à l'origine d'une embolie.

thrombus : synonyme de « caillot sanguin ».

THS : abréviation de « Traitement Hormonal Substitutif », utilisé lors de la ménopause principalement.

thym : plante méditerranéenne ayant d'importantes vertus antiseptiques et utilisées classiquement en cas de coups de froid, d'infection bronchique, intestinale et urinaire. Elle serait également antitussive et antispasmodique.

thymine : base azotée pyrimidique, constituant de l'acide désoxyribonucléique (ADN).

thymosine : hormone du thymus qui joue un rôle important dans la différenciation des lymphocytes au niveau du thymus.

thymus : organe du système immunitaire situé derrière la partie haute du sternum.

thyréotrope : hormone sécrétée par l'hypophyse stimulant le fonctionnement de la glande thyroïde.

thyrocalcitonine : voir « calcitonine ».

thyroïde : glande hormonale située à la face antérieure du cou, sous le larynx, qui fabrique les hormones thyroïdiennes.

thyroïdectomie : ablation chirurgicale – totale ou partielle – de la glande thyroïde.

thyroxine : hormone thyroïdienne.

tilleul (fleurs et bractées) : riche en farnesol qui lui procure des propriétés sédatives et relaxantes.

tilleul (aubier de) : écorce de l'arbre (privée de sa partie externe) riche en coumarines, qui lui procure des propriétés dépuratives. Il stimule la vésicule biliaire, ce qui améliore la digestion, les ballonnements, l'aérophagie, les flatulences et les états nauséeux. L'aubier est de ce fait actif sur les migraines d'origine hépatique.

tisane : infusion – action de verser de l'eau bouillante sur une plante (fleurs, feuilles, herbe…) et de la laisser infuser pendant quelques minutes.

tissu : ensemble de cellules d'un organe présentant toutes les mêmes caractéristiques et la même fonction.

tissu adipeux : synonyme de « tissu graisseux » – tissu qui renferme de la graisse.

tissu conjonctif : tissu de soutien et de relation entre les cellules, les tissus et les organes.

tissu de granulation : proliférations bourgeonnantes se développant lors de la réparation des plaies.

TM : abréviation de « Teinture Mère » – concentration la plus élevée d'un produit dans de l'alcool.

TNF : abréviation de « Facteur de nécrose tumorale » - substance sécrétée par les lymphocytes pour stimuler la réponse du corps contre la maladie.

TNM : voir « classification TNM ».

tocophérol : vitamine E.

TOGD : abréviation de « transit œsogastroduodénal ».

tolérance : capacité de l'organisme à supporter les effets – désirés ou non – d'un traitement.

tomate : fruit riche en lycopène (pigment rouge) de la famille des caroténoïdes, qui est un très puissant antioxydant et qui aurait d'importantes vertus sur la vue et la prévention du cancer de la prostate.

tomodensitométrie : voir « scanner ».

tomographie : technique radiologique qui effectue des coupes (horizontales, verticales ou obliques) de l'organe ou de la région à examiner.

tomographie à émission de positrons (ou PET) : technique d'imagerie médicale qui utilise un ordinateur pour produire des images du corps et permettre de distinguer les tissus sains et les tissus malades.

tonique : se dit de ce qui augmente l'énergie et le tonus de l'organisme.

topoisomérase : voir « inhibiteurs de la topoisomérase ».

torsade de pointe : trouble du rythme cardiaque grave.

totipotente : cellule pouvant se transformer en n'importe quelle cellule de l'organisme.

toucher rectal (TR) : examen réalisé par le médecin qui introduit un index dans le rectum pour examiner le rectum et la prostate ou le vagin.

toucher vaginal (TV) : examen gynécologique consistant à passer deux doigts dans le vagin pour l'étudier ainsi que le col utérin ainsi que les annexes l'entourant : le corps de l'utérus, les ovaires…

toucheur de feu : personne calmant les brûlures grâce à certaines prières et techniques ancestrales.

tournesol (huile) : riche en acides gras essentiels notamment l'acide linoléique ce qui la rend très intéressante en cas d'hypercholestérolémie et de maladies cardio-vasculaires.

toxine : substance toxique secrétée par un microbe – et en médecine naturelle : déchet de l'organisme.

toxique : se dit de ce qui est poison.

toxoplasmose : maladie infectieuse due à un toxoplasme et particulièrement dangereuse pour le développement de l'enfant pendant la grossesse.

TP : abréviation de « Taux de Prothrombine » – voir « prothrombine (taux de) ».

TR : abréviation de « Toucher Rectal ».

trachée : conduit aérien cartilagineux situé entre le larynx et les bronches.

trachéite : inflammation de la muqueuse de la trachée.

trachéostome : ouverture artificielle réalisée dans la trachée dans laquelle est insérée une canule pour favoriser la ventilation pulmonaire.

trachéostomie : pose d'un trachéostome.

trager : voir « méthode Trager ».

traitement adjuvant : voir « adjuvant ».

traitement ambulatoire : voir « ambulatoire ».

traitements Beljanski : traitements (Rauwolfia, ARN fragment, Ginkgo biloba, Pao pereira) interdits en France et mis au point par le Pr Beljanski qui sont proposés en complément des traitements conventionnels du cancer.

traitement conservateur : intervention chirurgicale consistant à enlever une tumeur ou autre formation pathologique, tout en conservant l'organe atteint.

traitement hormonal de la ménopause (THM) : traitement hormonal proposé aux femmes ménopausées qui présentent des signes climatériques ou une ostéoporose afin de remplacer les hormones qui ne sont plus sécrétées par les ovaires (œstrogène et progestérone).

traitement hormonal substitutif (THS) : voir « traitement hormonal de la ménopause ».

traitement néo-adjuvant : voir « néo-adjuvant ».

traitement prophylactique : traitement préventif, dans le but d'empêcher la survenue d'une maladie.

traitement symptomatique : traitement agissant sur un signe, un symptôme désagréable pour la personne et non sur la maladie.

tranquillisant : classe de médicaments comprenant les neuroleptiques et les anxiolytiques dont le but est de supprimer l'angoisse.

transaminase : enzyme (TGO, TGP...) provenant des cellules du foie. Une augmentation des transaminases signale l'existence d'une inflammation du foie.

transcription : phénomène au cours duquel l'ARN est fabriqué à partir d'une copie ADN.

transfusion : injection de sang ou d'éléments sanguins d'un donneur à une personne receveuse.

transgène : gène étranger rapporté dans le patrimoine génétique d'un individu.

transgénèse : opération de transfert d'un gène étranger dans le patrimoine génétique d'un individu.

transgénétique : se dit d'un organisme dont un des gènes de son patrimoine génétique a été échangé artificiellement.

transit intestinal : passage des aliments dans l'intestin.

transit œso-gastro-duodénal (TOGD) : radiographie visualisant l'œsophage, l'estomac et le duodénum grâce à un produit de contraste avalé par la bouche. Il permet aussi de voir les contours de la tête du pancréas et de rechercher les reflux de l'estomac vers l'œsophage (les remontées acides).

translocation : déplacement d'un fragment – ou de la totalité – de chromosome sur un autre chromosome.

transplantation : synonyme de « greffe ».

transrectal : se dit de ce qui passe par le rectum.

transsudat : œdème ou épanchement résultant d'un transfert passif de liquide à travers les parois vasculaires. (Corrélat : exsudat).

transurétral : se dit de ce qui passe à travers l'urètre.

traumatisme : ensemble des conséquences d'une action violente sur l'organisme ou/et sur le psychisme d'une personne.

tremblement : oscillations répétées d'une partie du corps ou du corps dans son ensemble.

Trendelenbourg (position de) : position couchée sur le dos, la tête étant plus basse que le bassin et les pieds.

trépanation : opération consistant à pratiquer une ouverture dans un os, notamment un os du crâne – à l'aide d'un trépan.

tribulus terrestris : plante présentant des activités revitalisantes stimulatrices des fonctions hormonales sexuelles.

trichomonas : parasite responsable d'infection de l'urètre et du vagin.

tricuspide : valvule du cœur séparant l'oreillette droite du ventricule droit.

triglycéride : graisse de réserve de l'organisme que l'on retrouve également dans l'alimentation.

trisomie 21 : état caractérisé par la présence d'un chromosome surnuméraire de la 21e paire de chromosome, associé au mongolisme.

trithérapie : association de 3 médicaments à prendre simultanément pour traiter une maladie.

trois acides de Le fol : voir « Le Fol ».

trompe de Fallope : synonyme de « trompe utérine » – conduit reliant l'utérus à l'ovaire par où passe l'ovule mûre.

trompe d'Eustache : canal qui relie l'oreille moyenne à l'arrière du nez et contribuent à équilibrer la pression exercée des deux côtés du tympan.

trouble dyspeptique : synonyme de « dyspepsie » – trouble de la digestion, digestion lente et pénible.

troubles cognitifs : altération des fonctions cérébrales supérieures qui se manifestent par des troubles de la mémoire, de l'orientation, du langage, etc.

trouble mictionnel : problème à l'émission des urines ou pour retenir ses urines.

tryptophane : acide aminé indispensable à la vie, précurseur de la sérotonine et de la mélatonine.

TSH : abréviation de « traitement hormonal substitutif » de la ménopause, mais aussi « Thyroid Stimulating Hormone » ou « Hormone Thyréostimuline » qui est une hormone secrétée par l'hypophyse pour réguler la thyroïde.

tuberculine : substance provenant du bacille de la tuberculose.

tuberculose : maladie infectieuse due au bacille de Koch qui peut toucher tous les organes, notamment le poumon, l'os (mal de Pott), l'appareil urinaire ou génital, l'œil...

tumescence : augmentation de volume, gonflement d'une partie du corps.

tumeur : prolifération anormale – bénigne ou maligne – de cellules formant une grosseur.

tumeur bénigne : formation sans conséquence pour la santé – par opposition à une tumeur maligne.

tumeur de Blastème : tumeur habituellement malignes, apparaissant généralement dans l'enfance et constituée de cellules embryonnaires d'un tissu (blastème). On parle alors de « blastome » comme pour le néphroblastome.

tumeur embryonnaire : tumeur formée par la prolifération de tissus embryonnaires. Il en existe deux catégories : les tératomes (dysembryomes) et les tumeurs de blastème.

tumeur infiltrante : se dit d'une prolifération qui franchit les limites du tissu ou de l'organe d'origine.

tumeur maligne : synonyme de « cancer ».

tumeur maligne secondaire : synonyme de « métastase ».

tumeur primitive : synonyme de « cancer primitif » : première tumeur par où a débuté la cancérisation.

tumeur secondaire : synonyme de « métastase ».

tumeur villeuse : tumeur potentiellement maligne des muqueuses digestives, caractérisée par un aspect chevelu.

tumoral : se dit de ce qui est en rapport avec une tumeur.

tumorectomie : ablation chirurgicale de la tumeur sans enlever l'organe porteur.

turista : diarrhée du voyageur.

TV : abréviation de « Toucher Vaginal ».

typage lymphocytaire : examen sanguin consistant à étudier et à comptabiliser les différentes catégories de lymphocytes (catégorie de globules blancs).

tyrosine : acide aminé précurseur de la Noradrénaline.

U

UCPOG : abréviation de « unité pilote de coordination en oncogériatrie ».

UI : abréviation de : « Unité Internationale ».

UIV : abréviation de : « Urographie Intra Veineuse ».

ulcération : perte de substance au niveau de la peau ou d'une muqueuse.

ulcère : ulcération ayant peu encline à la cicatrisation.

ulcère de jambe : synonyme de « ulcère variqueux » – plaie chronique située sur une jambe due à une mauvaise circulation du sang veineux.

ulcère gastroduodénal : plaie chronique de la muqueuse de l'estomac ou du duodénum.

ulcère variqueux : synonyme de « ulcère de jambe ».

ultrasons (examen aux) : synonyme d'« échographie ».

ultraviolet (UV) : radiations de longueur d'onde comprise entre 114 et 3 900 angströms. Il en existe trois groupes, selon leur longueur d'ondes : les UVA, les UVB et les UVC.

UNCAM : abréviation de « Union Nationale des Caisses d'Assurance Maladie ».

uniciste : se dit des médecins homéopathes qui ne prescrivent comme tout traitement que le remède du terrain de la personne.

UNOCAM : abréviation de « Union Nationale des Organismes d'Assurance Maladie ».

UNPS : abréviation de « Union Nationale des Professionnels de Santé ».

uracile : base azotée pyrimidique, constituant de l'acide ribonucléique (ARN).

urate : sel de l'acide urique.

ureaplasma : agent infectieux responsable d'urétrites.

urée : déchet d'élimination des protéines, normalement éliminé par les urines. Son taux sanguin permet d'évaluer la fonction rénale.

urémie : taux d'urée dans le sang.

urétéral : se dit de ce qui est en rapport avec l'uretère.

uretère : canal urinaire situé entre le rein et la vessie.

urétéroscopie : examen endoscopique de l'uretère et des reins.

urétérostomie : intervention chirurgicale créant artificiellement une dérivation externe de l'uretère à la peau de l'abdomen. Cette stomie doit être appareillée de manière permanente.

urètre : canal conduisant l'urine de la vessie à l'extérieur de l'organisme (la vulve ou l'extrémité de la verge). Chez l'homme, l'urètre sert aussi pour le passage du sperme.

urétrite : inflammation de l'urètre.

urétrocystographie : radiographie réalisée après opacification de l'urètre et de la vessie par un produit de contraste, afin de les étudier.

uricémie : taux d'acide urique dans le sang.

urinothérapie : synonyme de « Amaroli ».

URML : abréviation de « Union Régionale des Médecins Libéraux ».

urographie intra veineuse (UIV) : examen radiologique qui permet d'étudier la constitution et le fonctionnement rénal après injection d'un produit de contraste par voie intraveineuse.

urologue : médecin spécialiste des pathologies urinaires.

urostomie : dérivation urinaire - abouchement de l'urètre à la peau de l'abdomen.

urothélium : muqueuse tapissant les voies urinaires : la vessie, les uretères et des cavités rénales.

urticaire : éruption cutanée rougeâtre et prurigineuse due à une réaction allergique.

USLD : abréviation de « Unité de soins de longue durée ».

USP : abréviation de « Unité de soins palliatifs ».

UV : abréviation pour « Ultra Violet ».

UVA : abréviation de « Ultraviolet A » – Voir « ultraviolet ».

UVB : abréviation de « Ultraviolet B » – Voir « ultraviolet ».

UVC : abréviation de « Ultraviolet C » – Voir « ultraviolet ».

V

vacant : libre.

vaccin : solution injectable à base de micro-organismes (fragment ou totalité) tués ou vivants mais atténués visant à immuniser l'organisme contre un virus ou une bactérie, c'est-à-dire contre une maladie particulière.

vaccin de Friedman : synonyme de « vaccin de tortue » – largement utilisé en médecine naturel, interdit en France – aurait des actions les maladies infectieuses chroniques, les maladies auto-immunes, les polyarthrites…

vaccin de Maruyama : voir « Maruyama ».

vaccin hexavalent : Il s'agit d'un vaccin combiné qui protège, en une seule et même seringue, contre 6 maladies : diphtérie, tétanos, poliomyélite, coqueluche, infections à Haemophilus influenzae de type b et l'hépatite B.

vaccin pentavalent : vaccin combiné qui protège, en une seule et même seringue, contre 5 maladies : diphtérie, tétanos, poliomyélite, coqueluche et infections à Haemophilus influenzae de type b.

vaccination : action de faire un vaccin.

vaginal : se dit de ce qui est en rapport avec le vagin – ou bien – la membrane entourant le testicule.

vaginisme : contracture douloureuse des muscles du vagin.

vaginite : inflammation de la muqueuse vaginale.

vagotonie : état lié à une hyperactivité du nerf vague – le système parasympathique – produisant malaise, troubles vasomoteurs, transpiration…

vague (nerf) : synonyme de « nerf pneumogastrique » – nerf qui intervient dans le système parasympathique.

vaisseau sanguin : conduit dans lequel circule le sang (artère ou veine).

vaisseau lymphatique : conduit dans lequel circule la lymphe. Les vaisseaux lymphatiques forment avec les ganglions, le système lymphatique.

valériane : plante présentant des vertus antispamodiques et sédatives sur le système nerveux central. Elle est souvent utilisée dans les troubles du sommeil.

valine : acide aminé.

valvule : replis membraneux empêchant le retour de sang au niveau d'un vaisseau ou du cœur.

varice : dilatation permanente d'une veine.

varicosité : dilatation d'une veinule visible sous la peau.

variqueux : se dit de ce qui est rapport avec les varices.

vasculaire : se dit de ce qui est en rapport avec les vaisseaux.

vascularisation : ensemble – réseau – des vaisseaux sanguins irriguant un tissu, un organe ou une région du corps.

vasectomie : ligature des canaux déférents, effectuée par intervention chirurgicale, en vue de la stérilisation d'un homme.

vasoconstricteur : se dit de ce qui resserre les vaisseaux.

vasoconstriction : resserrement d'un vaisseau sanguin, ce qui entraîne une limitation de la circulation du sang.

vasodilatateur : se dit d'un médicament qui provoque la dilatation (l'ouverture) d'un vaisseau.

vasodilatation : dilatation, élargissement d'un vaisseau sanguin.

végan : synonyme de « végétalien » – personne qui refuse de consommer tout produit de l'exploitation animale y compris les œufs et les produits laitiers.

végétalien : synonyme de « végan ».

végétarien : personne ne mangeant aucune chair d'origine animale mais consomme des sous-produits comme les œufs et les produits laitiers.

végétarisme : pratique alimentaire qui exclue les produits d'origine animale.

végétatif : se dit de ce qui est en rapport avec les fonctions vitales (involontaires) d'un individu : circulation, respiration, sécrétion, élimination…

végétation : lésion papillomateuse saillantes, située sur la peau ou sur une muqueuse.

végétothérapie : thérapie visant à rétablir l'équilibre du système végétatif et la libre circulation de l'énergie chez une personne.

veine : vaisseau, conduit ramenant le sang de la périphérie du corps vers le cœur.

vénéréologie : spécialité médicale qui étudie les maladies vénériennes.

ventilation : respiration pulmonaire permettant les échanges gazeux.

ventral : se dit de ce qui se rapporte au ventre ou à la partie antérieure du corps.

ventriculaire : se dit de ce qui est en rapport avec un ventricule, souvent un ventricule du cœur.

ventricule : cavité présente au sein de certains organes comme le cœur.

vergeture : petites stries cutanées, ressemblant à des cicatrices qui sillonnent une peau fortement distendue (ou qui a été fortement distendue).

vermifuge : médicament qui élimine les vers intestinaux.

verminose : maladie due à des vers.

Vernes (test de) : examen sanguin de médecine naturelle utilisée en cancérologie notamment pour le choix des remèdes et la surveillance de la maladie.

verrue : synonyme de « papillome ».

vertèbre : os constitutif de la colonne vertébrale.

vertébrothérapeute : thérapeute exerçant la vertébrothérapie.

vertébrothérapie : traitement basé sur la manipulation des vertèbres de la colonne vertébrale.

vertige : impression subjective de malaise, d'étourdissement, de rotation accompagnée de troubles de l'équilibre.

verveine (feuilles) : plante présentant une activité sédative qui est utilisée pour lutter contre les insomnies.

vésicale : se dit de ce qui est en rapport avec la vessie.

vésicule : petit soulèvement épidermique, rempli de liquide séreux.

vésicule biliaire : organe situé sous le foie, servant de réservoir à la bile entre deux digestions.

vésicule séminale : glande située à la base de la vessie, liée à la prostate qui a un rôle de stockage du sperme entre deux rapports sexuels.

vestige embryonnaire : synonyme de « reliquat embryonnaire » – tissu ou organe embryonnaire persistant après la naissance alors qu'il aurait dû disparaître.

VGM : abréviation de « Volume globulaire Moyen ».

VHB : abréviation de « Virus de l'Hépatite B ».

VHC : abréviation de « Virus de l'Hépatite C ».

vibration : mouvement de va-et-vient d'un système autour d'une position d'équilibre (oscillation).

vibratoire (technique) : voir « technique vibratoire ».

vibrion cholérique : bactérie responsable du choléra.

vieillissement : synonyme de « sénescence ».

vigne rouge : plante présentant des actions sur la perméabilité des capillaires et la stase veineuse.

VIH : abréviation de « Virus d'immunodéficience Humaine ».

vinaigre de cidre : vinaigre qui aurait la propriété d'aider l'organisme à se nettoyer et à se régénérer. Il stimule également le système digestif en augmentant ses enzymes, et détruit les bactéries nuisibles ce qui favorise le bon développement de la flore intestinale.

virilisation : voir « masculinisation ».

virion : particule virale infectieuse portant tous les éléments du virus.

virus d'Epstein-Barr (EBV) : virus de la famille herpès. Voir « EBV ».

virus d'immunodéficience Humaine (VIH) : virus responsable du SIDA.

virus : germe parasite intracellulaire responsable d'infection.

virus oncogène : virus capable, en s'introduisant dans le matériel génétique d'une cellule, de la rendre cancéreuse.

viscère : organe contenu dans une cavité du corps : cavité abdominale, cavité pulmonaire…

viscum album : voir « gui ».

vision : faculté de voir.

visualisation : technique à visée thérapeutique, utilisant les ressources du mental et de l'imagination d'une personne afin qu'elle se représente dans une situation de guérison et de bonne santé.

vitalité : synonyme d'ardeur, de dynamisme de vigueur…

vitamine : substance non fabriquée par l'organisme, devant être apportée par l'alimentation et dont la présence est indispensable au bon fonctionnement de l'organisme. Leur carence est responsable de maladie.

vitamine B3 : synonyme d'acide nicotinique ou vitamine PP.

vitamine PP : synonyme de vitamine B3 ou acide nicotinique.

vitaminothérapie : traitement à base de vitamines.

vitesse de sédimentation : voir « sédimentation (vitesse de) ».

vitiligo : maladie chronique caractérisée par l'apparition de plaques dépigmentées au niveau de la peau.

voies urinaires : ensemble anatomique comprenant les calices (des reins), les bassinets, les uretères, la vessie et les urètres.

Volt : unité de tension (ou différence de potentiel électrique) qui existe entre deux points d'un conducteur.

vomissement : expulsion par la bouche des aliments et/ou des liquides contenus dans l'estomac.

voxthérapie : traitement basé sur la voix.

VS : abréviation de « Vitesse de Sédimentation ».

V-spread : technique ostéopathique par positionnement des mains de chaque côté de l'articulation.

vulnéraire : se dit de ce qui permet de guérir les blessures et qui favorise la cicatrisation.

VVZ : abréviation de « virus varicelle-zona ».

W, X, Y, Z

wild yam : igname riche en androsténolone, un précurseur de la DHEA.

Wilms (tumeur de) : voir « néphroblastome ».

Wirsung : voir « canal de Wirsung ».

xanthome : synonyme de « histiocytofibrome » – tumeur bénigne caractérisée par une couleur jaune et la présence d'histiocytes chargés de graisse.

xénobiotique : toxique extérieur au métabolisme humain.

xénogreffe : transplantation réalisée entre deux individus n'appartenant pas à la même espèce.

xénologue : qualifie un gène qui est passé d'une espèce à une autre.

xérophtalmie : sécheresse de l'œil entraînant une opacité de la cornée.

xérostomie : sécheresse de bouche provenant d'une hyposialie (diminution de la sécrétion de salive).

yamabushitaké : champignon japonais, qui aurait des vertus tonifiantes sur le système digestif, les fonctions cérébrales et le système immunitaire.

yang : en médecine traditionnelle chinoise – force de l'univers opposée au yin, mais néanmoins complémentaires : yang masculin, chaleur, clarté…

yin : en médecine traditionnelle chinoise – force de l'univers opposée au Yang, mais néanmoins complémentaires : yin féminité, froid, obscurité…

ylang ylang : synonyme de « cananga odorata » – plante connue pour ses actions relaxantes et antalgiques sur les articulations douloureuses.

yoga : discipline d'origine indienne, à base d'exercices physiques et de respiration, destinée à l'épanouissement physique et psychique de l'individu.

yttrium : substance radioactive émettrice de rayonnements bêta et gamma, employée en radiothérapie.

zen : ensemble de méditation et de philosophie destiné à la réalisation du soi.

zen macrobiotique : voir « macrobiotique ».

zinc : oligoélément antioxydant intervenant de manière importante sur l'immunité, l'équilibre hormonal et la multiplication cellulaire.

Zn : symbole chimique du zinc.

zona : maladie virale atteignant un ou plusieurs nerfs périphériques, responsable d'éruption et de douleurs.

zone érogène : partie du corps dont la stimulation provoque l'excitation sexuelle.

zygote : produit de l'union d'un ovule et d'un spermatozoïde. Il est donc l'œuf fécondé.

conception
réalisation
mise en page
44405 Rezé cedex

Dépôt légal : octobre 2013
IMPRIMÉ EN FRANCE

PEFC/10-31-2008

Achevé d'imprimer le 17 octobre 2013
sur les presses de l'imprimerie « La Source d'Or »
63039 Clermont-Ferrand
Imprimeur n° 16660